वेद, महर्षि दयानंद और भारतीय संविधान

डॉ. राकेश कुमार आर्य

डायमंड बुक्स

www.diamondbooks.in

प्रकाशक : डायमंड पॉकेट बुक्स (प्रा.) लि.
X-30 ओखला इंडस्ट्रियल एरिया, फेस -II
नई दिल्ली- 110020
फोन : 011-40712200
ई-मेल : wecare@diamondbooks.in
वेबसाइट : www.diamondbooks.in
संस्करण : 2026

Ved, Maharshi Dayanand aur Bharatiya Samvidhan

by : *Dr. Rakesh Kumar Arya*

प्रस्तावना

भारत वर्ष के विषय में यह कथन सर्वथा मिथ्या है कि भारत को लोकतन्त्र का सर्वप्रथम ज्ञान अंग्रेजों से हुआ। जिन लोगों ने रक्तिम क्रान्तियों के माध्यम से विश्व में अत्याचार, शोषण और दमन का कुचक्र चलाकर मानव जाति के एक बड़े भाग को अपना दास बनाया, उनसे लोकतन्त्र का पाठ पढ़ने की बात कहना उतना ही बड़ा झूठ है जितना ये कहना झूठ है कि आज सूर्य पश्चिम से निकला था।

जहां किसी जाति अथवा राष्ट्र पर बाहरी देशों के लोकतंत्र विरोधी विचारों को थोपने की प्रवृत्ति जिस शासक वर्ग में पायी जाती है, उस शासक वर्ग से लोकतन्त्र की मर्यादा की रक्षा करने की कल्पना भी नहीं की जा सकती। शासक वर्ग से ऐसी अपेक्षा भी नहीं की जा सकती कि वह हर स्थिति में अपने कहे हुए वचन को ही कानून बन जाने की अपने ही लोगों को धमकी दे। क्योंकि ऐसी प्रवृत्ति पक्षपाती शासन की स्थापना करती है, जिससे विधि के समक्ष समानता की स्थापना सम्भव नहीं हो पाती है, जबकि विधि के समक्ष समानता लोकतन्त्र की रीढ़ है। अंग्रेजों ने भारत में अपने शासन में कभी भी भारतीयों को अपने जैसे अधिकार प्रदान नहीं किये। अंग्रेजों ने हम भारतीयों को भी कभी एक साथ नहीं बैठने दिया। यहाँ हिन्दू-मुस्लिम नाम के 'दो-राष्ट्र' खड़े किये और इसी आधार पर अन्त में देश का बँटवारा करा दिया। बात यहीं तक सीमित नहीं रही थी, जो अंग्रेज़ हमें विभिन्न जातियों में विभाजित देखकर हम पर व्यंग्य कसते थे, उन्होंने ही जातीय आधार पर आरक्षण देने की समाज विरोधी नीति अपनाई और भारतीय समाज में विखण्डन की प्रक्रिया को बल प्रदान किया। इसलिए

अंग्रेजों के विषय में यह कहना भी दोषपूर्ण है कि उन्होंने हमारे भीतर राष्ट्रवाद की भावना को उत्पन्न किया।

उन्होंने भारतीय समाज में समरसता उत्पन्न करने का प्रयास नहीं किया। न केवल हिंदू मुस्लिम को लड़ाया बल्कि हिंदुओं को जातियों के नाम पर लड़ाने का काम आरंभ किया। इसके पीछे उनकी सोच थी कि यदि भारत के लोग इस प्रकार लड़ते रहेंगे तो उन्हें इसका राजनीतिक लाभ प्राप्त होगा। इस प्रकार अंत में भारतीयों को आपस में ही लड़ा लड़ाकर इतना कमजोर कर देना उनका लक्ष्य था कि जिन पर वे फिर बड़ी सहजता से शासन करते रहें। अंग्रेजों ने भारत के बारे में यह स्थापित करने का प्रयास किया कि मनु महाराज ने वर्ण व्यवस्था देकर जातियों का निर्माण किया। अंग्रेजों के माध्यम से जिन लोगों ने भारत के विद्यालयों के पाठ्यक्रम में इस प्रकार की बातों को पढ़ा उनके मन मस्तिष्क में यह बात अच्छी तरह स्थापित हो गई कि वास्तव में मनु महाराज की वर्ण व्यवस्था ही भारत में जातीय संघर्ष का कारण बनी।

जबकि ऐसा नहीं था। परंतु फिर भी यदि हम अंग्रेजों की मनु महाराज के संबंध में स्थापित इस धारणा को यथावत स्वीकार कर भी लें तो यह बात और भी अधिक विचारणीय है कि यदि ऐसा था तो अंग्रेजों ने भारत के लोगों के बीच समरसता स्थापित करने के लिए कौन सा प्रयास किया?

क्या कोई एक ऐसा कानून या कानून की किताब या कानून की कोई एक धारा, सेक्शन, क्लोज अथवा संविधान का कोई अनुच्छेद आप बता सकते हैं जिससे यह स्पष्ट हो कि अंग्रेजों के इस प्रयास से भारत के लोगों के बीच या तो समरसता उत्पन्न हुई या समरसता पैदा हो जानी थी? जिस कानून को या संविधान के किसी अनुच्छेद को बताने का प्रयास किया जाएगा उनके बारे में हम पहले ही स्पष्ट कर देना चाहते हैं कि उनसे समरसता उत्पन्न नहीं हुई अभी तो समरसता भंग आवश्यक हो गई। क्योंकि इसके पीछे अंग्रेजों का उद्देश्य केवल एक था कि जैसे भी हो भारतवासियों के मध्य ऐसी दीवार खड़ी की जाए जो उन्हें 'एक' नहीं होने दे। अंग्रेजों ने भारत में सर्वप्रथम 1773 में रेग्यूलेटिंग एक्ट लागू किया। उस समय कम्पनी का शासन था। उसी के कार्यात्मक सुधार के लिए यह एक्ट लागू किया गया था। इसके पश्चात् 1781 में रिफार्म एक्ट् 1784 में पिट्स इण्डिया एक्ट, 1858 में गवर्नमेन्ट ऑफ इण्डिया एक्ट, 1861 में इण्डियन काउन्सिल एक्ट, 1892 में इण्डियन काउंसिल एक्ट 1892, 1909 में इण्डियन काउन्सिल एक्ट 1909, 1919 में गर्वनमेन्ट ऑफ इण्डिया एक्ट 1919, 1935 में गवर्नमेन्ट ऑफ इण्डिया एक्ट 1935, और 1947 में

इण्डियन इण्डिपेंडेंस एक्ट 1947, पारित कर 174 वर्षों में कुल 15 अधिनियम लागू किये। यदि औसत निकाला जाये तो 174 वर्षों के इस काल में एक अधिनियम लगभग 12 वर्ष तक लागू रहा। इतनी कम अवधि तक एक अधिनियम का लागू रहना यह स्पष्ट करता है कि कोई भी अधिनियम जन असन्तोष को समाप्त कराने वाला नहीं था अपितु इसमें और वृद्धि ही कर रहा था। "मर्ज बढ़ता ही गया ज्यों-ज्यों दवा की" वाली कहावत चरितार्थ हो रही थी। इसका तात्पर्य यही था कि रोग, रोगी और चिकित्सक के मध्य समझ का वास्तविक सामंजस्य नहीं था। ऐसी अवस्था में भी यह कहना कि हमारे यहां लोकतन्त्र अंग्रेजों की देन है, केवल स्वयं को ही मूर्ख बनाना है।

यहाँ पर यह भी विचारणीय है कि 1857 की क्रान्ति तक अंग्रेजों के उपरोक्त अधिनियमों में से आधे से अधिक अधिनियम लागू किये गये और 1857 तक अंग्रेजों का आधे भारत पर भी शासन नही था। इस प्रकार आधे से अधिक भारत अपने स्वतन्त्र कानूनों और अपनी शासन प्रणाली के आधीन था। 1857 के पश्चात् के 90 वर्षों में लागू किये गये अधिनियम देश के स्वतन्त्रता आन्दोलन की गति को धीमा करने के आशय से लागू किये गये थे, उनमें लोकतन्त्र का सन्देश दूर दूर तक भी नही था।

भारत के वर्तमान संविधान की पृष्ठ भूमि में उपरोक्त वर्णित अधिकांश अधिनियमों को खड़ा हुआ देखा जाता है और माना जाता है कि भारत में संवैधानिक विकास की ओर बढ़ने में इन अधिनियमों ने महत्वपूर्ण योगदान किया। यह तथ्य भी अंशतः ही सत्य है। क्योंकि इन अधिनियमों ने भारत में लिखित संविधान की ओर बढ़ने में ही हमारी सहायता की। परंतु लिखित संविधान की ओर बढ़ना एक अलग बात है। लिखित संविधान की ओर बढ़ना एक प्रक्रिया है जबकि लोक कल्याणकारी शासन की स्थापना कर राजधर्म की सर्वोच्चता को स्वीकार करना एक लक्ष्य है। यदि अंग्रेज लोक कल्याणकारी शासन के माध्यम से 'राजधर्म' की सर्वोच्चता को भारत में स्थापित करने में सफल हो जाते तो उनके विरुद्ध भारत में कोई आन्दोलन होता ही नही।

यद्यपि भारत के संविधान में कई चीजें उपरोक्त अधिनियमों से रखी गयी है। हम इसे उधारी मनीषा की संज्ञा देते रहे हैं। परन्तु इसके उपरान्त भी भारतीय संविधान पर भारतीयता का भी स्पष्ट प्रभाव दीखता है। उस समय इस भारतीयता का झण्डा ऊँचा रखने वाली संस्था 'आर्य समाज' थी। इसके विचारों ने और महर्षि दयानन्द सरस्वती जी महाराज के सत्प्रयासों ने उस समय देश विदेश को अपनी ओर आकृष्ट किया था। महर्षि समग्र क्रान्ति के अग्रदूत थे। उन्होंने देश में प्रत्येक क्षेत्र में अपनी छाप छोड़ी। उन्होंने भारत के तत्कालीन समाज में प्रचलित वेद विरुद्ध धारणाओं का, मान्यताओं का और परम्पराओं का खण्डन

किया और उनका परिमार्जित स्वरूप स्थापित कर भारतीय समाज को 'वेदों की ओर चलो' का नारा दिया।

महर्षि दयानन्द ने देश में प्रत्येक क्षेत्र में हो रहे नैतिक मूल्यों के क्षरण को रोकने के लिए आर्य समाज की स्थापना की। आर्य का अर्थ श्रेष्ठ है, जो कि एक व्यक्ति का वाचक है जबकि समाज व्यक्ति समूह अर्थात् राष्ट्र के जन, गण का वाचक है। इस प्रकार राष्ट्र को श्रेष्ठ बनाना ऋषि का मन्तव्य था। इसके लिए उन्होंने जो मन्त्र दिया वह बड़ा ही सरल था कि सब आर्य बनो। जैसे गुरु नानक ने पंजाब के लोगों से कहा था कि सब 'सिंह' बन जाओ और स्वयं को 'सरदार' मानो उसी प्रकार महर्षि ने हमसे सबसे कहा कि सब आर्य बन जाओ और संसार को आर्य बनाने के लिए प्रयास करो। संसार से दानवता को भगाने के लिए ऋषि का यह बहुत बड़ा प्रयास था। सम्प्रदायों की विखण्डनकारी मानसिकता को समाप्त करना उनका उद्देश्य था। वह 'पन्थ निरपेक्ष धर्मानुकूल शासन' की स्थापना करने के पक्षधर थे। ऐसा शासन ही लोक कल्याणकारी शासन होता है।

आर्य समाज के इस आदर्श को संविधान सभा के सभी 289 सदस्यों ने स्वीकार किया और भारत में लोक कल्याणकारी शासन की स्थापना को अपना उद्देश्य बनाया। यह तो भारत वर्ष का दुर्भाग्य रहा कि यहाँ 'पन्थ निरपेक्ष धर्मानुकूल' शासन की स्थापना का आदर्श 'धर्मनिरपेक्षता' की भेंट चढ़ गया, अन्यथा संविधान ने तो ऐसी व्यवस्था की नही है। हम प्रस्तुत पुस्तक में 'वेद महर्षि दयानन्द और भारतीय संविधान' विषय पर प्रकाश डालने का प्रयास करेंगे। हम यह तथ्य स्थापित करने का भी प्रयास करेंगे कि वेद और महर्षि का मन्तव्य क्या था? उनकी सोच के अनुसार संविधान सभा का मन्तव्य क्या था? और इन दोनों के मन्तव्य से उद्भूत किसी अनुच्छेद के अनुसरण में हमारे शासकों का गन्तव्य क्या बन गया?

मेरी इस पुस्तक का द्वितीय संस्करण 2010 में प्रकाशित हुआ था। अब यह संस्करण पूर्णतया परिवर्धित, संशोधित और परिमार्जित संस्करण है।

आशा करता हूं कि सुबुद्ध पाठकों को मेरा प्रयास और परिश्रम उचित जान पड़ेगा। आपके सहयोग और आशीर्वाद का सदा अभिलाषी रहूंगा।

किमधिकम् लेखेन...

भवदीय

डॉ. राकेश कुमार आर्य

दयानंद स्ट्रीट, सत्यराज भवन, (महर्षि दयानंद वाटिका के पास)

निवास: सी ई 121, अंसल गोल्फ लिंक-2, तिलपता चौक,

ग्रेटर नोएडा-पिन 201309, जनपद गौतमबुद्ध नगर, उत्तर प्रदेश

विषय सूची

अध्याय-1

आर्य समाज की स्थापना के समय देश की स्थिति

1875 में महर्षि दयानन्द जी सरस्वती के द्वारा आर्य समाज की स्थापना की गयी। 1857 की क्रान्ति के परिणामों पर महर्षि के द्वारा गहन चिन्तन किया गया था, तब इस संस्था की स्थापना की गयी थी। स्वामी जी ने यह भली प्रकार विचार कर लिया था कि भारत देश के नागरिकों के भीतर राष्ट्रवाद के भाव का लुप्त होना चिन्ता का विषय है। यही कारण था कि उन्होंने वैदिक चिंतन के अनुसार भारत के लोगों के भीतर राष्ट्रवाद भरने का कार्य आरंभ किया। ऐसा नहीं था कि स्वामी जी से पहले भारत के लोगों के भीतर राष्ट्रवाद नहीं था। प्राचीन काल से ही हम वेद के राष्ट्रवाद से अनुप्राणित रहे हैं। परंतु देश-काल परिस्थिति के अनुसार जब हम अपने वेद और वैदिक धर्म से दूर हो गए, तब राष्ट्रवाद की पवित्र भावना भी प्रभावित हुई। उसका पुनर्स्थापना करना स्वामी जी का प्राथमिक कर्तव्य बन गया था। उसी के लिए उन्होंने प्रयास करना आरंभ किया।

हम सभी भली प्रकार जानते हैं कि महर्षि दयानन्द जी अपने जीवन काल में वेद और वैदिक संस्कृति के प्रचारक और प्रसारक रहे। उन्होंने सांस्कृतिक राष्ट्रवाद के पुनर्जागरण को दृष्टिगत रखते हुए भारत देश के नागरिकों को 'आर्य' की, देश की भाषा को आर्यभाषा (संस्कृत/हिन्दी) की तथा इस देश को आर्यावर्त्त की संज्ञा दी। कालान्तर में ये 'आर्य, आर्यभाषा, और आर्यावर्त्त' का समीकरण 'हिन्दू, हिन्दी और हिन्दुस्तान' में परिवर्त्तित हो गया।

इस प्रकार स्वामी जी महाराज ने भारत को 'आर्यत्व' के श्रेष्ठ भाव में पिरोने का प्रयास किया। उन्होंने भारत को बताया और समझाया कि तेरा वास्तविक स्वरूप 'आर्यत्व' का स्वरूप है, तू इसे पहचान और इसके साथ एकाकार हो जा। देश के नागरिकों का आह्वान किया कि तुम श्रेष्ठ बनो। अधिकारों के लिए लड़ने की बात करने के स्थान पर कर्तव्य के

निर्वाह पर ध्यान दो। यही तुम्हारा आर्यत्व है। यही तुम्हारी श्रेष्ठता है और तुम इसी श्रेष्ठता के कारण संसार में जाने जाते रहे हो। महर्षि के इस समीकरण पर यदि विचार करें तो ज्ञात होता है कि इसमें एक गहन चिन्तन छिपा है। जिसमें 'राष्ट्रधर्म', 'राष्ट्र और राष्ट्रवाद' को सर्वोच्चता दी गयी है।

स्वामी जी का चिंतन और उनका राष्ट्रवाद वैदिक राष्ट्रवाद था। वैदिक राष्ट्रवाद का अभिप्राय सार्वभौम मानवतावाद से है। जिसमें किसी भी प्रकार की सांप्रदायिक संकीर्णता नहीं होती। यही कारण था कि स्वामी दयानंद जी महाराज देश के नागरिकों को हिन्दू मुसलमान, ईसाई, आदि में विभाजित करके देखना नहीं चाहते थे। वह किसी प्रकार के जातिवाद के भी समर्थक नहीं थे, वह संपूर्ण मानव समाज को एक ही जाति का मानते थे।

अपनी इसी भावना के कारण स्वामी जी महाराज विभिन्न सम्प्रदायों और विभिन्न जातियों में विभक्त देशवासियों को एक 'आर्य' नाम से सम्बोधित होता हुआ देखना चाहते थे। यह महर्षि का 'समान नागरिक संहिता' को लागू कराने का चिन्तन था। समान नागरिक संहिता का यह भाव सबसे पहले मनुष्य को अपने चिंतन पर लागू करना होता है। यह पुस्तकों की शोभा नहीं होता। न ही कानून की विवेचना का विषय होता है। जब यह मनुष्य के चिंतन में उतर आता है, उसके विचार में उतर आता है तो यह समाज में समरसता की बयार बहाने लगता है। उस समय वास्तविक अर्थों में समान नागरिक संहिता लागू होती है। यह वेद का चिंतन है कि पहले अपने आप मनुष्य बन जाओ और फिर संपूर्ण मानव समाज के लिए अपने आप को समर्पित कर दो। पहले स्वयं निखर जाओ, फिर समाज को निखारने के लिए उतरो। पहले स्वयं साधक बनो, फिर समाज की साधना में लगो।

स्वामी जी महाराज को इतिहास का अच्छा ज्ञान था। महर्षि मानव स्वभाव से भली प्रकार परीचित थे। इसीलिए उन्होंने विभिन्न सम्प्रदायों में विभक्त मानव समाज की इस दुर्बलता को भली प्रकार समझ लिया था कि ये विभिन्नताएं मानव को एक दूसरे से लड़ाने में ही सहायक होती हैं। इसलिए वह मानव को उसके मानवत्व (आर्यत्व) पर लाकर केन्द्रित कर देना चाहते थे। बस, यही कारण था कि महर्षि विभिन्न भाषाओं के समर्थक होकर भी आर्यभाषा संस्कृत और हिंदी के प्रबल पक्षधर थे। वह चाहते थे कि संपूर्ण देशवासियों की एक भाषा हो। एक भाषा विचारों में निकटता उत्पन्न करने में सहायक होती है। जिससे समाज में समरसता का भाव उत्पन्न होता है।

स्वामी जी के त्रिभुज का खाका

महर्षि ने राष्ट्र मन्दिर के जिस त्रिभुज का खाका खींचा, उसमें आर्य और आर्यभाषा इस त्रिभुज के दो बिन्दु थे, जबकि इन दोनों से उठने वाली रेखाएं जब त्रिभुज के तीसरे

बिन्दु को छूती थीं तो आर्यावर्त नाम का तीसरा बिन्दु स्वयं ही उभर आता था। जब यह त्रिभुज अपने भव्यतम स्वरूप में प्रकट होता था तो यह दिव्य भारत का निर्माण करने का एक कारगर उपाय बन जाता था। यह उनके मस्तिष्क का हिरण्यगर्भ: भाव था। इसी को वे साकार रूप देना चाहते थे। इसी स्वरूप का वे देश बनाना चाहते थे।

महर्षि का सपना अन्तत: समर्थ, सुदृढ़ और समृद्ध भारतीय राष्ट्र का निर्माण करना था। इसीलिए हमने कहा कि महर्षि के आर्य, आर्यभाषा और आर्यावर्त्त के समीकरण में राष्ट्रधर्म, राष्ट्र और राष्ट्रवाद को प्राथमिकता और प्रमुखता दी गयी थी।

उनके इस विचार में किसी प्रकार का दोगलापन नहीं था। बिल्कुल सीधा सा विचार था कि अपने आप को अपने वास्तविक स्वरूप में स्थापित करो अर्थात् वैदिक दृष्टिकोण सर्वोपरि रखते हुए उसी के अनुसार संसार और समाज का निर्माण करने के लिए कटिबद्ध हो जाओ। कभी भी और किसी भी स्थिति में किसी विदेशी सोच के वशीभूत होकर अपने राष्ट्र का निर्माण करने के लिए उतरोगे तो धोखा खाओगे।

महर्षि दयानन्द के इस चिन्तन से लोगों का दृष्टिकोण बदलने लगा। देश-धर्म के प्रति आलस्य और प्रमाद की चादर ओढ़ा हुआ युवा वर्ग अंगड़ाई लेने लगा। देश में राष्ट्रवाद की नई लहर उत्पन्न हुई। जिसे देखकर तत्कालीन ब्रिटिश सरकार चिंतित हुई। उसे लगा कि स्वामी दयानंद जी की इस लहर को रोकने के लिए कुछ किया जाना आवश्यक है। परिणामस्वरुप अंग्रेजों ने अपने लिए एक सुरक्षा कवच के रूप में कांग्रेस नाम के संगठन को अपने एक सेवानिवृत अधिकारी के माध्यम से स्थापित कराया।

महर्षि के चिन्तन का ही परिणाम था कि देश में 1882 में पंजाब हिन्दू सभा की तथा 1885 में भारतीय राष्ट्रीय कांग्रेस की स्थापना हुई। हिंदू महासभा के लोग राष्ट्रवादी थे उनके चिंतन में बहुत कुछ ऐसा था जो स्वामी जी के चिंतन से मेल खाता था। इसे आप ऐसे भी कह सकते हैं कि स्वामी जी के चिंतन का हिंदू महासभा के तत्कालीन नेतृत्व पर प्रभाव स्पष्ट झलकता था। हिंदू महासभा किसी बाहरी चिंतन या विचार से प्रभावित न होकर अपने देश की समस्याओं का समाधान अपने मौलिक धर्म ग्रन्थों में खोजती थी।

कांग्रेस की स्थापना एक सेवानिवृत्त अंग्रेज अधिकारी ए.ओ. ह्यूम के द्वारा की गयी थी। परन्तु इससे पूर्व महर्षि के द्वारा सांस्कृतिक राष्ट्रवाद की जो हवा चलायी गयी थी, ए.ओ. ह्यूम ने तो उसे रोकने के लिए कांग्रेस की स्थापना की और हिन्दू सभा ने उसे और विस्तार देने के लिए स्वयं को स्थापित किया। इस प्रकार कांग्रेस की स्थापना के काल से ही यह स्पष्ट हो गया कि इस संगठन को स्वामी दयानंद जी के चिंतन के विपरीत दिशा में

चलना था, जबकि हिंदू महासभा को स्वामी जी के विचारों के अनुकूल चलते हुए उनके चिंतन को विस्तार देना था।

स्थिति बड़ी दयनीय थी

जिस समय महर्षि दयानंद देश में नवजागरण की अलख जगा रहे थे, उस समय की स्थिति बड़ी ही दयनीय थी। अज्ञान और अधर्म का गहन अन्धकार देश में छाया हुआ था। देश का सामाजिक, राजनीतिक और धार्मिक ढाँचा पूर्णतः ध्वस्त था। भारत की कर्मशीलता को भाग्यवाद की, पौरूष को कायरपन की तथा धर्मशीलता को पाखण्डवाद की जंग लगी पड़ी थी। महर्षि ने वेद प्रमाणों के तर्क से इस शिव (देश) के त्रिशूल (सामाजिक, राजनीतिक, धार्मिक परिस्थितियों को) को भांजना आरम्भ किया। परिणामस्वरूप एक नया भारत अस्तित्व में आया, जिसने अपने गौरवमयी अतीत के खण्डहरों पर एक नया समाज और एक नया संसार बसाने का संकल्प लिया और उसे पूर्ण करने के लिए पूर्ण मनोयोग से उठ खड़ा हुआ।

यह स्वामी दयानंद जी का भगीरथ प्रयास था, जिसे उन्होंने पूर्ण गंभीरता के साथ निभाया था। जिस समय वेदों की ऋचाओं को पाखंड की धूल चाट रही थी, अंधविश्वास की दीमक नष्ट करती जा रही थी और अज्ञानता का आवरण उसे पूर्णतया दृष्टि से ओझल करने में सक्षम हो गया था, तब वेदों की बात करना और उसके अनुसार समाज और संसार का निर्माण करने का संकल्प लेना, स्वामी दयानंद जी के महान और विराट व्यक्तित्व की एक ऐसी झलक है, जिसे देखकर हर व्यक्ति उनके समक्ष नतमस्तक हो जाता है।

अब हम थोड़ा उस समय की परिस्थितियों और भारतीयों की दुर्दशा पर विचार कर लें। उस समय भारत वर्ष अविद्यान्धकार में भटक रहा था। वेद विद्या लुप्त हो चुकी थी। वेद के नाम पर कुछ लोग वेद विरूद्ध बातों का प्रचार व प्रसार करके लोगों में पाखण्ड और अन्धविश्वासों को बढ़ा रहे थे। ऐसे पाखण्डी लोगों ने देश-समाज को जकड़ लिया था। सर्वत्र पतन की स्थिति थी। धार्मिक क्षेत्र में विभिन्न सम्प्रदाय खड़े हो गये थे। जिस कारण जनसाधारण का चिन्तन विखण्डित हो रहा था और लोग अपने-अपने इष्ट देव की आराधना करते समय दूसरे के इष्ट देव को तुच्छ समझते थे। उस समय वैष्णव लोग 20 सम्प्रदायों में, शैव लोग 7 सम्प्रदायों में तथा शाक्त लोग कम से कम 14 सम्प्रदायों में विभक्त थे। इस विभाजन का प्रभाव ये हुआ कि जब सोमनाथ का मन्दिर लूटा गया तो मथुरा शांत रहा और जब मथुरा लुटा तो सोमनाथ बर्फ की भाँति शान्त रहा। कहने का अभिप्राय ये है कि इस वैचारिक विभाजन से हमारे भीतर दो विकृतियाँ आयीं:-एक तो संवादहीनता की और दूसरी संवेदनाशून्यता की। यह निर्विवाद रूप से सत्य है कि किसी

भी घर परिवार, समाज या सामाजिक संगठन और राष्ट्र का पतन तभी होता है जब उसके भीतर ये दो ऊपरिलिखित अवगुण प्रविष्ट हो जाते हैं।

इतिहास लेखकों और समीक्षकों ने देश की तत्कालीन परिस्थितियों का चित्रण करते हुए लिखा है कि तत्कालीन समाज फूट और अकर्मण्यता से ग्रस्त था। यह बात सही हो सकती है, परन्तु पूर्णतः सत्य नही। क्योंकि फूट आदि दुर्गुणों को हमारे भीतर संवादहीनता और संवेदनाशून्यता के उपरोक्त दुर्गुणों ने ही विकसित किया था। ऐसे भी अनेक उदाहरण हैं,जब हमारे वीर योद्धाओं ने या राजाओं ने राष्ट्रीय सेना का गठन करके विदेशी शत्रुओं की सेना को पराजित किया।

क्षति किसकी हुई?

इन दुर्गुणों से सर्वाधिक क्षतिग्रस्त हुआ हमारा राष्ट्रवाद, राष्ट्रीयता और राष्ट्र। वैचारिक स्तर पर व्याप्त विखण्डन ने हमें छोटी-छोटी राष्ट्रीयताओं (रियासत शब्द राष्ट्रीयता का ही अपभ्रंश है) में विभक्त कर दिया। इन रियासतों ने हमारी राष्ट्रीयता को संकीर्ण कर दिया। अनेक राजा ऐसे थे जो अपनी रियासत से अलग कुछ सोचते ही नहीं थे। यद्यपि कई राजा ऐसे भी थे जो उस समय भी राष्ट्र चिंतन कर रहे थे। परंतु वह अपने राष्ट्र चिंतन में सफल नहीं हो रहे थे। उसके अनेक कारण थे। महाभारत काल से यह क्रम आरम्भ हुआ। फलस्वरूप देश कटता-बंटता चला गया और हमें तनिक भी पीड़ा नही हुई। क्योंकि राष्ट्रवाद की भावना मृतप्राय: थी। अफगानिस्तान, ईरान, इराक, अरब देश-श्रीलंका, मालदीव, बर्मा, जावा-सुमात्रा, बोर्नियो, चीन, तिब्बत, नेपाल, पाकिस्तान, बांग्लादेश आदि कभी भारत के ही अंग थे। ये देश से कटते गये और हम संवेदना शून्य बने देखते रह गये।

यदि किसी को उस समय इनके कटने से कष्ट हुआ हो तो उनका कष्ट भुला दिया गया और इतिहास की धारा में बहा दिया गया। पाकिस्तान का निर्माण इस संवेदनाशून्यता का अपवाद है। क्योंकि उस समय आर्यसमाज का आन्दोलन जोरों पर था और राष्ट्रवादी संगठनों में 'राष्ट्रवाद' की भावना बलवती हो उठी थी।

महर्षि ने क्या किया?

इस दुरावस्था के उबारने के लिए महर्षि दयानन्द ने हमारा ध्यान अपने गौरवपूर्ण अतीत की ओर मोड़ दिया। उन्होंने विभिन्न सम्प्रदायों में विभक्त हमारी मानसिकता को 'एक' और 'अखण्ड' बनाने का पुण्य प्रयास किया। महर्षि ने वेद के प्रमाणों के आधार पर एकेश्वरवाद के सिद्धान्त को पुनर्जीवित किया और बहुदेववाद में फँसी भारतीय जनता को वैचारिक रूप से एक मंच पर लाने का श्लाघनीय कार्य किया। महर्षि के इस प्रयास का परिणाम ये हुआ कि हमारी विभक्त चेतना शक्ति अपनी ऊर्जा के अक्षय स्रोत को पहचान

गयी और एक ही स्थान पर पूँजीभूत होकर प्रकाश उत्कीर्ण करने लगी। फलस्वरूप देश में राष्ट्रवाद, राष्ट्रीयता और राष्ट्र की बातें होने लगीं। ऋषि के सत्यार्थ प्रकाश ने राष्ट्रवाद, राष्ट्रीयता और राष्ट्र की ऐसी मीठी तान छेड़ी कि पूरा राष्ट्र ही झूमने लगा। देश से अविद्या भागने लगी। विद्या का प्रकाश होने लगा। यह देश जागरण का काल था, जिसमें अपने आपको हमने पहचानना आरम्भ कर दिया।

स्वामी जी ने देश के लोगों का ध्यान एकेश्वरवाद के साथ-साथ एक धर्म ग्रंथ अर्थात् वेद की ओर खींचने का भी प्रयास किया। अपने इस प्रयास में वह सफल भी रहे। उनके प्रयास को जिस जिस व्यक्ति ने समझ लिया वही वेद भक्त के साथ-साथ देशभक्त भी बन गया। स्वामी जी के द्वारा प्रेरित किए गए तत्कालीन हिंदू समाज की इस मानसिकता को समझने की आवश्यकता है कि वह अचानक इतना कट्टर देशभक्त क्यों बन गया कि उसके सामने ब्रिटिश सरकार भी भयभीत हो गई? बात केवल एक थी कि भारत के लोगों ने एकेश्वरवाद और एक धर्म ग्रंथ के स्वामी जी के मूल मंत्र को समझ लिया था।

महर्षि दयानन्द ने किसी प्रकार के तुष्टिकरण से कार्य नहीं लिया, अपितु उन्होंने किसी भी सम्प्रदाय के अवैदिक और अवैज्ञानिक सिद्धान्तों का खण्डन और वेदसम्मत सिद्धान्तों का मण्डन करने की नीति का अनुसरण किया। योगिराज अरविन्द घोष ने उनके विषय में, सार्वभौम आर्य महासम्मेलन, 13- 15अगस्त 1980, के अवसर पर प्रकाशित लन्दन स्मारिका में लिखा था-

"दयानन्द की कार्य करने की पद्धति बहुत भिन्न थी।... वह एक ऐसा व्यक्ति था जो निश्चित रूप से साफ-साफ जानता था कि मुझे किस काम के लिए भेजा गया है? उसने अपनी अखण्ड पारदर्शी आत्मा से परिस्थितियों का आंकलन किया, अपनी सामग्री स्वयं चुनी, और एक जन्मजात कुशल कारीगर की सी दक्षता से अपने विचारों को कार्यान्वित किया।"

महर्षि दयानन्द ने धर्म, अध्यात्म और राष्ट्र को, एक ही तुला पर तोला। उन्होंने यह मत पुनः प्रतिष्ठित किया कि- "धर्मो धारयते प्रजाः।" अर्थात् प्रजा का जिससे धारण होता है, वही तो धर्म है। अब प्रश्न आ सकता है कि प्रजा का धारण किससे होता है, इससे धर्मानूकूल सरल शब्दों में बतायें तो इसका उत्तर है कि प्रजा का धारण उत्तम रक्षा व्यवस्था और न्यायव्यवस्था से ही होता है। इस प्रकार उत्तम रक्षा व्यवस्था और न्यायव्यवस्था को राजनीति में महर्षि ने धर्म का प्रतिनिधि बनाकर प्रतिष्ठित किया। यह व्यवस्था भी वेद की ही देन थी जिसे स्वामी जी ने पुनर्स्थापित करने का प्रयास किया। किसी भी देश के संविधान में

यदि उत्तम रक्षा व्यवस्था और उत्तम न्याय व्यवस्था के लिए कड़े अनुच्छेद स्थापित किए जाते हैं तो वह देश निश्चित ही उन्नति को प्राप्त होता है।

किसी भी देश की रक्षा व्यवस्था और न्यायव्यवस्था का संचालन व्यक्तियों के द्वारा ही होता है, इसलिए स्वामी दयानंद जी महाराज ने शासक वर्ग को अध्यात्म प्रेमी होना आवश्यक माना। अध्यात्म प्रेमी का अभिप्राय है कि शासक वर्ग का नैतिक बल बहुत ऊंचा होना चाहिए। उनका चरित्र ऊंचा होना चाहिए। उनका हृदय पवित्र होना चाहिए। राजा का कोई व्यक्तिगत जीवन नहीं होता वह सार्वजनिक होता है और उसे रात्रि के गहन अंधकार में भी कोई ऐसा अपवित्र कार्य अथवा आचरण नहीं करना चाहिए जो उसकी प्रजा के नैतिक चरित्र पर विपरीत प्रभाव डालने वाला हो।

स्वामी जी महाराज की स्पष्ट मान्यता थी कि अध्यात्म प्रेमी शासक वर्ग ही धर्म संगत राज्यव्यवस्था स्थापित कर सकता है। जब देश में ऐसे शासक होंगे तभी उत्तम रक्षा व्यवस्था और न्यायव्यवस्था की स्थापना सम्भव होगी। उत्तम राज्यव्यवस्था, रक्षा व्यवस्था और न्यायव्यवस्था से ही एक सबल, सुदृढ़ और समर्थ राष्ट्र की स्थापना सम्भव है। वैदिक राष्ट्रवाद का यह एक महत्वपूर्ण तत्व है। उत्तम राज्य व्यवस्था के लिए आवश्यक है कि किसी भी जनप्रतिनिधि के लिए जनता से अलग कोई ऐसा सुरक्षा कवच प्रदान करने वाला कानून या विधिक व्यवस्था नहीं होनी चाहिए जिससे वह राष्ट्र के विरुद्ध आचरण करते हुए भी बच निकलने में सफल हो जाए। अपने निजी स्वार्थ को त्याग कर प्रत्येक राजनीतिक दल के जनप्रतिनिधि को और कार्यकर्ता को वही बोलना अनिवार्य होना चाहिए जो राष्ट्र के अनुकूल हो। राष्ट्र की भावनाओं के अनुकूल हो। राष्ट्र की उन्नति में सहायक हो और लोगों को सामाजिक, आर्थिक और राजनीतिक न्याय प्रदान करने में सहायक हो। यदि कोई नेता लोगों में सांप्रदायिक आधार पर या जातीय आधार पर या भाषा के आधार पर अथवा क्षेत्र के आधार पर किसी प्रकार का विभेद उत्पन्न करता है या ऐसा करने का प्रयास करता है तो उसे राष्ट्रद्रोही माना जाना चाहिए। यदि कोई भी नेता किसी भी सभा में लोगों की भावनाओं को उकसाते हुए उन्हें अन्य लोगों के विरुद्ध भड़काने का काम करता हुआ पाया जाता है तो उसे भी राष्ट्रद्रोही घोषित किया जाना चाहिए।

अतः सारी बातों का निचोड़ महर्षि ने वेद और राष्ट्र की अवधारणा को विकसित करने पर लाकर केन्द्रित किया। जिसका स्पष्ट प्रभाव हमारे संविधानविदों और संविधान निर्माताओं पर पड़ा, जिन्होंने अपनी मेधाशक्ति से संविधान में महर्षि दयानन्द के विचारों के अनुकूल कुछ अनुच्छेदों को स्थान दिया।

यदि स्वामी दयानंद जी महाराज अपने समय में वेद के इस राष्ट्रवाद की अलख नहीं जगाते तो गांधी नेहरू के कारण पूरा संविधान ही भारत विरोधी होता। हम ऐसा इसलिए कह रहे हैं कि गांधी जी और नेहरू जी दोनों ही वेद और वैदिक व्यवस्था के विरोधी थे।

❐

अध्याय-2

राष्ट्रीयता के प्रतिष्ठाता दयानन्द और संविधान

महर्षि दयानन्द जी महाराज के विषय में पं. देवेन्द्रनाथ जी मुखोपाध्याय ने लिखा है:- "इस संन्यासी के हृदय में यह प्रबल इच्छा और उत्साह था कि सारे भारत वर्ष में एक शास्त्र प्रतिष्ठित हो, एक देवता (परमेश्वर) पूजित हो, एक जाति संगठित हो, और एक भाषा प्रचलित हो। यही नही कि उनमें केवल सदिच्छा और उत्साह ही था, वरन् वह इस इच्छा और उत्साह को किसी अंश तक इस कार्य में परिणत करने में भी कृतकार्य हुए थे। अतः स्वामी दयानन्द केवल संन्यासी ही नहीं थे, केवल वेद व्याख्याता ही नही थे, केवल शास्त्रों का मर्मोद्घाटन करने में ही निपुण नही थे, केवल तार्किक ही नहीं थे, केवल दिग्विजयी पण्डित ही नही थे, वरन् वह भारतीय एकता और जातीयता (राष्ट्रीयता) के सच्चे प्रतिष्ठाता भी थे।"

महर्षि दयानन्द सरस्वती राष्ट्रवाद के प्रखर प्रस्तोता थे। यह सर्वमान्य सत्य है कि भारत की स्वतन्त्रता की लड़ाई में जितने लोगों ने भाग लिया, उनमें से अधिकांश को महर्षि के स्वराज्य चिन्तन या राष्ट्रवाद ने सर्वाधिक प्रभावित किया। यही कारण है कि महर्षि दयानन्द के द्वारा स्थापित आर्य समाज का हर व्यक्ति ईश्वर भक्त के साथ-साथ राष्ट्रभक्त अवश्य मिलता है। महर्षि राष्ट्रीयप्रत्युत एकता के लिए सदैव प्रयासरत रहे। उन्होंने राष्ट्रीय एकता किस प्रकार स्थापित हो? इस विषय पर सत्यार्थ प्रकाश में लिखा है- "जब तक एक मत, एक हानि-लाभ, एक सुख दुःख परस्पर न मानें तब तक उन्नति होना बहुत कठिन है। परन्तु केवल खाना-पीना एक होने से सुधार नही हो सकता।"

सत्यार्थ प्रकाश में ही आपने लिखा है:-

"एक व्यक्ति को स्वतन्त्र राज्य का अधिकार नही देना चाहिए। किन्तु सभापति जो

राजा हो उसके अधीन सभा सभा के अधीन राजा, राजा और सभा प्रजा के अधीन और प्रजा राजसभा (संसद) के अधीन रहे।"

डॉ. भवानी लाल भारतीय जी अपनी पुस्तक "ऋषि दयानंद का क्रांतिकारी चिंतन" के पृष्ठ संख्या 10 पर लिखते हैं:- "स्वामी दयानन्द... पाश्चात्य शिक्षा और संस्कारों से उनका लेशमात्र भी सम्बन्ध नहीं रहा। जब केशव सेन ने उन्हें इंग्लैंड चलकर वहां वैदिक धर्म का प्रचार करने के लिए प्रेरित किया तो उन्होंने विनम्रतापूर्वक यही कहा कि अभी तो स्वदेश में ही उन्हें पर्याप्त समय तक काम करना होगा। दयानन्द को वैचारिक प्रेरणा भारत के प्राचीन शास्त्रों, यहां के धर्म, दर्शन तथा चिन्तन से मिली थी। वे यूनानी दार्शनिकों तथा मिल, बेन्थम, काण्ट आदि यूरोपीय विचारकों के मन्तव्यों से अपरिचित थे। पश्चिम में प्रजातंत्र के उद्भव का समाचार ज्ञात होने पर भी वे आर्यसमाज में जिस प्रजातंत्र को स्थापित करना चाहते थे, वह शत-प्रतिशत उनकी मौलिक उद्भावना थी। इनके प्रेरणा स्रोत वेद, उपनिषद्, सूत्र, स्मति, पुरातन, इतिहास आदि थे और हिन्दी, संस्कृत तथा मातृभाषा गुजराती के अतिरिक्त वे किसी चौथी भाषा का सामान्यज्ञान भी नहीं रखते थे। इतिहासकारों ने इस तथ्य को स्वीकार किया है कि दयानन्द का धर्मान्दोलन बावन तोले पाव रत्ती विशुद्ध भारतीय था। डॉ. रामधारीसिंह दिनकर तथा डॉ. रामविलास शर्मा ने अपने ग्रन्थों में इस तथ्य को सतर्क अनुमोदित किया है। इसी तथ्य की पुष्टि फ्रेंच लेखक रौमां रौलां ने इन शब्दों में की है "केशव सेन के प्रभाव का निराकरण करने और भारत को पश्चिम के रंग में रंगने के सम्पूर्ण प्रयासों को हटाने के लिए दयानन्द की विचारधारा ने एक विशुद्ध भारतीय समाज संगठन को जन्म दिया है।"

देश के सांसद कैसे हों?

डॉ.भवानी लाल भारतीय जी अपनी उपरोक्त पुस्तक में यह भी लिखते हैं "ऋषि दयानन्द की विचार सम्पदा, उनका चिन्तन तथा कार्य प्रणाली बहु आयामी थे। उनके धार्मिक, सामाजिक तथा राष्ट्रीय चिन्तन पर अनेक प्रबुद्ध विचारकों, तथा लेखकों ने विस्तार से विचार किया है। उनके वेद विषयक विचारों, वेदाधारित उनके दर्शन तथा सामाजिक क्रांति के प्रेरक उनके गतिशील कार्यक्रम ने लाखों लोगों का ध्यान आकर्षित किया था। तथापि उनके जीवन दर्शन तथा मौलिक सिद्धान्तों को गतिमान बनाने वाले कतिपय सूत्रों की ओर हमारा ध्यान उस समय जाता है जब हम उनके साहित्य और जीवन पर समग्र रूप में दृष्टिपात करते हैं। हमें यह पता लगाना चाहिए कि वे कौन से मौलिक सूत्र हैं जिनके कारण स्वामी जी न केवल अपने युग पर अपने विचारों की स्थायी छाप छोड़ सके अपितु आने वाले युगों को भी प्रभावित कर सके।"

महर्षि दयानन्द सांसद को उत्पीड़ित, शोषित और उपेक्षित जनता के दुःख दारिद्रय को दूर करके प्रजा में सुख शान्ति, समृद्धि और विकास के समान अवसर उपलब्ध कराने का उचित माध्यम मानते थे। उनकी मान्यता थी कि स्वाधीनता के पश्चात कोई भी जनप्रतिनिधि राजनीति को व्यवसाय न बनायेगा। इसके विपरीत उससे अपेक्षा की जाती है कि वह राजनीति को सेवा का एक अवसर मानेगा और अपने जीवन को लोकोपकार में व्यतीत करेगा। उनकी मान्यता थी कि भारत के प्रतिष्ठित लोग विदेश में जाकर भारत के प्राचीन लोकतांत्रिक विचारों से उन लोगों की संसद के सदस्यों को परिचित कराने का काम करें। वह इस बात को कदापि स्वीकार करने के लिए तत्पर नहीं थे कि भारत को ब्रिटेन या किसी भी बाहरी देश का वैचारिक गुलाम बनाकर रखा जाए अर्थात् यह दिखाया जाए कि भारत में लोकतंत्र बाहर से आया है। उन्होंने श्याम जी कृष्ण वर्मा के लिए एक बार लिखा था:-

गत्वा पारलिमेन्ट सज्जनसभां व्याख्यानमाख्यावरम्।
दत्वा भारतवर्ष पूर्व नियम प्रेक्षावताँस्तान कुरु।

पश्येयुर्यत ईदृशं निजदशादुःखं द्रुतं दुःखिनाम्,लेच्छा
म्लेच्छतया च भारत जनान संयीऽयन्तीति तत्॥

अर्थात् "आप वहाँ ब्रिटिश पार्लियामेन्ट नामक सज्जनों की सभा में जाकर और वेदादि शास्त्रानुकूल व्याख्यान देकर उन संसद सदस्यों को प्राचीन भारतीयों के सौजन्यादि गुणों के नियम से परिचित करायें, जिससे वे शीघ्र ही दुःखित भारतीयों के दुःख दारिद्रय को देखें कि किस प्रकार म्लेच्छ लोग (अंग्रेज) म्लेच्छपने से भारतीय लोगों को पीड़ित कर रहे हैं। इसी पत्र के 17 वें श्लोक का भाव यह है कि तुम्हें पार्लियामेन्ट में जाकर यह सब कहना चाहिए ताकि भारतीयों पर होने वाले अत्याचार बन्द हो सकें।"

इस पत्र का अभिप्राय था कि ब्रिटिश जनता की सहानुभूति भारतीय जनता के लिए प्राप्त की जाए। जिससे कि वहां के लोगों को यह पता चले कि यहां के लोग भारत में जाकर किस प्रकार के अत्याचार कर रहे हैं? विशेष रूप से उस भारत पर जो लोकतांत्रिक विचारधारा में प्राचीन काल से विश्वास रखता आया है।

महर्षि के इस प्रकार के प्रजाहित चिन्तन स्वरूप को देखकर यह कहा जा सकता है कि समकालीन समाज में वह पहले भगवाधारी सन्त थे जो धर्म-चिन्तन के साथ-साथ राष्ट्रचिन्तन भी कर रहे थे। वह हर परिस्थिति में राष्ट्रीयता को बलवती करना चाहते थे।

क्योंकि वह जानते थे कि राष्ट्रधर्म (राजधर्म अर्थात् राजनीति) ही सबसे बड़ा धर्म है।

"एकै साधे सब सधै"

यदि राष्ट्रधर्म इतना पवित्र और शुद्ध हो गया हो कि वह प्रत्येक प्राणि को और राष्ट्रवासी को उसके मौलिक अधिकार देकर उसकी शारीरिक, मानसिक और आत्मिक उन्नति में सहायक बन रहा है तो व्यक्ति की धार्मिक उन्नति तो स्वयं ही हो जायेगी। उनका चिन्तन था कि "एकै साधे सब सधै।"

बस, यही कारण था कि उन्होंने अंग्रेजों के अनीति और अधर्म आधारित राज्य को भारत से शीघ्र समाप्त कराने के लिए लोगों को 'स्वराज्य' का मन्त्र प्रदान किया। स्वामी जी जानते थे कि भारत की सारी समस्याओं की जड़ पराधीनता है। यदि पराधीनता को नष्ट कर दिया जाए और लोग स्वराज्य की खुली हवाओं में सांस लेकर वैदिक चिंतन में निमग्न हो जाएं तो वह अपने अतीत को समझ सकते हैं और उसी के अनुरूप वर्तमान भारतीय समाज के निर्माण के लिए अपना योगदान दे सकते हैं। क्योंकि अनीति और अधर्म आधारित राज्य कभी भी जनता में धर्म का अर्थात् उन लोकतांत्रिक विचारों का जो देश के नागरिकों को एक दूसरे का सहयोगी बनकर जीवन जीने की प्रेरणा देते हैं, प्रचार नही होने देता है। पाप का प्राबल्य पुण्य की फसल का जिस प्रकार विनाश कर देता है, उसी प्रकार अनीति और अधर्म धर्म का (राजनीति के परिप्रेक्ष्य में लोक कल्याण का) विनाश कर डालते हैं। महर्षि ने भारतीयों की दुर्दशा को देखा और उसके मूल को समझा। उनकी दृष्टि में तत्कालीन राजा (ब्रिटिश शासक) का अन्यायपरक शासन ही भारत वर्ष की दुर्दशा का एकमेव कारण था। इसलिए उन्होंने आवाज दी कि आर्यावर्त केवल आर्यों के लिए है-अर्थात् भारतवर्ष भारतीयों का है। ठीक मेरे देशवासियों को इसी स्वराज की आराधना करनी चाहिए और इसी के लिए उठ खड़ा होना चाहिए। जब तक वह अपने आर्यावर्त को अपने लिए प्राप्त नहीं कर लेंगे, उनके दुखों का अंत नहीं हो पाएगा। होमरूल आन्दोलन की प्रवर्त्तिका श्रीमती एनी बीसेन्ट ने इस सन्दर्भ में कहा था- "महर्षि दयानन्द" पहले व्यक्ति थे जिन्होंने भारतवर्ष महर्षि दयानन्द ने सत्यार्थ प्रकाश में लिखा- "जो स्वदेशी राज्य होता है, वह सर्वोपरि उत्तम होता है अथवा मत मतान्तर के आग्रह से रहित अपने और पराये का पक्षपात शून्य, प्रजा पर माता-पिता के समान कृपा, न्याय और दया, के साथ विदेशियों का राज्य भी पूर्ण सुखदायक नही है।"

वैदिक चिंतन सर्वोपरि

महर्षि दयानन्द विकृतियों को और विसंगतियों को हर क्षेत्र से मिटाकर मानवतावाद को प्रतिष्ठित कर वस्तुओं के शुद्ध स्वरूप के उपासक थे। उन्होंने आर्यों अर्थात् हिन्दुओं की

बहुदेवतावादी अवैदिक मान्यताओं को तो धोया ही, साथ ही राजनीति के विकृत स्वरूप को और अनीति के मलमूत्र से सने देह को भी पवित्र करने का भागीरथ प्रयास किया। इसके लिए उन्होंने पश्चिमी चिन्तन का तथा इंग्लैण्ड के हर्बर्ट स्पेन्सर, जॉन स्टुअर्ट मिल या रूसो तथा वाल्टेयर के राजनीतिक विचारों को अपने स्वराज्य चिन्तन का आधार नहीं बनाया। कारण कि वह इन विदेशी विद्वानों के चिन्तन से कहीं अधिक उत्कृष्ट चिन्तन वेद का मानते थे और वेदों की ओर लौटना ही उनका उद्घोष था। वेद के चिन्तन में गहन निष्ठा होने के कारण उन्होंने कभी इन राजनीतिक मनीषियों और चिन्तकों के विचारों को पढ़ने, समझने और उनकी पुष्टि के लिए अपनी ऊर्जा का अपव्यय भी नहीं किया।

वेद की मातृभूमि वन्दना स्वराज्य की अर्चना के ऋग्वेदीय सूक्त, मनु, याज्ञवल्क्य, शुक्र, चाणक्य और कामन्दक राजनीतिशास्त्र वेत्ता तथा सामाजिक व्यवस्थाओं के सूत्र संचालकों के विचार महर्षि के लिए प्रेरणा के स्रोत थे। वे उन्ही विचारों, आस्थाओं, मान्यताओं, सिद्धान्तों और नीतियों के प्रतिपादक थे जो वेद सम्मत हों। क्योंकि वेद संसार की एकमात्र ऐसी पुस्तक है जो वास्तव में असाम्प्रदायिक है। यह पुस्तक केवल और केवल मानवमात्र के लिए लिखी गयी है। शेष सभी कथित धार्मिक ग्रन्थ साम्प्रदायिक हैं।

आज के संविधान की सबसे बड़ी विडंबना यह है कि इसमें वेदों की मातृभूमि वंदना, स्वराज की अर्चना के ऋग्वेदीय सूक्त,मनु, याज्ञवल्क्य, शुक्र, चाणक्य और कामंदक राजनीतिक शास्त्र वेत्ता तथा सामाजिक व्यवस्थाओं के सूत्र संचालकों के विचारों को कहीं पर कोई स्थान नहीं दिया गया है।

इसलिए स्वाभाविक है कि देश में पन्थनिरपेक्ष शासन की स्थापना केवल वैदिक शिक्षा के माध्यम से ही सम्भव है। महर्षि दयानंद जी महाराज जानते थे कि पश्चिम के विद्वानों का चिन्तन यदि भारत में एक लोक कल्याणकारी शासन स्थापित नही करा पाया है तो वह मानवमात्र के लिए हितचिन्तक कैसे हो सकता है? इसलिए उन्होंने भारतीयों का ध्यान भारत के गौरवमयी अतीत की ओर करने का प्रयास किया और उन्हें अपने अतीत से ऊर्जान्वित होने के लिए प्रेरित किया। उनकी मान्यता थी कि निरा भौतिक चिन्तन ही राजनीति का आधार नही हो सकता अपितु अध्यात्मवाद का चिन्तन राजनीति का मार्गदर्शक होना चाहिए। तभी देश में नीतिगत सुव्यवस्था स्थापित हो सकेगी।

वह ऐसे भव्य भारत के निर्माण की योजना लेकर चल रहे थे, जो सामाजिक, आर्थिक, राजनीतिक, धार्मिक और सांस्कृतिक सभी क्षेत्रों में शेष विश्व का मार्गदर्शन कर सके और विश्व की विकृतावस्था को उन्नतावस्था में परिवर्तित करने में समर्थ एवम् सक्षम हो। उनका राष्ट्रवाद ऐसे ही उन्नत भारत का पोषक था। वह भारत को पुनः विश्व गुरु के रूप में प्रतिष्ठित

हुआ देखना चाहते थे। आजकल जब हम स्वामी दयानंद जी के सपनों का आर्यावर्त बनाने का जयघोष करते हैं, तब हमको यह बात विचार करनी चाहिए कि स्वामी जी का इस विषय को लेकर कितना व्यापक चिंतन था और उनकी योजना क्या थी? साथ यह भी कि क्या हम स्वामी जी की उस कार्य योजना पर कुछ काम भी कर पा रहे हैं या नहीं? यदि नहीं तो क्यों नहीं और यदि करना है तो हमें किस दिशा में किस प्रकार कार्यक्रम करना चाहिए?

भारत जैसा कोई अन्य देश नहीं

उन्होंने अपने एक व्याख्यान में कहा था- "यह आर्यावर्त्त देश ऐसा है जिसके सदृश भूगोल में दूसरा कोई देश नही है, इसलिए इस भूमि का नाम सुवर्ण भूमि है, क्योंकि यही सुवर्णादि रत्नों को उत्पन्न करती है... जितने भूगोल में देश है, वे सब इसी देश की प्रशंसा करते हैं, और इसी से आशा रखते है। पारसमणि पत्थर सुना जाता है वह बात तो झूठी है, परन्तु आर्यावर्त देश ही सच्चा पारसमणि है, जिसको लोहे रूपी दरिद्र विदेशी छूते ही सुवर्ण अर्थात् धनाढ्य हो जाते हैं।"

अपने इसी उद्देश्य को दृष्टिगत रखकर महर्षि ने आर्य जागरण (जनजागरण) का कार्यारम्भ किया। हम यहाँ यह भी स्पष्ट करना चाहते हैं कि महर्षि दयानन्द की राष्ट्रीयता किसी अन्य राष्ट्रीयता की प्रतिरोधी या प्रतिगामी नही थी। वह सर्वोन्मुखी थी। 'विश्व-कल्याण' उसका अन्तिम ध्येय था। वह हर राष्ट्र की निजता (राष्ट्रीयता) को सम्मानित रखकर भी एक विश्व की कल्पना कर उसे साकार रूप देना चाहते थे। एक विश्व को वह 'चक्रवर्ती राजा' के आधीन पूरा होता हुआ देखना चाहते थे।

इसीलिए वह अपने आर्य जागरण के अभियान को आर्यों को पुनः चक्रवर्ती साम्राज्य स्थापित कर विश्व कल्याण के लिए प्रेरित करना कभी नहीं भूलते थे। 'कृण्वन्तो विश्वमार्यम्' की भावना को वह अपने इसी चिन्तन के आधार पर क्रियान्वित होते देखना चाहते थे। महर्षि अपने उद्देश्य को भारत की तेजस्विता से पूर्ण करना चाहते थे। इसलिए वह कल्पना की ऊँची उड़ान न भरके यथार्थ के ठोस धरातल पर कार्य करने में विश्वास करते थे। उनकी कार्यशैली अनोखी थी? उन्होंने विश्व जागरण से पहले आर्य जागरण का कार्य करना चाहा। आर्य जागरण का अभिप्राय था-संसार की सज्जन शक्ति का संगठनीकरण, अर्थात् विश्व की सज्जन शक्ति को वह एक मंच पर लाकर खड़ा करना चाहते थे। इसके लिए वह आर्य (जन) को जगा रहे थे। एक व्यक्ति से कह रहे थे कि तू खड़ा हो। खड़ा होकर दूसरे को जगा, दीप से दीप जला। दीयों की एक लड़ी बना और सारे विश्व का एक समाज बना अर्थात् सारे विश्व को अपने प्रकाश से आलोकित कर डाल। यही काम आज के आर्य समाज को करना होगा।

स्वामी दयानंद जी महाराज के द्वारा स्थापित आर्य समाज का यही उद्देश्य था। अपनी इस अद्भुत राष्ट्रीयता का मार्ग वह वेदों से निकलता हुआ देख रहे थे। इसलिए उन्होंने कहा था- "वेद नैतिक पुरुषार्थ के प्रतीक हैं तथा उस ज्योति प्रकाश पुंज के प्रतीक हैं, जिनसे समस्त भारत आलोकित हुआ तथा भावी भारत भी इसी मार्ग में चलकर यश अर्जित करेगा।" अनेक विद्वानों ने महर्षि के सार्वभौम मानवतावाद (कृण्वन्तो विश्वमार्य्यम्) के उच्चादर्श की मुक्त कण्ठ से प्रशंसा की है।

हिंदू पुनरुत्थानवाद के प्रतीक स्वामी दयानंद

संसार स्वामी जी के इस सार्वभौम मानवतावाद को अपनाकर उसका समुचित लाभ नहीं ले पाया तो इसमें महर्षि का कोई दोष नही है। दोष उन लोगों और उन संस्थाओं का है जिन्होंने विश्व राजनीति को कलह, कटुता, कपट और व्यक्ति की अनन्त कामनाओं की पूर्ति की क्रीड़ास्थली बना दिया है और जहाँ केवल एक दूसरे को नीचा दिखाने के कपटपूर्ण कृत्यों के अतिरिक्त और कुछ होता ही नही है। एक विद्वान ने कहा है- "स्वामी दयानन्द सरस्वती यद्यपि हिन्दू पुनरुत्थानवाद के प्रतीक थे, किन्तु उनका दृष्टिकोण सार्वभौम मानवतावाद से ओत-प्रोत था। उनके मन में विश्व बन्धुत्व और मानवतावाद के प्रति अद्भुत लगन थीं।"

महर्षि दयानन्द सरस्वती जी महाराज के इस चिन्तन का भारतीय संविधान पर स्पष्ट प्रभाव दीखता है। 1947 के आते-आते भारतवर्ष की राजनीति के मर्मज्ञ आर्य समाजी आन्दोलन और विचारों से भली प्रकार परीचित हो चुके थे। लोगों ने यह भली प्रकार समझ लिया था कि हमारी पराधीनता का प्रमुख कारण हमारी राजनीति की अकर्मण्यता थी। शासकों का अपने राजधर्म से च्युत हो जाना था। आलसी, कामी, प्रमादी और अकर्मण्य शासक विलासी और भोगी हो गये थे। पौराणिक पण्डितों ने शासन में अनुचित हस्तक्षेप कर करके राजाओं से निहित स्वार्थ तो साधे परन्तु उन्हें राजनीति का सही पाठ नही पढ़ाया। ये लम्पट और स्वार्थी पंडित वर्ग राजाओं को ज्योतिष की अवैदिक मान्यताओं में फंसाकर रखता था या ज्योतिष के अनिष्टकारी परिणामों से डराकर रखता था किसी युद्धादि के समय किसी देवता या देवी के चमत्कार से ही विदेशी शासक पर विजय प्राप्त करने के लिए प्रेरित और बाध्य करता था। इस प्रकार भारत की राजनीति अकर्मण्यता की जंग से ग्रसित थी।

स्वतन्त्र भारत के लिए जब संविधान बनाने हेतु 1946 में चुनाव हुए तो और संविधान निर्मात्री सभा का निर्माण हुआ तो राजाओं की यह अकर्मण्यता उस समय भी परिलक्षित हुई। किसी भी राजा ने इस संविधान सभा में जाकर राष्ट्र के भावी स्वरूप को बनाने के लिए अपने विचार संविधान सभा के सामने रखना और अपनी सहभागिता इस याज्ञिक

कार्य में सुनिश्चित करना उचित नहीं समझा। इस प्रकार इनकी अकर्मण्यता ने इन्हें स्वयं ही अतीत का एक दुर्भाग्यपूर्ण पक्ष बना दिया और भारत अपने भविष्य के निर्धारण के लिए स्वयं अपनी पगडंडी खोजने लगा। यह बड़े ही महत्वपूर्ण क्षण थे जब अतीत वर्त्तमान और भविष्य का अद्भुत संगम हो रहा था और वतर्मान स्वेच्छा से अतीत बनकर भविष्य को वर्त्तमान की बागडोर सौंप रहा था।

संविधान सभा ने बहुत कुछ उधार लिया

भारत की इस संविधान सभा ने यद्यपि विदेशी संविधानों का तथा अंग्रेजों के द्वारा स्थापित तत्कालीन अधिनियमों से बहुत कुछ उधार रूप में प्राप्त किया, परन्तु इसके उपरान्त भी ऐसा नही कहा जा सकता कि उन्होंने सारा कुछ उधारा ही लिया। उनके पास अपना भी बहुत कुछ था। उस अपने पर महर्षि दयानन्द और आर्य समाज का प्रभाव स्पष्ट दीख रहा था। राष्ट्रीयता के सन्दर्भ में यदि विचार करें तो इस विषय पर भी महर्षि और आर्य समाज का प्रभाव स्पष्ट दिखाई देता है। संविधान की प्रस्तावना इसके लिए सर्वप्रथम दृष्टव्य है। जो कि इस प्रकार है:-

"हम भारत के लोग भारत को एक सम्पूर्णप्रभुत्व सम्पन्न समाजवादी पन्थ निरपेक्ष लोकतन्त्रात्मक गणराज्य बनाने के लिए तथा उसके समस्त नागरिकों को सामाजिक आर्थिक और राजनैतिक न्याय, विचार अभिव्यक्ति, विश्वास, धर्म और उपासना की स्वतन्त्रता प्रतिष्ठा और अवसर की समता प्राप्त कराने के लिए तथा उन सबमें, व्यक्ति की गरिमा और राष्ट्र की एकता और अखण्डता को सुनिश्चित करने वाली बन्धुता बढ़ाने के लिए दृढ़ संकल्प होकर अपनी इस संविधान सभा में संविधान को अंगीकृत, अधिनियमित और आत्मार्पित करते हैं।"

हमारी इस संवैधानिक प्रस्तावना में कथित रूप से राष्ट्रीयता पर विशेष बल दिया गया है। इसका अर्थ निकाला गया है कि 'हम भारत के लोग' शब्दों से ही स्पष्ट है कि हमारे संविधान निर्माताओं ने संविधान को किसी वर्ग विशेष या क्षेत्र विशेष के लिए नही बनाया है, अपितु उसे सारे राष्ट्र की आवाज़ माना है और भारत की वास्तविक शक्ति लोक शक्ति है। यह लोकशक्ति राष्ट्रीयता के रूप में तभी प्रतिष्ठित हो सकती है जब इस देश के निवासियों में ऐसी पारस्परिक बन्धुता हो जो कि राष्ट्र की एकता और अखण्डता को सुनिश्चित करने वाली हो।

लोक शक्ति और राष्ट्रभक्ति का समन्वय हो

लोकशक्ति और राष्ट्रभक्ति का यह अद्भुत समन्वय है। यह ऐसा सामंजस्य है कि जिसे आप अलग-अलग नही कर सकते। महर्षि दयानन्द जिस राष्ट्रवासी को 'आर्य' कहते हैं,

उसके चिन्तन को वह राष्ट्रवादी बनाकर उसे आगे बढ़ाना चाहते हैं। आर्य जागरण का अर्थ यहाँ आप लोकशक्ति के जागरण के रूप में प्रतिष्ठित कर सकते हैं। यह लोकशक्ति का जागरण अन्ततोगत्वा राष्ट्र शक्ति के जागरण में प्रतिष्ठित होगा। उसे महर्षि एक 'समाज' कहते हैं। यदि 'हम भारत के लोग' शब्दों को आप थोड़ी देर के लिए यूँ मान लें कि 'हम आर्यावर्त्त के आर्यजन' तो इसका अर्थ होगा कि हम एक जागृत और सुदृढ़ राष्ट्र (आर्यावर्त्त) के सभी जागृत और राष्ट्रचिन्तक जन हैं, जो परस्पर ऐसी बन्धुता (जो राष्ट्र निर्माण के लिए एक अदृश्य विशाल भावना किन्हीं राष्ट्रवासियों के भीतर समाहित होती है, अथवा राष्ट्रवासियों के मध्य जिसका होना अनिर्वाय माना जाता है) से संबद्ध हैं, कि जो राष्ट्र की एकता और अखण्डता को और भी सुनिश्चित करेगी। यदि हम इस शब्द समूह की ऐसी व्याख्या करते हैं तो ज्ञात होता है कि हमारे संविधान निर्माताओं पर आर्य-समाजी चिन्तन का कितना प्रभाव था? महर्षि दयानन्द ने जो सोचा था कि राजा के अधीन सभा, सभा के अधीन राजा, राजा और सभा प्रजा के अधीन और प्रजा राजसभा के अधीन हो।

स्वामी जी का यह चिंतन भी इस प्रस्तावना से स्पष्ट हो जाता है। यहाँ अन्तिम शक्ति प्रजा में समाहित है। क्योंकि संविधान की निर्माता जनता है। लेकिन जब विधायिका अपना विधान बनाकर इस प्रजा पर लागू करेगी तो उस समय स्पष्ट हो जायेगा कि प्रजा सभा के अधीन है। इस सभा के सामूहिक निर्णय को चूँकि प्रधानमंत्री (राजा) लागू करायेगा तो उसकी स्थिति भी स्पष्ट हो जाती है कि वह भी सभा के ही आधीन है। महर्षि का चिन्तन कितना स्पष्ट हो रहा है कि जनता स्वयं अपनी, अपने राजा की और अपनी सभा की स्थिति को इस प्रस्तावना में ही स्पष्ट कर रही है।

'हम भारत के लोग' का निहितार्थ

'हम भारत के लोग' शब्द स्पष्ट करते हैं कि भारत का संविधान ब्रिटिश संसद की देन नहीं हैं। यह स्वतन्त्र और सम्पूर्ण प्रभुता सम्पन्न राष्ट्र के निवासियों की देन है। महर्षि स्वतन्त्र और सम्पूर्ण प्रभुता सम्पन्न राष्ट्र के ही तो स्वप्नदृष्टा थे। उनके राष्ट्रवाद और राष्ट्रीयता का यही वह आदर्श स्वरूप था जिसे वह किसी भी राष्ट्र की उन्नति और प्रगति के लिए आवश्यक मानते थे। भारत के सर्वोच्च न्यायालय ने भी इस शब्द समूह के विषय में कहा है कि ये शब्द भारत के लोगों की सर्वोच्च प्रभुता की घोषणा करते हैं और इस बात की ओर संकेत करते हैं कि संविधान का आधार उन लोगों का प्राधिकार है।

हमने पूर्वोल्लेख किया है कि 'महर्षि दयानन्द की राष्ट्रीयता एक विश्व' की अवधारणा को विकसित कर 'कृण्वन्तो विश्वमार्य्यम्' के सपने को साकार करना चाहती थी। यह राष्ट्रीयता किसी भी दृष्टिकोण से इस अन्तर्राष्ट्रवादी राष्ट्रीयता को विकसित करने में बाधक

नही है। महर्षि का यह सार्वभौम मानवतावाद संविधान के अनुच्छेद 51 में स्पष्ट झलकता है। अनुच्छेद 51 कहता है:- अन्तर्राष्ट्रीय शान्ति और सुरक्षा की अभिवृद्धि, राज्य-

(क) अन्तर्राष्ट्रीय शान्ति और सुरक्षा की अभिवृद्धि का

(ख) राष्ट्रों के बीच न्यायसंगत और सम्मानपूर्ण संबंधों को बनाये रखने का

(ग) संगठित लोगों के एक दूसरे के व्यवहारों से अन्तर्राष्ट्रीय विधि तथा संधि बाध्यताओं के प्रति आदर बढ़ाने का, और

(घ) अन्तर्राष्ट्रीय विवादों के माध्यस्थम् द्वारा निपटारे के लिए प्रोत्साहन देने का प्रयास करेगा।

"महर्षि दयानन्द की सार्वभौम मानवतावाद की झलक देते इस अनुच्छेद पर पंडित नेहरू ने कहा था- "हमारा अन्य राष्ट्रों के साथ मिलकर एक यही सामान्य उद्देश्य सम्भव हो सकता है कि हम मिलकर विश्व के लिए एक संरचना तैयार करें। चाहे उसे एक विश्व कहें या कुछ और (वसुधैव कुटुम्बकम्)।"

वास्तविक बन्धुता कब स्थापित होगी?

जब तक एक मत अर्थात् हम सब राष्ट्रवासी एक सी मति वाले और विचार वाले न हो जायें, तब तक हमारी गति की दिशा सही नही होगी। एक जैसी मति ही सही गति का निर्धारण करती है। इसीलिए महर्षि दयानन्द का विचार था कि "जब तक एक मत, एक हानि लाभ, एक सुख दुख परस्पर न मानें तब तक उन्नति होना असंभव है।"

इसका अभिप्राय है कि जिस प्रकार एक भाई को चोट लगे और आह दूसरे की निकले, एक की संवेदनाऐं दूसरे के साथ इस प्रकार एकाकार हो जाये कि उन्हें अलग करना ही कठिन हो जाये तो वास्तविक बन्धुता वही कहलाती है। नागरिकों की ऐसी गहन संवदेनशीलता राष्ट्रीयता का एक परमावश्यक तत्व है। महर्षि आर्यों के इस परिवारगत संस्कार को राष्ट्रगत संस्कार में परिवर्तित कर पुष्पित और पल्लवित होता देखना चाहते थे। इसलिए महर्षि का सपना था कि देश में जो विभिन्न मूलवंश, जाति और सम्प्रदायों का बखेड़ा खड़ा कर दिया गया है, यह बन्धुता के मार्ग में एक बहुत बड़ी बाधा है।

हमारे संविधान से भी पूर्व 1948 में संयुक्त राष्ट्र द्वारा अंगीकृत 'मानव अधिकार' की घोषणा के अनुच्छेद में यह कहा गया हैं:-

"सभी मनुष्य जन्म से ही गरिमा और अधिकारों की दृष्टि से स्वतन्त्र और समान हैं। उन्हें बुद्धि और अन्तश्चेतना प्रदान की गयी है। उन्हें परस्पर भ्रातृत्व की भावना से रहना चाहिए।"

इसी आशय को लेकर हमारे संविधान निर्माताओं ने भारत के नागरिकों के मध्य

बन्धुता स्थापित करने की बात को प्राथमिकता दी। महर्षि दयानन्द ने राष्ट्रीयता के सम्बन्ध में अपने विचारों को वेद की भाषा में स्पष्ट करते हुए कहा कि यह भारत भूमि हमारी माता है और हम इसके पुत्र हैं। यह माता और पुत्र का सम्बन्ध जब मातृभूमि और राष्ट्रवासियों के मध्य स्थापित हो जाता है तो उस समय देश में अपने आप ही बन्धुता का भाव विकसित होने लगता है। स्वतन्त्रता संघर्ष के काल में भारत माता की जय का नारा हमारे लिए बड़ा ही लोकप्रिय बन गया था। एक व्यक्ति जब इस उद्घोष को बोलता था तो दूसरे सभी स्वयं को मां का आज्ञाकारी पुत्र समझकर इस उद्घोष का वीरोचित शैली में उत्तर दिया करते थे। वह समय बड़ा ही रोमांचकारी होता था। कारण स्पष्ट था कि उस समय हमारी संवेदनाएं एकाकार हो जाती थीं। महर्षि संवेदनाओं के इसी स्वरूप को देश के नागरिकों का स्वाभाविक गुण बना देना चाहते थे।

क्या कश्मीर हमारी खण्डित राष्ट्रीयता का प्रतीक है? देश के किसी भी भाग में बसना और वहाँ अपना व्यापार या कारोबार स्थापित करना देशवासियों का मौलिक अधिकर है। पर यह बात कश्मीर पर लागू नहीं होती। धारा 370 इस राज्य को एक अलग प्रास्थिति प्रदान करती है। वास्तव में यह अनुच्छेद विघटनकारी है। परिणामस्वरूप राष्ट्र में खण्डित राष्ट्रीयता का वातावरण हम देखते हैं। यह धारा हमारे भूगोल और इतिहास के तो विरूद्ध है ही साथ ही हमारे राष्ट्रवाद की डगर में सबसे बड़ी बाधा भी है। हमें सार्वभौम मानवतावाद के माध्यम से (नेहरू का अन्तर्राष्ट्रवाद नही)

देशों की कृत्रिम सीमाओं को धीरे-धीरे मिलाकर 'एक राष्ट्र' की स्थापना की ओर बढ़ना था, पर हम उधर न बढ़कर रास्ता भटक गये। हमने देश में ही विभाजन की दीवार खड़ी कर ली। यह दीवार स्वयं संविधान की मूल भावना के भी प्रतिकूल है।

महर्षि दयानन्द के राष्ट्रवादी चिन्तन की व्याख्या करते हुए डॉ. लालसाहब सिंह लिखते हैं:- "स्वामी दयानन्द के राष्ट्रवाद के विविध आयामों, स्वदेशी, स्वभाषा (हिन्दी) स्वधर्म (वेदवाद) स्वराज्य तथा चक्रवर्ती आर्य राज्य के विस्तृत विवेचन के पश्चात यह स्पष्ट हो जाता है कि उन्नीसवीं शताब्दी के भारतीय पुनर्जागरण काल के समाजसेवी तथा धर्माचार्य जहाँ लोकैष्णा तथा आत्मचिन्तन तक ही सीमित थे, वहीं दयानन्द ने मातृभूमि की दुर्दशा से द्रवित होकर उसके कल्याण और मुक्ति हेतु सार्थक चिन्तन प्रस्तुत किया है। उन्होंने भारतीय राष्ट्रवाद को जागृत करने के लिए अपने ब्रह्मसुख का परित्याग कर दिया। उनके लिए राष्ट्र मुक्ति ही परम धर्म था। एक संन्यासी द्वारा इस प्रकार का चिन्तन अभूतपूर्व था।"

वर्तमान संविधान में चूँकि उधारी मनीषा झलकती है, इसलिए महर्षि का उदभट

राष्ट्रवाद तो इस संविधान का प्रतिपाद्य विषय नही हैं, परन्तु राष्ट्रवाद को जितने अंश में दिखाया गया है या उसे बलशाली करने के रक्षोपाय किये गये हैं उन पर महर्षि दयानन्द की चिन्तन धारा का स्पष्ट प्रभाव हमें दिखायी देता है। इस संविधान पर चूँकि विदेशी झलक है इसलिए महर्षि दयानन्द की भाँति हमारे लिए आर्य चुनी हुई जाति, भारत चुना हुआ देश, और वेद चुनी हुई धार्मिक पुस्तक नही बन पायी हैं। महर्षि के इस आदर्श को इस संविधान की प्रस्तावना में ही स्थान मिलना चाहिए था। जिससे राष्ट्रीयता की भावना बलवती होती और सब लोगों की गरिमा की रक्षा का संकल्प एक राष्ट्र संकल्प बन जाता।

❒

अध्याय-3

धर्मनिष्ठ राजनीति और स्वामी दयानंद

महर्षि दयानन्द सरस्वती (1824-1883) के विषय में बाबू देवेन्द्रनाथ मुखोपाध्याय जी कहते हैं-

''यह हैं भारत–दिवाकर दयानन्द, जिन्होंने इस पाप परिपुष्ट युग में जन्म लेकर जीवन भर निष्कण्टक ब्रह्मचर्य का पालन किया, जो विद्या में, वाक्पटुता में, तार्किकता में, शास्त्रदर्शिता में, भारतीय आचार्य मण्डली के बीच में शंकराचार्य के ठीक परवर्ती आसन पर आरूढ़ होने के सर्वथा योग्य थे, वेद निष्ठा में, वेद व्याख्या में, वेद ज्ञान की गम्भीरता में, जिनका नाम व्यासादि महर्षिगण के ठीक नीचे लिखे जाने योग्य था, जो अपने को हिन्दुओं के आदर्श सुधारक पद पर प्रतिष्ठित कर गये हैं, और इस मृत प्रायः आर्यजाति को जागरित करके उठाने के उद्देश्य से मृत संजीवनी औषध के भाण्ड को हाथ में लेकर जिन्होंने भरतखण्ड में चतुर्दिक् परिभ्रमण किया था।''

महर्षि दयानन्द सरस्वती जी महाराज व्यक्ति के मौलिक अधिकारों के समर्थक और प्रतिपादक थे। इस सन्दर्भ में उनकी मान्यता थी कि राजधर्म अर्थात् राजनीति का नीति और धर्म पर आधारित होना आवश्यक है। क्योंकि नीति और धर्म आधारित राजनीति ही व्यक्ति को मौलिक अधिकार प्रदान करती है, उसका सर्वांगीण विकास करने में समर्थ होती है। जो राजनीति धर्मविहीन होती है वह व्यक्ति के मौलिक अधिकारों की समर्थक नही होती है। वहाँ धीरे-धीरे समाज में एक दूसरे के अधिकारों की छीना झपटी का राज स्थापित हो जाता है, लोगों में अकुलाहट फैलती है और कालान्तर में ऐसी छीना झपटी और अकुलाहट अराजकता में परिवर्त्तित हो जाती है। इस प्रकार की अकुलाहट, छीना झपटी और अराजकता की स्थिति को हमने अपने देश में मुस्लिम शासन काल में और उसके पश्चात ब्रिटिश शासन काल में देखा है। हमारे स्वाधीनता सेनानियों का दीर्घकालिक

स्वाधीनता आंदोलन इसी प्रकार की अकुलाहट, छीना झपटी और अराजकता की स्थिति से मुक्ति प्राप्त करने का आंदोलन था। जिसके लिए लोगों को देर तक बड़ी संख्या में बलिदान देने पड़े। इतना ही नहीं, लोगों को आर्थिक, सामाजिक, राजनीतिक और शैक्षणिक क्षेत्र में पिछड़ेपन का भी शिकार होना पड़ा। क्योंकि इस काल में उनका सारा चिंतन केवल और केवल विदेशी शासक वर्ग को भारत से निकालने पर केंद्रित रहा। जिसके चलते उनकी शैक्षिक, आर्थिक, राजनीतिक सारी गतिविधियां रुक गईं।

महर्षि नीति और धर्म के उपासक थे। राजधर्म में इसकी महत्ता पर प्रकाश डालते हुए उन्होंने कई स्थलों पर वेद की तत्सम्बन्धी व्यवस्थाओं का उल्लेख किया है। वेद भाष्य करते हुए उन्होंने लिखा है-

(राजा)... धर्म से राज्य का पालन करो।

(यजु.भा. 16- 26)

राजा भी अधर्म से प्रजाओं को निवृत्त कर धर्म में प्रवृत्त करें और आप भी वैसा होवे।

(यजु. भा.30- 3)

तू (राजा) भी धार्मिक विद्वानों के उपदेशों के अनुकूल होने के राजधर्म का सेवन करता

रहा। (ऋ. भा. 3-12-16)

जो राजा धर्मयुक्त व्यवहार से प्रजाओं का पालन करे, वही राज्य करने योग्य होता है।

(ऋ. भा. 5-3-5)

इस प्रकार महर्षि दयानन्द धर्मनिष्ठ राजनीति को राजकार्यों के संचालन के लिए उपयुक्त और उचित मानते थे। वेद की आज्ञा भी ऐसी ही है।

भारत की प्रधानमंत्री रहीं श्रीमती इंदिरा गांधी ने 'सेकुलर' शब्द को भारत के संविधान की प्रस्तावना में उल्लिखित कराकर यह स्पष्ट कर दिया कि वह धर्मनिष्ठ राजनीति की विरोधी हैं। इससे पहले उनके पिता पंडित जवाहरलाल नेहरू इसी बात को कहते आ रहे थे कि भारत की राजनीति का कोई धर्म नहीं होगा।

इसके उपरांत भी हमारा मानना है कि भारतीय संविधान को व्यवहार में हमारे

राजनीतिज्ञों ने चाहे जिस प्रकार लागू किया हो, परन्तु हमारे संविधान निर्माताओं का दृष्टिकोण देश में धर्मनिष्ठ राजनीति को स्थापित कर मानव विकास की सभी सम्भावनाओं को शासन की नीतियों का अंग बनाना था। कांग्रेस और कांग्रेसियों के प्रेरणा स्रोत रहे महात्मा गाँधी ने भी कहा था-

"मैं देश की आँखों में धूल नहीं झोंकूँगा। मेरे निकट धर्मविहीन राजनीति कोई वस्तु नही है। धर्म के मायने बहमों और गतानुगतिकत्व का धर्म नहीं, द्वेष करने वाला और लड़ने वाला धर्म (मजहब-सम्प्रदाय) नहीं, अपितु विश्वव्यापी सहिष्णुता (मानवता) का धर्म है। नीति शून्य राजनीति सर्वथा त्याज्य है।"

महात्मा गाँधी जिसे 'विश्वव्यापी सहिष्णुता का धर्म' कहते हैं, महर्षि उसे मानव का स्वाभाविक धर्म मानते हैं। इसे हमारे संविधान में भी स्थान दिया गया है। "राज्य के नीति निर्देशक तत्वों" में महर्षि के चिन्तन का स्पष्ट प्रभाव दीखता है। यद्यपि भारतीय संविधान में इन नीति निर्देशक तत्वों को आयरलैण्ड के संविधान से लिया बताया गया है। परन्तु किसी भी अच्छी या बुरी चीज को यदि आप कहीं से लेना चाहते हैं तो उसके लिए यह आवश्यक है कि आप अपने मानस में उसका पूर्ण चिन्तन कर रहे हैं, या कर चुके हैं। कहने का अभिप्राय है कि आपका अपने मानस में उठने वाला चिन्तन ही आपको अन्ततः किसी चीज को अपनाने के लिए प्रेरित करता है। वह चिन्तन भी किसी न किसी के चिन्तन से प्रेरित अवश्य होता है। अतः ये नीति निर्देशक तत्व चाहे आयरलैण्ड के संविधान से ही लिए गए हैं, परन्तु इनके पीछे हमारे संविधान निर्माताओं को प्रेरित करने वाला तत्व महर्षि का चिन्तन ही था।

फिर भी हमने इन नीति निर्देशक तत्वों को उधारी मनीषा माना है। क्योंकि आयरलैण्ड की सरकार इन्हें अपने नीति निर्देशक तत्व मान सकती है, वह यह भी मान सकती है कि इन नीति निर्देशक तत्वों को न्यायालय से अनिवार्यतः लागू नही कराया जा सकता, परन्तु हमारी मान्यता इसके विपरीत है। हमारा मानना है कि नीति निर्देशक तत्व सरकार की नीतियों की अनिवार्य घोषणा हैं। वह अपनी नीतियों से यदि इतर कार्य करने का प्रयास करती है तो इन निर्देशक तत्वों को लागू कराने के लिए नागरिकों को न्यायालय का दरवाजा खटखटाने का भी अधिकार होना चाहिए। नीति निर्देशक तत्व केवल "शो पीस" नहीं रहने चाहिए। यदि उन्हें भारत के संविधान में स्थान दिया गया है तो उन्हें राजधर्म घोषित करवाने के लिए लोगों के पास यह मौलिक अधिकार होना चाहिए कि वे जनसाधारण के कल्याण के लिए सरकार को इन नीति निर्देशक तत्वों के अनुरूप कार्य करने के लिए न्यायालय के माध्यम से विवश कर सकें।

भारतीय संविधान का अनुच्छेद 38 व्यवस्था करता है कि राज्य लोक कल्याण की अभिवृद्धि के लिए सामाजिक व्यवस्था बनायेगा।

भारतीय संविधान का अनुच्छेद 39 प्राविधानित करता है कि राज्य लोक कल्याण के लिए तथा न्याय की प्राप्ति के लिए अपनी नीति का इस प्रकार निर्देशन करेगा:-

(1) राज्य सभी नागरिकों के लिए रोजगार के साधन जुटाने का प्रयास करेगा।

(2) राज्य की आर्थिक नीतियाँ ऐसी होनी चाहियें जिससे कि देश के भौतिक साधनों का उचित बँटवारा हो तथा अधिक से अधिक लोगों के हित में उनका उपयोग हो सके।

(3.) स्त्री और पुरूषों के लिए समान कार्य के लिए समान वेतन मिलना।

(4) बच्चों और युवकों का आर्थिक व नैतिक शोषण न हो।

(5.) राज्य का कर्त्तव्य है कि वह देखे कि पुरूषों को, महिलाओं और बच्चों को आर्थिक विवशता के कारण ऐसे रोजगारों में न जाना पड़े जो उनकी आयु व शक्ति के अनुकूल ना हो।

संविधान के ये अनुच्छेद लोक कल्याणकारी राज्य की स्थापना के लिए हैं। इसके बाद अन्य अनुच्छेदों का उल्लेख हम बाद में करेंगे। पहले इन दोनों अनुच्छेदों पर महर्षि दयानन्द का चिन्तन क्या था? इस पर विचार करते हैं।

राज्य का प्रमुख कार्य-प्रजापालन

महर्षि दयानन्द जी महाराज ने प्रजापालन को राजा का प्रमुख कार्य माना है। डॉ. लाल साहबसिंह के अनुसार "दयानन्द ने राज्य के कार्यों में रक्षणीय की रक्षा, मारने योग्य को मारना, शत्रुओं को अग्निवत भस्म करना, प्रजादि को धनों से आनन्दित करना, श्रेष्ठों का सम्मान और दुष्टों का तिरस्कार करना, धर्मपालन एवम् अधर्म का नाश करना, परस्पर प्रीति, एवम् उपकार करना, अविद्या और अन्याय का नाश करना, वन सम्पदा, तथा पशु पक्षियों का संरक्षण राज्य की वृद्धि, चक्रवर्ती राज्य का पालन तथा शुभ कर्मों की वृद्धि एवम् अशुभ कर्मों का नाश करना आदि का यत्र तत्र उल्लेख अपने वेद भाष्य में किया है।"

महर्षि दयानन्द धर्म के दो सोपानों अर्थात् "अभ्युदय" और "निःश्रेयस" को राजधर्म का आधार मानते थे। वह राज्य के लिए उसका धर्म यही मानते थे कि उसकी नीतियाँ ऐसी हों कि जिससे लोगों का अभ्युदय हो अर्थात् भौतिक विकास हो, शारीरिक विकास हो। साथ ही निःश्रेयस की प्राप्ति हो। इसका अभिप्राय है कि लोगों का पारलौकिक अर्थात् मानसिक और आध्यात्मिक विकास भी हो। महर्षि इसी प्रकार की नीतियों को 'धर्मनिष्ठ राजनीति' मानते थे। महर्षि के इसी चिन्तन पर महात्मा गाँधी ने अपनी सहमति प्रकट की। 'महात्मा गाँधी संप्रदाय' अर्थात् मजहब को धर्म नहीं मानते, वह भी धर्म उसी को मानते

है जो विश्वव्यापी सहिष्णुता का समर्थक हो। यद्यपि अनेक स्थानों पर गांधी जी ने धर्म को लेकर इस प्रकार का भ्रम पैदा करने का प्रयास किया है कि वह स्वयं धर्म क्या है?- इस विषय में नहीं जानते, वह संप्रदाय को ही धर्म मानते हैं।

महर्षि दयानन्द ने 'सत्यार्थ प्रकाश' में मनुस्मृति के निम्नलिखित श्लोक को उद्धृत किया है-

ब्राहमं प्राप्तेन संस्कारं क्षत्रियेण यथाविधि।
सर्वस्यास्य यथान्यायं कर्त्तव्यं परिरक्षणम्।।

"जैसा परम विद्वान ब्राह्मण होता है, वैसा विद्वान सुशिक्षित होकर क्षत्रिय को योग्य है कि इस सब राज्य की रक्षा न्याय से यथावत करे।"

इसका अभिप्राय है कि राज्य का मुख्य कार्य समाज में रक्षा और न्याय की व्यवस्था करते हुए शान्ति और विकास के सभी उपायों को खोजना और उन्हें कार्यरूप में परिणत करना है। राज्य के इसी स्वरूप को 'लोक कल्याणकारी शासन' कहा गया है। जब महर्षि दयानंद जी महाराज अपने देश के राजा से यह अपेक्षा करते हैं कि उसका व्यवहार अपनी प्रजा के प्रति पितृवत हो, अर्थात् अपनी प्रजा को वह अपने पुत्र के समान प्यार और स्नेह करता हो, तो इसका अभिप्राय ये है कि राजा अपनी प्रजा के कल्याण हेतु सदा प्रयत्नशील रहे।

यह तभी संभव है जब राजा के लिए नीति निर्देशक तत्व होने और उन नीति निर्देशक तत्वों पर काम करना उसके लिए आवश्यक घोषित किया जाए। ऐसा नहीं किया जाना चाहिए कि आप आदर्श तो स्थापित कर दें, परंतु आदर्श पर चलना मनुष्य के विवेक पर छोड़ दिया जाए। यदि ऐसी स्थिति रहेगी तो कोई भी आदर्श पर चलना उचित नहीं मानेगा।

समान कार्य के लिए समान वेतन

राजा का न्याय इसी में निहित है कि योग्यता के अनुसार वह सभी लोगों की आजीविका का प्रबन्ध करे, भय, भूख, भ्रष्टाचार को मिटाये और लोगों को समान कार्य के लिए समान वेतन देने का विधान बनाये। उन्होंने अपने समय में नदियों की दशा को सुधारने का भी भरसक प्रयास किया। महर्षि दयानन्द पहले व्यक्ति थे, जिन्होंने शिक्षा प्राप्ति के अपने मौलिक अधिकार से वंचित नारी जाति को वेद के पढ़ने का अधिकार दिलवाया। यहीं से नारी को समानता का अधिकार मिला। नारी जाति पर ही नहीं, अपितु मानवता पर भी महर्षि का यह महान उपकार था। आज की शिक्षित नारी को इसके लिए महर्षि का विशेष ऋणी होना चाहिए।

महर्षि दयानन्द जी ने सत्यार्थ प्रकाश में लिखा है:- "जो लोग स्त्रियों के वेद पढ़ने का निषेध करते हों, तो वह तुम्हारी मूर्खता, स्वार्थता, और निर्बुद्धिता का प्रभाव है।"

जब हम संविधान के उपरोक्त दोनों अनुच्छेदों का अनुशीलन करते हैं तो विदित होता है कि इनमें राजा को अर्थात् राज्य को एक पिता के समान अपनी प्रजा से वर्त्तने का दिशा निर्देश दिया गया है। राज्य की नीतियाँ तभी लोक कल्याणकारी हो सकती हैं जबकि उनका आदर्श राज्य पितृत्व से भरा हृदय हो। वेदों से लेकर आर्य परम्परा के किसी भी ग्रन्थ में राजा को निरंकुश और अत्याचारी होना नहीं बताया गया है, अपितु राजा के इसी स्वरूप की प्रशस्ति की गयी है।

यह सर्वविदित तथ्य है कि वेदों के अनुसार चक्रवर्ती साम्राज्य स्थापित कर सारे विश्व को कभी भारत ने मर्यादित और अनुशासित करने हेतु विश्व का नेतृत्व किया है। उन्हीं, टूटी फूटी स्मृतियों के शिलालेखों पर आयरलैण्ड ने अपने संविधान में जिन नीति निर्देशक तत्वों को स्थापित किया है, उनको यदि भारत ने भी अपना लिया है, तो इसके भी मूल में उसकी अपनी मनीषा है। इस उधारी मनीषा का भारतीयकरण नहीं किया गया। यदि इन्हें वेदों के प्राविधानों के अनुसार तथा मनुस्मृति आदि स्मृतियों के अनुसार परिष्कृत कर लिया जाता तो कहीं अधिक श्रेयस्कर रहता।

ये प्राविधान वास्तव में तो राज्य की धर्मनिष्ठ राजनीति के प्रति निष्ठा की घोषणा हैं, परन्तु यह शब्द इसमें डाला नहीं गया है। यदि इनके साथ शीर्षक में ही यह स्पष्ट कर दिया जाता कि राज्य की 'धर्मनिष्ठ राजनीति के प्रति निष्ठा की घोषणा' तो महर्षि का मन्तव्य पूर्णतः स्पष्ट हो जाता। इसका परिणाम होता कि व्यवहार में हमने भारतीय राजनीतिज्ञों को जिस प्रकार की अधर्म और अनीति की राजनीति को करते हुए देखा है वह कदापि नहीं होती।

अन्य नीति निर्देशक तत्व

संविधान का अनुच्छेद 39 (क) समान न्याय और निःशुल्क कानूनी सहायता की व्यवस्था करता है। महर्षि दयानन्द जी याज्ञवल्क्य (1/334) की इस व्यवस्था को मानते थे कि "राजा को अपनी प्रजा तथा सेवकों के साथ पितृवत-व्यवहार करना चाहिए।" राजा को अपनी प्रजा के आमोद-प्रमोद में उसी प्रकार आनन्दित होना चाहिए, जिस प्रकार एक पिता अपनी सन्तान के आमोद-प्रमोद में आनन्दित होता है। श्री राम के विषय में रामायण में हमें ऐसा ही उल्लेख मिलता है। जो 'राम' (देश का शासक वर्ग) अपने देशवासियों के प्रति ऐसा व्यवहार करते हैं, वास्तव में वही उत्तम शासक होते हैं।

ऐसे शासक समान न्याय की व्यवस्था करते हैं, और कोई भी व्यक्ति न्याय से वंचित

न रह जाये इसलिए शासन की प्रचलित विधियों का ज्ञान कराने के लिए उसे निःशुल्क विधिक सहायता दिलाने का प्रबन्ध राज्य करता है। क्योंकि कानून का पालन तभी सम्भव है, जबकि कानून की सहायता सभी को निःशुल्क उपलब्ध हो। कानून का यथावत पालन कराना ही वास्तविक न्याय है। हमारे संविधान ने समान न्याय और निःशुल्क कानूनी सहायता हर एक नागरिक को उपलब्ध कराना आवश्यक और उचित माना है। संविधान का अनुच्छेद 42 कुछ दशाओं में काम, शिक्षा तथा लोक सहायता पाने का अधिकार नागरिकों को देता है। यदि राज्य के भौतिक साधन अनुमति देंगे तो लोगों को काम का अधिकार दिया जायेगा। जिससे कि लोगों में बेकारी न फैलने पाये। बुढ़ापे और बीमारी की अवस्था में या अंग भंग की स्थिति में नागरिकों को आर्थिक सहायता देने की भी व्यवस्था यह अनुच्छेद करता है।

यह अनुच्छेद संविधान की सामाजिक न्याय प्रदान करने की प्रतिबद्धता की ओर हमारा ध्यान आकृष्ट करता है। महर्षि के शब्दों में यह राजा का अपनी प्रजा के प्रति पितृवत व्यवहार ही कहा जायेगा। उसे ऐसे रक्षोपाय करते रहना चाहिए जिनसे कि जनसाधारण के कष्ट दूर हों और राज्य में 'जनहित' की सर्वोपरिता सदैव बनी रहे। हमारे संविधान के अनुच्छेद 42 में काम की न्याय संगत और मानवोचित दशाओं तथा प्रसूति सहायता का उपबंध है। अनुच्छेद 43 में श्रमिकों-कर्मकारों का निर्वाह युक्त पारिश्रमिक, 43 (क) में औद्योगिक संस्थाओं के प्रबन्ध में श्रमिकों का भाग लेना, सुनिश्चित किया गया है। ये अनुच्छेद भी राजा के अपनी प्रजा के प्रति पितृवत व्यवहार की ओर ही हमारा ध्यान आकृष्ट करते हैं।

❐

अध्याय-4

आदर्श लोकतन्त्र और उसके आवश्यक अंग

हमारे संविधान का अनुच्छेद 40 ग्राम पंचायतों की व्यवस्था करता है। महर्षि देश में ग्राम पंचायतों के समर्थक थे। उन्होंने महर्षि मनु द्वारा प्रतिपादित ग्राम व्यवस्था को उचित माना, और तत्सम्बन्धी श्लोकों को उद्धृत करते हुए कहा-एक-एक ग्राम में एक प्रधान पुरुष को रखें। उन्हीं दस ग्रामों के ऊपर दूसरा, उन बीस ग्रामों के ऊपर तीसरा, उन सौ ग्रामों के ऊपर चौथा, और उन्हीं सहस्र ग्रामों के ऊपर पाँचवा पुरूष रक्खे अर्थात् जैसे एक ग्राम में एक पटवारी, उन्हीं दश ग्रामों में एक थाना, दो थानों पर एक बड़ा थाना, पाँच थानों पर एक तहसील, दश तहसीलों पर एक जिला नियत किया गया है।"

महर्षि का चिन्तन स्थानीय शासन के विषय में ऐसा था। इसे न्यूनाधिक रूप में हमारे संविधान में अपनाया गया है। महर्षि इस व्यवस्था, पर प्रकाश डालते हुए आगे व्यवस्था देते हैं कि "एक-एक ग्रामों का पति ग्रामों में नित्यप्रति जो-जो दोष उत्पन्न हों, उन उनको गुप्तता से देश ग्राम के पति को विदित कर दें, और वह दश ग्रामाधिपति उसी प्रकार बीस ग्राम के स्वामी को दश ग्रामों का वर्त्तमान नित्यप्रति जना देवे, और बीस ग्रामों का अधिपति बीस ग्रामों के वर्त्तमान को शत ग्रामाधिपति को नित्यप्रति निवेदन करे, वैसे सौ-सो ग्रामों के पति आप सहस्राधिपति अर्थात् हजार ग्रामों के स्वामी को सौ-सौ ग्रामों के वर्त्तमान को प्रतिदिन जनाया करे और बीस बीस ग्राम के पाँच अधिपति सौ सौ ग्राम के अधिपति को और वे सहस्र-सहस्र के दश अधिपति दश-सहस्र के अधिपति को और वे दस-दस हजार के दस अधिपति लक्ष ग्रामों की राजसभा को प्रतिदिन का वर्त्तमान जनाया करें, और वे सब राजसभा महाराज सभा अर्थात् सार्वभौम चक्रवर्ती महाराज सभा में सब भूगोल का वर्तमान जनाया करें, और एक एक दश हजार ग्रामों पर दो सभापति वैसे करें, जिनमें एक राजसभा में और दूसरा अध्यक्ष आलस्य छोड़कर सब न्यायाधीशादि राजपुरूषों के कामों को सदा

घूमकर देखते रहें। बड़े-बड़े नगरों में एक-एक विचार करने वाला सभा का सुन्दर उच्च और विशाल जैसा कि चन्द्रमा है, वैसा-एक एक घर बनावें, उसमें बड़े-बड़े विद्यावृद्ध कि जिन्होंने विद्या से सब प्रकार की परीक्षा की हो, वे बैठकर विचार किया करें। जिन नियमों से राजा व प्रजा की उन्नति हो, वैसे वैसे नियम और विद्या प्रकाशित किया करें।"

इसे कहते हैं आदर्श लोकतंत्र

महर्षि दयानन्द की यह व्यवस्था आदर्श लोकतन्त्र का मूलाधार है। वर्तमान संविधान का यह भारी दोष है कि वह ऐसी वास्तविक लोक-तांत्रिक व्यवस्था को विकसित नहीं कर पाया। संविधान के नीति निर्देशक तत्वों में भी ऐसी संकल्पना प्रस्तुत नहीं की गयी है, जैसी उच्च संकल्पना का चित्रण महर्षि मनु महाराज द्वारा प्रतिपादित राज्य व्यवस्था की उपरोक्तानुसार व्याख्या करके स्वामी दयानंद जी महाराज ने प्रस्तुत किया है।

राजा और प्रजा के सम्बन्ध सुमधुर कैसे बने रहेंगे- यह बात इस व्यवथा से तो स्पष्ट होती है परन्तु संसार के सम्भवतः किसी भी संविधान के द्वारा इस प्रकार इतनी सूक्ष्मता से स्पष्ट नहीं की गयी है। इस व्यवस्था के द्वारा ही राज्य वास्तव में लोक कल्याण के अपने महती दायित्व की भूमिका का यथानुरूप निर्वाह कर सकता है। यदि समाज के निष्पक्ष न्यायप्रिय और विद्यावृद्ध सेवानिवृत्त लोगों की विचार गोष्ठियों में पारित जनहित के प्रस्तावों को ही शासन और प्रशासन यथावत मानना आरम्भ कर दे तो भी देश का कल्याण हो जाना सम्भव है। परन्तु यहाँ तो दलगत द्वेषनीति की राजनीति में लोकतन्त्र शवोच्छेदन हेतु शवगृह में पड़ा है, जहाँ देश को दीमक की भाँति खा रहे लोकतन्त्र के तथाकथित रक्षकों को इसके शवोच्छेदन का भी समय नहीं है।

महर्षि दयानन्द की धर्मनिष्ठ-राजनीति नीति निर्देशक तत्वों की मार्गदर्शिका है, प्रेरक शक्ति है। यदि राज्य महर्षि की धर्मनिष्ठ राजनीति को व्यवहार में भी अपना ले तो भारत पुनः विश्वगुरू के प्रतिष्ठित पद पर विराजमान हो सकता है।

जिस प्रकार की व्यवस्था को स्वामी दयानंद जी महाराज ने ऊपर स्पष्ट किया है इसको न्यूनाधिक रूप में अपनाया तो गया है, परंतु इसके पीछे आत्मिक शक्ति का अभाव है अर्थात् इसे हमने कर्तव्य निष्ठा के साथ अपनाने में लापरवाही की है। इसका कारण यह है कि हमने अपने नागरिकों को 'आर्य' नहीं बनाया और ना ही उन्हें आर्य संबोधन दिया। जबकि होना यह चाहिए था कि यह हमारा राष्ट्रीय संबोधन होना चाहिए था। प्रत्येक नागरिक के लिए अनिवार्य संबोधन।

समान नागरिक संहिता

अनुच्छेद 44 व्यवस्था करता है कि नागरिकों के लिए एक समान नागरिक संहिता

होगी। महर्षि दयानन्द के चिन्तन में कहीं भी सम्प्रदाय या सम्प्रदाय का कोई निजी कानून नहीं था। वह राज्य कार्य के लिए 'राजा और प्रजा' के सम्बन्धों का वर्णन करते हैं। उनकी दृष्टि में प्रजाहित सर्वोपरि है। आज देश में एक वर्ग है, जो अपने निजी कानून को देश के कानून से अर्थात् राजा और प्रजा के संबंधों से भी ऊपर रखने की जिद करता है और कई बार सरकार उसकी इस प्रकार की मांगों के सामने झुकती हुई दिखाई देती है।

अंग्रेजों ने जिस प्रकार देश में तुष्टिकरण और आरक्षण का खेल खेला था उससे देश का साम्प्रदायिक परिवेश पूर्णतः दूषित था। महर्षि अंग्रेजों के इस खेल का 1957 की क्रान्ति के पश्चात भली प्रकार अनुभव कर रहे थे। महर्षि साम्प्रदायिक आधार पर तो समान नागरिक संहिता के पक्षधर थे ही, वह इस बात के भी पक्षधर थे कि प्रशासन के उच्चाधिकारियों व शासक वर्ग के लोगों के लिए भी न्याय प्रणाली समानता का व्यवहार करे। कोई भी व्यक्ति किसी भी मूल्य पर शासन प्रशासन का अनुचित प्रयोग न कर सके। इसलिए महर्षि दयानन्द उच्चाधिकारियों और शासक वर्ग को तो और भी कठोर दण्ड देने के समर्थक थे। क्योंकि ऐसी कठोरता के प्रदर्शन से ही देश में विधि का शासन स्थापित होता है। विधि के शासन के लिए यह अनिवार्य है कि किसी व्यक्ति या व्यक्तियों के समूह का कोई निजी कानून कहीं भी किसी भी प्रकार से विधि के शासन का उल्लेख न कराये। हर स्थिति और परिस्थिति में राष्ट्रीय कानून की सर्वोपरिता स्थापित रहनी चाहिए। तभी राष्ट्रीय एकता और अखण्डता स्थापित रह सकती है।

निःशुल्क और अनिवार्य शिक्षा

संविधान का अनुच्छेद 45 देश में बालकों के लिए निःशुल्क और अनिवार्य शिक्षा की व्यवस्था करता है। कहने का अभिप्राय है कि राज्य यह सुनिश्चित करने का प्रयास करेगा कि देश के उज्ज्वल भविष्य के दृष्टिगत बच्चों को अनिवार्य और निःशुल्क शिक्षा की व्यवस्था की जाये।

इस विषय में महर्षि दयानन्द का चिन्तन भी ऐसा ही था। उन्होंने 'सत्यार्थ प्रकाश' के तीसरे समुल्लास में लिखा है:- "राजा को योग्य है कि सब कन्या और लड़कों को उक्त समय से उक्त समय तक ब्रह्मचर्य में रखके विद्वान करना। जो कोई इस आज्ञा को न माने तो उसके माता पिता को दण्ड देना अर्थात् राजा की आज्ञा से आठ वर्ष के पश्चात् लड़का व लड़की किसी के घर में न रहने पावें, किन्तु आचार्य कुल में रहें। जब तक समापवर्तन का समय न आवे, तब तक विवाह न होने पावे।"

महर्षि की उपरोक्त व्यवस्था राज्य के वर्तमान नीति निर्देशक तत्व की प्रेरणा स्रोत होकर भी इससे कहीं अधिक उच्च और व्यावहारिक है। महर्षि लड़के-लड़कियों की

सहशिक्षा के विरोधी थे। जिससे कि समाज में नैतिक मूल्यों का स्खलन न होने पावे। वह शिक्षा की समुचित व्यवस्था करने को राज्य का प्रमुख कार्य मानते थे। जिससे कि समाज में विद्या का प्रकाश और अविद्या का नाश हो और वेद के विद्वानों की प्रबलता समाज में बनी रहे। महर्षि दयानंद जी महाराज देश में विद्यावान व सुसंस्कृत शिक्षित समाज के निर्माण के समर्थक थे। शिक्षित समाज दिग्भ्रमित हो सकता है, दिशाहीन हो सकता है, जैसा कि आज का शिक्षित वर्ग लिव इन रिलेशनशिप, ऑनर किलिंग, गे कल्चर आदि बातों में फँसकर हमें कुमार्गी होता हुआ दिखाई दे रहा है। परन्तु विद्यावान समाज नैतिक नियमों और मर्यादाओं को पहचान लेता है। महर्षि ने लिखा है:- "यथार्थ दर्शन यह विद्या है, यथार्थ विहित ज्ञान यह विद्या है। विद्या में भ्रम नहीं होता। वही शिक्षा है, जिससे विद्या सभ्यता, धर्मात्मा, जितेन्द्रियतादि की वृद्धि हों और अविद्यादि दोष छूटें।"

सबको समान शिक्षा का अभिप्राय

यदि आज का पढ़ा लिखा वर्ग भी अपने आप को भ्रमित अनुभव करता है तो इसका अभिप्राय है कि वह विद्या ग्रहण नहीं कर रहा। महर्षि दयानन्द निःशुल्क शिक्षा के तो समर्थक थे ही वे विद्यालयों में निर्धन और धनी छात्र छात्राओं के एक जैसे गणवेश (यूनिफार्म) और भोजनादि के भी समर्थक थे। उन्होंने 'सत्यार्थ प्रकाश' में लिखा- "सबको तुल्य वस्त्र खान पान आसन दिये जायें, चाहे वह राजकुमार व राजकुमारी हो, चाहे दरिद्र की सन्तान हो, सबको तपस्वी होना चाहिए।"

समान शिक्षा का अभिप्राय है- सभी के भीतर समान गुणों का विकास करना। किसी के भीतर भी इस प्रकार की हीनता का भाव शेष न रह जाना कि मैं छोटा हूं और मैं विकास नहीं कर सकता। छोटे से छोटे घर से निकले हुए बालक के मन मस्तिष्क में भी यह विचार आए कि मैं भी अपना सर्वांगीण विकास कर सकता हूं और प्रत्येक ऊंचे पद पर पहुंच सकता हूं। उसके लिए किसी भी प्रकार का कोई बंधन ना हो अर्थात् उसकी प्रतिभा स्वाधीनता का अनुभव करने वाली हो।

आज की असमान शिक्षा प्रणाली ने जिस प्रकार निर्धन और धनी छात्र छात्राओं में विभेद उत्पन्न किया है उसे देखते हुए ही समाज में कई प्रकार की विसंगतियाँ तथा विषमताएँ उत्पन्न हुई हैं। संविधान के अनुच्छेद 44 को हम ऋषि सम्मत मानते हुए भी सरकार से अपेक्षा करते हैं कि इस अनुच्छेद को और भी स्पष्टता प्रदान की जाये और धनी निर्धन के मध्य एक दीवार खड़ी करने में सहायक हो रही वर्त्तमान शिक्षा प्रणाली में व्यापक सुधार किये जायें।

शिक्षा में कोई आरक्षण नहीं-न्याय हो

महर्षि दयानन्द शिक्षा में किसी प्रकार के आरक्षण के कट्टर विरोधी थे। वह आरक्षण के स्थान पर न्याय के समर्थक थे। शिक्षा प्राप्ति को वह व्यक्ति का मौलिक अधिकार मानते थे।

अज्ञान नाम के शत्रु को मिटाना भोजन, वस्त्र और आवास की कथित मूलभूत आवश्यकताओं से भी पहली आवश्यकता है। यह भारत का वैदिक चिंतन है, इसी को स्वामी दयानंद जी महाराज स्वीकार करते थे।

इसलिए स्वामी दयानंद जी राज्य की ओर से निःशुल्क शिक्षा दिये जाने के समर्थक थे। वास्तव में उनके इसी दर्शन में यह चिन्तन छिपा था कि समाज में समता मूलक सिद्धान्तों का प्रचलन हो सके और सामाजिक ऊंच-नीच की भावना का अन्त हो सके। जब हम सभी लोग एक ही परमपिता परमात्मा की सन्तानें हैं तो ऊँच-नीच का भेदभाव मानवता के विरूद्ध एक अपराध है।

इसी सोच को झलकाता है संविधान का अनुच्छेद 46, जिसमें अनुसूचित जातियों, अनुसूचित जनजातियों और अन्य दुर्बल वर्गों के शिक्षा और अर्थ सम्बन्धी हितों की अभिवृद्धि करने की बात कही गयी है।

हमारा मानना है कि इस अनुच्छेद को महर्षि दयानन्द की भावनाओं का मात्र प्रतिबिम्ब कहना ही उचित होगा। महर्षि का सम्पूर्ण चिन्तन इसमें नहीं दीखता। क्योंकि ऋषि दयानन्द शिक्षा में किसी आरक्षण के समर्थक नहीं थे। वह शिक्षा पर सबका समान अधिकार मानते थे और शिक्षा प्राप्ति के अवसर में किसी को वंचित रखना उन्हें सर्वथा अस्वीकार्य था। इस अनुच्छेद 46 पर ऋषि दयानन्द की "जाति तोड़ो" और भारत जोड़ो वाली सोच प्रभावी होनी चाहिए थी। जबकि व्यवहार में हम अंग्रेजों के द्वारा जातीय आधार पर भारतीय समाज में खींची गयी विभाजन की रेखाओं का सम्मिश्रित प्रभाव देखते हैं। यद्यपि यह भी एक सच्चाई है कि इस अनुच्छेद के द्वारा अन्त में जाति तोड़ो सोच को ही बल मिलना हमारे संविधान निर्माताओं ने कल्पित किया था। यही कारण था कि 1947 में देश की स्वाधीनता के समय देश के जनमानस का भी समर्थन अपने संविधान निर्माताओं की भावनाओं के साथ था। इसीलिए जिन लोगों को आरक्षण जैसी व्यवस्था से सीधे हानि हो रही थी, उन्होंने भी इस व्यवस्था का विरोध नहीं किया था। इतना प्रभाव इस पर महर्षि दयानन्द का है। जबकि अनुसूचित जाति आदि जातियों की विभाजनवादी सोच अंग्रेजों की प्रचलित विधि की देन हैं।

पोषाहार स्तर और जीवन स्तर को ऊँचा करना

भारतीय संविधान का अनुच्छेद 47 पोषाहार स्तर और जीवन स्तर को ऊँचा करने

तथा लोक स्वास्थ्य का सुधार करने के राज्य के कर्त्तव्य को इंगित करता है। इस पर महर्षि दयानन्द द्वारा प्रतिपादित राज्य का नीति निर्देशक तत्व डॉ. लाल साहब सिंह के शब्दों में निम्नवत है:-

"महर्षि ने अपने ग्रन्थों तथा प्रवचनों आदि में राजा को निर्देश दिया है कि वह अपने सभासदों, मंत्रियों एवम् भृत्यों सहित, समस्त प्रजा को, शरीर और आत्मा के, बलवर्धक, ब्रह्मचर्य, औषधि विद्या तथा योगाभ्यास में नियुक्त रखे, जिससे कि सब मनुष्य रोग रहित होकर पुरूषार्थी हों। महर्षि का यह भी मत है कि राजा बुद्धि और बलवर्धक भोजनादि स्वयं करे तथा समस्त प्रजा को कराये। (ऋ. भा. 6-40-2) भोजन शरीर के स्वभाव और औषधि के गुणों के अनुकूल तथा वैद्यक रीति से सुपरीक्षित हो। अपने वेद भाष्य में महर्षि ने विभिन्न मंत्रों की व्याख्या के अन्तर्गत ऐसा निर्देश भी किया है कि व्यक्ति को अग्नि, जल, और अन्न का सेवन ऋतुओं के अनुकूल करना चाहिए।"

समाज के प्रत्येक व्यक्ति के स्वास्थ्य की रक्षा करना राज्य के लिए अनिवार्य है। इसीलिए कहा गया है- "हे सम्राट तू हमारी आयु बढ़ाकर लम्बी बना दे (अर्थात् पोषाहार और जीवन स्तर को ऊँचा करने और लोक स्वास्थ्य का सुधार करने का उचित प्रबन्ध कर) कोई भी रोग अवशिष्ट न रहे। सभी नीरोग रहकर राज्य की रक्षा में तेरा सहयोग करें।"

आधुनिक शिक्षा शास्त्री और मनोवैज्ञानिक इस बात का प्रतिपादन करते हैं कि एक स्वस्थ शरीर में ही एक स्वस्थ मस्तिष्क निवास करता है। स्वस्थ मस्तिष्क एवं स्वस्थ सामाजिक परिवेश के निर्माण के लिए राजा को सदा ही प्रयत्नशील रहना चाहिए।

विवाह संस्कार और सामाजिक व्यवस्था

आचार्य प्रियव्रत वेदवाचस्पति जी सामाजिक और वैवाहिक व्यवस्था के लिए लिखते हैं :-

"विवाह संस्कार में वर-वधू मिल कर मन्त्र-ब्राह्मण के वाक्यों से कुछ आहुतियां देते हैं। जिन का भावार्थ इस प्रकार हैं- "तुम्हारी मांग में, तुम्हारी पलकों में, तुम्हारे रोमा आवर्तों में, तुम्हारे केशों में, देखने में, रोने में, तुम्हारे शील-स्वभाव में, बोलने में, हंसने में, रूप-काँति में, दाँतों में, हाथों और पैरों में, तुम्हारी जंघाओं में, पिंडलियों में, जोड़ों में, तुम्हारे सभी अङ्गों में कहीं भी जो कोई दोष, त्रुटि या बुराई है, मैं इस पूर्णाहुति के साथ उन सब तुम्हारी त्रुटियों और दोषों को शान्त करता हूं।" विवाह संस्कार की समाप्ति पर ये वाक्य पढ़ कर आहुतियाँ दी जाती हैं। इन आहुतियों द्वारा वर-वधू यह संकल्प करते हैं कि हमने एक-दूसरे को उसके सारे गुण-दोषों के साथ ग्रहण किया है। हम एक-दूसरे के दोषों से खिन्न हो कर परस्पर झगड़ेंगे नहीं, और न ही कभी एक-दूसरे का परित्याग करने की सोचेंगे। हम

तो विवाह-संस्कार की इन पूर्णाहुतियों के साथ यह संकल्प दृढ़ करते हैं कि हम सदा परस्पर के दोषों को स्नेह और सहानुभूति से सुधारने और सहने का प्रयत्न करते रहेंगे।

विवाह से पहले हमने अपने साथी को इसलिये चुना था कि वह हमें अपने लिये सब से अधिक उपयुक्त और गुणी प्रतीत हुआ था। अब विवाह के पश्चात् हमारी मनोवृत्ति यह हो गई है कि क्योंकि मेरी पत्नी मेरी है और मेरा पति मेरा है, इसलिये मेरे लिये मेरी पत्नी सब से अधिक गुणवती है और मेरा पति मेरे लिये सब से अधिक गुणवान् है। अब हमारे हृदय मिल कर एक हो गये हैं। अब हमें एक-दूसरे के गुण ही दीखते हैं, अवगुण दीखते ही नहीं। और यदि कभी किसी को किसी में कोई दोष दीख भी जाता है तो उसे स्नेह और सहानुभूति से सह लिया जाता है तथा सुधारने का यत्न किया जाता है। ...जब हमारे दिल और आत्मा एक हो गये हैं तो हमारा ध्यान आपस की ऊपरी शारीरिक त्रुटियों की ओर जा ही कैसे सकता है?"

[स्रोत : मेरा धर्म, प्रथम संस्करण 1957 ई., पृ 18)

स्वामी दयानंद जी भी इसी प्रकार की व्यवस्था के समर्थक थे। आज हम इसे व्यवहार में लागू नहीं कर पाए।

कृषि और पशुपालन

भारतीय संविधान का अनुच्छेद 48 कृषि और पशुपालन के संगठन से सम्बन्धित है। महर्षि दयानन्द विधि के शासन के पक्षधर थे। उन्होंने इस सम्बन्ध में लिखा है:- "जैसे ईश्वर के नियमों में सूर्य की किरणें आदि पदार्थ यथावत विद्यमान हैं, वैसे ही तुम (राजा) प्रजा पुरूषों को भी राजनीति के नियमों में वर्त्तना चाहिए।" वह अन्यत्र लिखते हैं- "ऐसा वह कानून होय जिससे यह लोक और परलोक दोनों शुद्ध हों। वह कानून धर्म से कुछ भी विरूद्ध न होवे, क्योंकि धर्म नाम है न्याय का और न्याय नाम है पक्षपात का छोड़ना।"

महर्षि का धर्म उन्हें पशु पक्षियों तक के प्रति न्यायपूर्ण व्यवहार करने के लिए प्रेरित करता था। इसलिए उन्होंने धर्मनिष्ठ राजनीति के अपने चिन्तन को राज्य के लिए पशुपालनार्थ भी अपेक्षित समझा। स्वतन्त्र भारत में भारत के दूसरे प्रधानमंत्री रहे लालबहादुर शास्त्री ने भारत में 'जय जवान जय किसान' का नारा दिया था। परन्तु उनसे, भी पूर्व विश्व के पहले व्यक्ति थे महर्षि दयानन्द, जिन्होंने किसान को 'राजाओं का राजा' कहकर और भी अधिक सम्मानित किया। सामन्ती काल में ऋषि दयानन्द के द्वारा किसानों को ऐसा सम्मानजनक सम्बोधन देना सचमुच उनके चिन्तन का निराला पक्ष है। महर्षि कृषकों को देश की अर्थव्यवस्था की रीढ़ मानते थे। इसी प्रकार वह पशुपालन के भी पक्षधर थे। पशुपालन के लिए लोगों को प्रेरित करते हुए उन्होंने लिखा है- "इनकी रक्षा में अन्न भी

महँगा नहीं होता क्योंकि दूध आदि के अधिक होने से व खान-पान में मिलने पर न्यून ही अन्न खाया जाता है और अन्न के कम खाने से मल भी कम होता है। मल के न्यून होने से दुर्गन्ध भी न्यून होता है, दुर्गन्ध के स्वल्प होने से वायु और वृष्टि जल की शुद्धि भी विशेष होती है, उससे रोगों की न्यूनता होने से सबको सुख बढ़ता है।"

महर्षि दयानन्द पशुपालन के ही समर्थक नहीं थे अपितु वह पशु हिंसा निषेध के भी समर्थक थे। अतः उन्होंने कहा- "तुम लोग जब कुछ काल के पश्चात् पशु न मिलेंगे, तब मनुष्यों का मांस भी छोड़ोगे अथवा नहीं।" (सत्यार्थ प्रकाश)। महर्षि दयानन्द ने देश में गोधन संवर्धन हेतु विशेष कार्य किये। वह गोधन को भारतीय कृषि की रीढ़ मानते थे। इसलिए उन्होंने एक पुस्तक 'गोकरुणानिधि' लिखी, जिसमें गोधन संवर्धन पर विशेष बल दिया।

पर्यावरण संरक्षण

पर्यावरण संरक्षण के लिए विशेष रक्षोपाय करने का प्राविधान भारत का संविधान अपने अनुच्छेद 48 (क) के माध्यम से करता है। संसार में मानव जाति की रक्षा करने के लिए यह अत्यन्त आवश्यक भी है। इसीलिए भारतीय संविधान निर्माताओं ने पर्यावरण संरक्षण को आवश्यक और उचित माना। भारत की संस्कृति वैसे भी पर्यावरण सन्तुलन के प्रति प्रारम्भ से ही गम्भीर रही है। महर्षि दयानन्द पशु हिंसा निषेध इसीलिए कराना चाहते थे कि पर्यावरण की रक्षा की जा सके। क्योंकि उनका मानना था कि ईश्वर ने अपनी सृष्टि को बड़ी सुन्दर व्यवस्था के अन्तर्गत निर्मित किया है। कोई भी प्राणी और कोई भी वनस्पति संसार में निरर्थक नहीं है। एक का अस्तित्व मिटने का अर्थ है दूसरे के अस्तित्व पर प्रतिकूल प्रभाव पड़ना। इसलिए प्रत्येक जीवधारी और प्रत्येक वनस्पति, पेड़-पौधे की रक्षा करना मानव का परम उद्देश्य है। यही कारण था कि हमारे यहाँ प्राचीन काल में यज्ञों के द्वारा लोग पर्यावरण सन्तुलन बनाने के लिए विशेष यज्ञों का आयोजन किया करते थे।

यजुर्वेद भाष्य (16/39) में स्वामी जी लिखते हैं कि जैसे पशुओं के पालक वैश्य आदि और शूद्र सत्कार करें। वृक्ष, बगीचा और खेत आदि को अच्छे प्रकार सींचने वाले किसान लोगों और माली आदि को अन्नादि देवें और सत्कार करें।"

भारतीय संविधान का अनुच्छेद 48 (क) वस्तुओं के संरक्षण की भी बात कहता है। इस अनुच्छेद की पूर्ति वेद का यह मन्त्र करता है:-

ओ3म्॥ अयन्त इध्म आत्मा जातवेदस्तेनेध्यस्व वर्धस्व चेद्ध, वर्द्धय चास्मान प्रजया पशुभिर्ब्रहमवर्चसेनान्नाद्येन समेधय स्वाहा। इदमऽग्नये जातवेदसे इदं न मम॥

अर्थात् संसार के समस्त पदार्थों में वर्तमान अग्निदेव! यह समिधा तुम्हारी है। यह तुम से दीप्त और तीव्र हो। स्वयं समृद्ध होकर हमें प्रजा, पशु, तेज तथा अन्नादि (पर्यावरण संरक्षण तथा वस्तुओं के संरक्षण हेतु) सांसारिक वैभव से समृद्ध करो तथा हमें भी अपनी भाँति सुदीप्त और आत्म शक्ति युक्त बनाओ। यह सब जातवेद अग्नि को समर्पित है। इसमें मेरा कुछ स्वार्थ नहीं। "महर्षि दयानन्द पर्यावरण सन्तुलन और वस्तुओं के संरक्षण की संविधान की इस धारा का समर्थन तो करते ही (जोकि संविधान में उन्हीं के चिन्तन से प्रभावित लोगों ने डलवायी थी) साथ ही इसे और भी अच्छे ढंग से रखवाते। उनकी धर्मनिष्ठ राजनीति में पर्यावरण सन्तुलन के लिए पशु हिंसा निषेध और यज्ञादि करके प्रत्येक जीवधारी के जीवन का कल्याण करना कराना निश्चित रूप से सम्मिलित होता। यह प्रसन्नता का विषय है कि हमारा वर्तमान संविधान ऋषि की इस भावना का सम्मान करने के लिए कृत संकल्प दीखता है।

राष्ट्रीय महत्व के स्मारकों का संरक्षण

महर्षि दयानन्द इतिहास के मर्मज्ञ थे। भगवान श्रीराम को उन्होंने मर्यादा पुरूषोत्तम रामचन्द्र जी महाराज तथा भगवान कृष्ण को उन्होंने योगीराज श्रीकृष्ण जी महाराज कहकर पुकारा। वह व्यक्ति के चरित्र को उसका दिव्य स्मारक मानते थे। इतिहास में उल्लेखित ऐसे महामानवों का उन्होंने जिस प्रकार चरित्र चित्रण प्रस्तुत करके आर्य जाति को प्रदान किया वह उनके राष्ट्रीय महत्व का एक स्मारक बन गया। आर्यों को महापुरूषों के आदर्श जीवन से प्रेरणा प्राप्त करनी चाहिए। इतिहास को महर्षि दयानन्द इसी रूप में देखते थे। ऋषि दयानन्द का मानना था-

अनुव्रतः पितुः पुत्रो मात्रा भवतु सम्मनाः।

अर्थात् पुत्र पिता के व्रत का पालन करने वाला हो, और माता के मन की इच्छाएं पूर्ण करने वाला हो। वेद के शब्दों में उनका यह भी मानना था कि

"मा भ्राता भ्रातरं द्विक्षन्मा स्वसारमुत स्वसा।"

अर्थात् भाई से भाई द्वेष न करे और बहन से बहन द्वेष न करें। "ऋषि का यह सामाजिक और पारिवारिक आदर्श राष्ट्र के जीवन को आदर्श बनाने वाला था। इसलिए वह ऐसे प्रत्येक व्यक्ति के चरित्र को राष्ट्रीय जीवन के लिए आदर्श मानते थे जो इस प्रकार के आदर्श को जीवन में अपनाता था। इतिहास ऐसे लोगों के स्मारक अन्य रूपों में स्थापित करता है, जिनसे आने वाली पीढ़ियां शिक्षा लेती हैं? इसलिए ऐसे स्थान और वस्तु संरक्षणीय ही होते हैं। अतः इस अनुच्छेद 49 का प्राविधान भी संविधान में ऋषि चिन्तन से प्रेरित है।

अन्तर्राष्ट्रीय शान्ति और सुरक्षा पर संविधान का अनुच्छेद 51 स्थिति स्पष्ट करता है कि इसमें राज्य अपनी ओर से अभिवृद्धि करेगा। इस पर हम पूर्व में ही प्रकाश डाल चुके हैं। जबकि अनुच्छेद 50 कार्यपालिका और न्यायपालिका का पृथक्करण कराता है। इस पर हम प्रसंगवश आगे, प्रकाश डालेंगे।

आज की राजनीति की समस्या

आज की राजनीति की समस्या धर्म और नीति के उचित समन्वय के न होने की समस्या है। यही कारण है कि राजनीति को आज बहुत हल्का करके लेने की मानसिकता लोगों में विकसित हो गयी है। राजनीति को धर्महीन और संवेदना शून्य मान लिया गया है। यही कारण है कि राजनीति में धर्म-अधर्म, कर्त्तव्य-अकर्त्तव्य, नीति-अनीति, शुभ-अशुभ सब चलता है। कहने का अभिप्राय ये है कि राजनीति के क्षेत्र को ऐसा मान लिया गया है कि यहाँ कुछ भी वर्जित नहीं है, अपितु यहाँ सब कुछ चलता है। परमाणु युग में धर्मविहीन राजनीति जिस प्रकार संवेदना शून्य हो चुकी है वह मानवता के लिए महाविनाशकारी सिद्ध हो सकती है। महर्षि दयानंद का सपना राजनीति के इस महाविनाशकारी स्वरूप को आमंत्रित करना नहीं था। वह राजनीति के लिए धर्म के पालन करने को अनिवार्य बनाना चाहते थे। उनका सपना था कि राजनीति पर धर्म की नकेल अनिवार्यतः होनी चाहिए। इसीलिए हमारी मान्यता है कि संविधान में वर्णित इन नीति निर्देशक तत्वों को धर्मनिष्ठ राजनीति के निर्देशक तत्व कहा जाना चाहिए।

❐

अध्याय-5

नागरिकों के मूल कर्त्तव्य

भारतीय संविधान के अनुच्छेद 51 (क) को 1976 में 42 वें संवैधानिक संशोधन के माध्यम से जोड़ा गया है। इस अनुच्छेद में नागरिकों के मूल कर्तव्यों का उल्लेख किया गया है। वेद भी नागरिकों के मूल कर्त्तव्यों की व्यवस्था का प्रतिपादन करते हैं। मूल संविधान में यह दोष था कि उसमें नागरिकों के मूल कर्तव्यों का उल्लेख नहीं था, यद्यपि उसमें नागरिकों के मूल अधिकारों को समेष्टित किया गया था।

कर्तव्य और अधिकार अन्योन्याश्रित हैं। इनके सम्बन्धों का विच्छेदन नहीं किया जा सकता। एक के साथ दूसरा स्वयं ही लगा हुआ है। हम संविधान के द्वारा प्रदत्त मूल अधिकारों पर बाद में चिन्तन करेंगे सर्वप्रथम हम मूल कर्त्तव्यों पर विचार करते हैं। क्योंकि अधिकारों का जन्म कर्त्तव्यों से होता है। आज एक बच्चे का यदि यह अधिकार है कि उसके माता पिता उसके शारीरिक, मानसिक और आत्मिक उत्थान एवम् विकास के लिए सभी अपेक्षित अवसर और साधन उसे उपलब्ध करायें तो कल माता-पिता की वृद्धावस्था में उसी बालक का यह अधिकार उसके लिए कर्त्तव्य बन जाता है। इसी प्रकार माता-पिता का आज का यह कर्त्तव्य कि वह अपने बच्चे के ऊपर अपना ध्यान केन्द्रित कर उसके विकास में सहभागी बनें, कल को अपने प्रति उस बच्चे का सेवा भाव उनका मूल अधिकार बन जाता है। वर्तमान काल में सन्तान और माता-पिता के मध्य सम्बन्धों में जो तनाव दीख रहा है, उसका कारण अधिकारों और कर्तव्यों में कोई उचित-समन्वय न होना ही है। इसका कारण यह भी है कि स्वामी जी महाराज ने जिस प्रकार की शिक्षा व्यवस्था की कल्पना की थी, उसके विरुद्ध जाकर हमने शिक्षा संस्कार देना आरंभ किया है। विद्यालयों की सारी शिक्षा व्यवस्था वेद विरुद्ध है। जिसमें व्यापक सुधार की आवश्यकता है।

महर्षि क्या करते?

अब प्रश्न उत्पन्न होता है कि यदि महर्षि दयानन्द संविधान सभा में होते तो वह क्या करते? इसका उत्तर महर्षि राजा प्रजा के सम्बन्धों के परिप्रेक्ष्य में कर्तव्य और अधिकारों

को लेते। क्योंकि वह राजा को पिता और प्रजा को राजा की सन्तान मानते थे। इसलिए राजा-प्रजा के सम्बन्धों का निरूपण भी वह इसी प्रकार करते? स्वामी दयानंद जी महाराज राजनीति को परिवार की भांति लेते थे। जैसे परिवार में सब एक दूसरे का ध्यान रखते हैं और विशेष रूप से पिता संतान का ध्यान रखता है, उसी प्रकार से राजा के लिए यह कर्तव्य आरोपित किया गया है कि वह अपनी प्रजा का पितृवत पालन करे और जिस प्रकार घर की संतानें पिता के विरुद्ध कभी विद्रोही नहीं होतीं अपितु उसकी आज्ञा का स्वाभाविक रूप से पालन करती हैं, वैसे ही देश में प्रजाजन होने चाहिए। इसी भाव की दृष्टिगत स्वामी दयानंद जी व्यवस्था कराते कि -

'अजायथा वृषभ चर्षणीनाम'

(अथर्व-7-84-2)

अर्थात्, राजा प्रजाजनों के लिए सुखदायी (उन्हें उनके शारीरिक-मानसिक और आत्मिक विकास के लिए मूल अधिकार देने वाला) होकर रहे।

साथ ही यह भी कि-

इमं सजाता अभिसं विशध्वम्।

(अथर्व-3-34)

इस राजा को स्वराष्ट्र बन्धु सहयोग देवें।

यदि वेद की यह सूक्ति जनता के मूल अधिकारों की प्रतिपादिका है तो दूसरी जनता के मूल कर्त्तव्यों की प्रतिपादिका है। इसी प्रकार वेद (अथर्व 15-9-1) में कहा गया है:- "स विशोऽनु व्यचलत्।" वह राजा प्रजा के अनुकूल चले। कहने का अभिप्राय है कि राजा प्रजा की भावनाओं का सम्मान करने वाला हो। जिसमें जनहित छुपा हो उसी को राजा करने में आनंद की अनुभूति करे। उसका चिंतन इस बात पर केंद्रित होना चाहिए कि जिस कार्य के करने से उसकी प्रजा प्रसन्नता का अनुभव करे, मैं उसी कार्य को करूं। जन अपेक्षाओं को ही आज की संवैधानिक और राजनीतिक शास्त्रियों की शब्दावली में 'सामान्य इच्छा' कहा जाता है। इसे राजा को समझना चाहिए। इस प्रकार 'सामान्य इच्छा' की पवित्र भावना वैश्विक राजनीति को भारत की वैदिक राजनीति की देन है।

राजा जनापेक्षाओं का सम्मान करने वाला हो। प्रजाहित चिन्तन उसका जीवन ध्येय हो। परन्तु ऐसा नहीं है कि राजा के लिए ही यह आवश्यक हो कि वह प्रजाहित चिन्तनकारी हो, अपितु जनता के लिए भी यह आवश्यक है कि:-

विशस्त्वर सर्वा वाञ्छन्तु।

(अथर्व 6-87-1)

सारी प्रजा तुझे चाहे। इसका अभिप्राय ये हुआ कि प्रजा के लिए यह आवश्यक है कि-

मम चित्तमनु चित्तेभिरेत।

(अथर्व-3-8-61)

"प्रजाजन मुझ राजा के अनुकूल चलें।"

यह अनुकूलता ही एक समता मूलक समाज की रचना करा सकती है। यदि हम संविधान के मूल अधिकारों और कर्त्तव्यों का सूक्ष्मता से अवलोकन करें, तो इसका प्रावधान भी संविधान में इसीलिए कराया गया है कि हम देश में वास्तव में समता मूलक समाज की संरचना कर सकें। इसके लिए अपेक्षित है कि जनता शासक के और शासक जनत के अनुकूल चले। वेद सम्मत महर्षि का यह चिन्तन था, अधिकारों और कर्त्तव्यों के सन्दर्भ में।

क्या हैं मूल कर्त्तव्य?

भारतीय संविधान निम्नलिखित मूल कर्त्तव्यों की घोषणा करता है:-

(1) नागरिकों का मूल कर्त्तव्य है कि वे संविधान की धाराओं का पालन करें। संविधान के आदर्शों, संस्थाओं को उचित सम्मान दें, तथा राष्ट्रगान और राष्ट्रध्वज का आदर करें।

(2) राष्ट्रीय आन्दोलन को प्रेरित करने वाले उच्चादशों को हृदयंगम करना तथा उनका अनुकरण करना।

(3) भारत की सम्प्रभुता, एकता और अखण्डता की रक्षा करना हर नागरिक का एक परम पवित्र कर्तव्य है।

(4) नागरिकों का कर्तव्य है कि देश की रक्षा के लिए तैयार रहें तथा जब कभी उन्हें राष्ट्र सेवा के लिए बुलाया जाये तो उस समय अपनी सेवा उपलब्ध करायें।

(5) वैज्ञानिक दृष्टिकोण, मानवतावाद और ज्ञानार्जन तथा सुधार की भावना का विकास करना।

(6) सार्वजनिक सम्पत्ति को सुरक्षित करना तथा हिंसा का त्याग करना।

(7) भारत के सभी भागों में समरसता और भ्रातृत्व की भावना का निर्माण करना तथा स्त्रियों के लिए उनके सम्मान की विरोधी प्रथाओं का परित्याग करना।

(8) देश की मिली जुली संस्कृति व गौरव को बनाए रखना हर नागरिक का मूल कर्त्तव्य है।

(9) पर्यावरण को दूषित होने से बचाया जाये, तथा प्राकृतिक पदार्थों-जंगल, झील, नदी व जंगली जीवों की रक्षा करके तथा जीवधारियों के प्रति दयाभाव रखना चाहिए।

(10) सभी वैयक्तिक एवम् सामूहिक कार्यों में श्रेष्ठता लाने के लिए सदा प्रयत्न करना, जिससे राष्ट्र का निरन्तर विकास सम्भव हो सके। इससे राष्ट्र प्रत्येक क्षेत्र में नई-नई उपलब्धियाँ प्राप्त कर सकेगा।

दयानन्द की सोच

महर्षि दयानन्द ने व्यक्ति (आर्य) और राष्ट्र (समाज) की उन्नति के लिए दस नियम बनाये। ये नियम आर्य समाज के दस नियमों के नाम से विख्यात हैं। आर्य समाज के ये दस नियम निम्न प्रकार हैं:-

(1) पहला नियम है कि सब सत्य विद्या और जो पदार्थ विद्या से जाने जाते हैं, उन सबका आदि मूल परमेश्वर है।

महर्षि दयानन्द वेद को संसार का सबसे प्राचीन और प्रमाणित ग्रन्थ तो मानते ही थे साथ ही वे इसे मानव जाति का संविधान भी मानते थे। इस प्रकार आर्य समाज का पहला नियम मानव जाति के सबसे प्राचीन संविधान 'वेद' के प्रति आस्थावान बनने की प्रेरणा उसी प्रकार दे रहा है जिस प्रकार संविधान प्रदत्त पहला मूल कर्तव्य संविधान के प्रति निष्ठावान बनने की प्रेरणा देता है।

(2) आर्य समाज का दूसरा नियम है-

ईश्वर सच्चिदानन्द स्वरूप, निराकार, सर्वशक्तिमान, न्यायकारी, दयालु, अजन्मा, अनन्त, निर्विकार अनादि, अनुपम, सर्वाधार, सर्वेश्वर, सर्वव्यापक, सर्वान्तर्यामी, अजर-अमर, अभय, नित्य, पवित्र और सृष्टि कर्त्ता है। उसी की उपासना करनी योग्य है।

आर्य समाज का यह नियम ईश्वर के प्रति व्यक्ति को निष्ठावान बनाता है। ईश्वर के इन गुणों पर विचार करने से मनुष्य अहंकार शून्य होता है। उसे इस बात का ज्ञान होता है कि उसके ऊपर भी एक ऐसी परम सत्ता है जो सर्वोपरि है।

(3) आर्य समाज का तीसरा नियम है-

वेद सब सत्य विद्याओं की पुस्तक है, वेद का पढ़ना-पढ़ाना और सुनना सुनाना सब आर्यों का परम धर्म है।

यह नियम और दूसरा नियम संविधान वर्णित पाँचवें कर्त्तव्य की ओर हमारा ध्यानाकर्षित करते हैं, जिसमें मानवतावाद, वैज्ञानिक दृष्टिकोण ज्ञानार्जन और सुधार की

भावना के विकास की बात कही गयी है। ये सब चीजें मानव में ईश्वर भक्ति और वेद भक्ति से ही आनी सम्भव हैं। एक प्रकार से संविधान का यह मूल कर्त्तव्यों का अनुच्छेद हमें यह तो बताता है कि हमारा कर्त्तव्य क्या है? पर यह नहीं बताता कि उस कर्त्तव्य के निर्वाह के लिए हमारे पास उपाय क्या है, अथवा वह उचित माध्यम क्या है, जिसके माध्यम से हम कर्तव्यपरायण बनेंगे?

इसका उत्तर दिया महर्षि दयानन्द ने आर्य समाज के दस नियम प्रतिपादित करके और उनमें ईश्वर भक्ति और वेद भक्ति की बात कहकर।

(4) आर्य समाज का चौथा नियम है-

'सत्य के ग्रहण करने और असत्य के छोड़ने में सर्वदा उद्यत रहना चाहिए।'

आर्य समाज का यह नियम भी मूल कर्तव्यों को पाँचवें मूल कर्तव्य में वैज्ञानिक दृष्टिकोण अपनाने की ओर ही हमारा ध्यान आकृष्ट कर रहा है।

(5) पाँचवा नियम है- "सब काम धर्मानुसार अर्थात् सत्य और असत्य को विचार करके करने चाहियें।"

आर्य समाज के इस नियम की संगति संविधान के छठे मूल कर्तव्य से है। जिसमें सार्वजनिक सम्पत्ति को सुरक्षित करना व हिंसा का त्याग करना कहा गया है।

(6) छठा नियम है-

संसार का उपकार करना इस समाज का मुख्य उद्देश्य है, अर्थात् शारीरिक, आत्मिक और सामाजिक उन्नति करना।

इस नियम की संगति 7 वें मूल कर्त्तव्य से ज्यों की त्यों है। जिसमें भारत के सभी भागों (महर्षि दयानंद जी महाराज ने इसे और अधिक व्यापकता देते हुए संसार का उपकार करना कहा है) में समरसता और भ्रातृत्व की भावना का निर्माण करने और स्त्रियों के सम्मान के लिए विरोधी प्रथाओं का परित्याग (महर्षि ने इसे प्रत्येक व्यक्ति की शारीरिक, आत्मिक और सामाजिक उन्नति कहा है) करना कहा गया है।

(7) सातवाँ नियम है-

सबसे प्रीतिपूर्वक धर्मानुसार, यथायोग्य बरतना चाहिए।

इस नियम की संगति आठवें मूल कर्त्तव्य से है जिसमें देश की मिली जुली संस्कृति व गौरव को बनाए रखने को नागरिकों का मूल कर्तव्य कहा गया है। विभिन्न सम्प्रदायों और भाषाओं के लोगों से भी प्रीतिपूर्वक अर्थात् साम्प्रदायिक दृष्टिकोण न अपनाकर मानवीय दृष्टिकोण अपनाते हुए उनसे व्यवहार करने की अपनी सर्व सम्प्रदाय समभाव (जिसे देश की मिली जुली संस्कृक्ति कहा जाना अनुचित है, सही बात सर्व सम्प्रदाय समभाव की नीति

कहना ही है) की नीति में सन्निहित है। सर्व सम्प्रदाय समभाव की मानवीय नीति ही हमें सबसे मिल जुलकर चलने और यथायोग्य बर्ताव करने के लिए प्रेरित करती है।

(8) आठवाँ नियम है-

अविद्या का नाश और विद्या की वृद्धि करनी चाहिए।

यह नियम भी मूल कर्त्तव्यों की उसी बात की पुष्टि करता है जिसमें वैज्ञानिक दृष्टिकोण अपनाने की अपेक्षा देश के नागरिकों से की गयी है।

(9) नौवां नियम है-

प्रत्येक को अपनी ही उन्नति में सन्तुष्ट नहीं रहना चाहिए किन्तु सबकी उन्नति में अपनी उन्नति समझनी चाहिए।

महर्षि का यह नियम वास्तविक समाजवाद का डिण्डिम घोष करता है। जिस समाजवाद को लोगों ने अपनी-अपनी शैली में और अपने-अपने ढंग से व्याख्यायित किया है, उसे महर्षि ने यहाँ स्पष्ट कर दिया है। सच्चा समाजवाद यही है कि व्यक्ति और समाज दोनों की उन्नति हो। आज की सबसे बड़ी समस्या यह है कि व्यक्ति की उन्नति को समाज महत्व नहीं दे रहा और समाज की उन्नति को व्यक्ति महत्व नहीं दे रहा है। इसलिए चारों ओर मारामारी है। सोचने का यह पूँजीवादी दृष्टिकोण है, परन्तु हमारा संविधान तो समाजवाद की बात करता है। इसी समाजवाद को महर्षि ने अपने आर्यसमाज के नौवें नियम में स्पष्ट किया है। महर्षि के इसी नियम में वास्तविक देशभक्ति भी छिपी है।

क्योंकि हमें अपनी ही उन्नति में सन्तुष्ट नहीं रहना है, अपितु समूह की उन्नति के लिए प्रयासरत रहना है। यह समूह राष्ट्र और राष्ट्रवासियों से ही बनता है। हमें इसी राष्ट्र रूपी समूह की उन्नति में अपनी उन्नति समझनी है। यह भावना ही राष्ट्रीय भावना कहलाती है। इसी भावना के वशीभूत होकर व्यक्ति स्वदेश, स्वधर्म, स्वभाषा, स्वसंस्कृति, स्वराज्य आदि के प्रति संकल्पबद्ध होता है। इसलिए इस नवें नियम की संगति दूसरे और तीसरे मूल कर्तव्य से करनी चाहिए। जिसमें देश भक्ति और राष्ट्र की एकता व अखण्डता की रक्षा करने को नागरिकों का मूल कर्तव्य कहा गया है। महर्षि द्वारा प्रतिपादित यही नियम चौथे मूल कर्त्तव्य की पूर्ति भी करता है। जिसमें समय आने पर हर व्यक्ति को देश की रक्षा करने के लिए (सबकी उन्नति के लिए अपनी उन्नति को हेय समझना, या सबकी उन्नति में अपनी उन्नति समझना) तैयार रहने की बात कही गयी है।

(10) दसवाँ नियम है-

सब मनुष्यों को सामाजिक एवम् सर्वहितकारी नियम पालने में परतन्त्र रहना चाहिए और प्रत्येक हितकारी नियम में सब स्वतन्त्र रहें। महर्षि के आर्य समाज का यह नियम मूल

कर्त्तव्यों के नौवें-दसवें कर्तव्य के साथ सटीक बैठता है। जिनमें पर्यावरण को प्रदूषित होने से बचाने, प्राकृतिक पदार्थों की रक्षा करने, सभी जीवधारियों के प्रति दयाभाव अपनाने, सभी वैयक्तिक व सामूहिक कार्यों में श्रेष्ठता लाने के लिए सदा प्रयत्न करने की बात कही गयी। जिससे कि राष्ट्र की सर्वांगीण उन्नति हो सके।

महर्षि दयानन्द ने स्वार्थ को परमार्थ पर बलि किया है, इसी बात की प्रतिध्वनि संविधानोल्लिखित मूल कर्त्तव्यों में हमें दीखती है।

...पर दोष क्या है?

महर्षि दयानन्द जी व्यक्ति और समाज के निर्माण के लिए जैसा कि हमने पूर्व में ही उल्लेख किया है कि ईशभक्ति और वेदभक्ति को अनिवार्य मानते हैं। हमारे देश के नेताओं ने 1976 में जब मूल कर्त्तव्यों को संविधान में रखा तो उन्होंने मानव और मानव समाज के निर्माण के लिए आवश्यक इन दोनों तत्वों को विस्मृत कर सीधे राष्ट्र निर्माण की बातें करनी आरम्भ कर दीं। जबकि ईशभक्ति और वेदभक्ति से हमें राष्ट्रभक्ति स्वयं मिल जाती है। क्योंकि ईशभक्ति और वेदभक्ति स्वार्थ के लिए नहीं अपितु परमार्थ के लिए ही की जाती है। इसलिए परमार्थ की इस चाशनी से जो चीज तैयार होती है, उसी को राष्ट्र कहते हैं। राष्ट्र भक्ति पर विशेष बल देते हमारे संविधान के मूल कर्त्तव्य तब तक दोषपूर्ण हैं, जब तक कि यह नहीं बताते हैं कि राष्ट्रभक्ति से परिपूर्ण समाज और राष्ट्र बनाने के लिए वेदभक्त और ईश्वरभक्त जनता का होना आवश्यक है। यह तत्व हमारे संविधान में यदि डाल दिया जाता तो इससे हमारे नेताओं का छद्मधर्मनिरपेक्षता का आवरण उतर सकता था।

❐

अध्याय-6

मूल कर्त्तव्य और वेद का राष्ट्र-संगठन

जैसा कि हमने पूर्व में उल्लेख किया है कि वेद मानव-जाति के लिए सृष्टि के आदि में ईश्वरप्रदत्त 'संविधान' हैं। अतः ऐसा नहीं हो सकता कि हमारा आज का मानव-कृत संविधान तो नागरिकों के मूल कर्तव्यों का निरूपण करे और वेद इस विषय पर चुप रहे। वेदों में मानव और मानव समाज के आचार-विचार और लोक-व्यवहार से सम्बन्धित अनेक ऋचाऐं हैं। वेद हमारे लिए राजनीतिक, सामाजिक, सांस्कृतिक, धार्मिक व आर्थिक सभी क्षेत्रों में सुव्यवस्था के प्रतिपादक हैं। प्रत्येक पग पर वहाँ हमारे लिए 'कर्त्तव्यवाद' एक धर्म बनकर खड़ा है। 'सत्यम् वद धर्मम् चर' कहकर वेद ने हमारी मर्यादा और मर्यादा पथ दोनों का ही निरूपण कर दिया है।

अब हम यहाँ वेद के राष्ट्र संगठन पर विचार करेंगे। वेद से हम मात्र दस मंत्रों का चयन कर रहे हैं, जो हमारे मूल कर्त्तव्यों की ओर हमारा ध्यान आकृष्ट करते हैं। ये मन्त्र इस प्रकार हैं:-

ऊँ संसमिद्युवसे वृषन्नग्ने विश्वान्यर्य आ। इळस्पदे समिध्यसे स नो वसून्या भर॥

अर्थ- हे धर्मनिरत विद्वानों! आप परस्पर एक होकर रहें, आपस में मिलकर प्रेम पूर्वक वार्तालाप करें। सामान मन होकर ज्ञान प्राप्त करें। जिस प्रकार श्रेष्ठजन एकमत होकर ज्ञानार्जन करते हुए ईश्वर की उपासना करते है, उसी प्रकार आप भी एकमत होकर विरोध त्याग करके अपना काम करें।

समानोमन्त्रः समितिः समनिसमानंमनः सहचित्तमेशाम्।
समानं मन्त्रम्भिमन्त्रये वः समनेन वो हविषा जुहोमि॥

वेद की यह ऋचा हमारे लिए बहुत ही सुन्दर कर्तव्य का मार्ग दर्शन कर रही है। इसका कहना है कि "हे मनुष्यों! तुम्हारे विचार समान हों। तुम्हारी सभा सबके लिए समान हो। तुम

सबका संकल्प एक समान हो। तुम सबका चित्त एक समान भाव से भरा हो। एक विचार होकर किसी भी कार्य में एक मन से लगो। इसीलिए तुम सबको समान हवि या मौलिक शक्ति मिली है।"

सं गच्छध्वं सं वदध्वं स वो मनांसि जानताम्।
देवा भागं यथा पूर्वे संजानाना उपासते॥2॥

अर्थ- हम सबकी प्रार्थना एक सामान हो, भेद-भाव से रहित परस्पर मिलकर रहें, अंतःकरण-मन-चित्त-विचार सामान हों। मैं सबके हित के लिए सामान मन्त्रों को अभिमंत्रित करके हवि प्रदान करता हूँ।

वेद की यह ऋचा हम सभी राष्ट्रवासियों से अपील कर रही है कि हमारा एक लक्ष्य हो, एक विचार हो, एक भाव हो क्योंकि लक्ष्य, विचार और भाव की भिन्नता व्यक्ति को भटकाती है, राष्ट्र में नये-नये विवाद उत्पन्न करती है। चित्ति, उक्ति और कृति अर्थात् आचार, विचार और उच्चार की एकता पर यह ऋचा बल देती है। इसलिए राष्ट्रीय एकता के लिए इन तीनों बिन्दुओं पर हमारी एकता स्थापित होनी अति आवश्यक है। जब तीनों प्रकार की उपरोक्त एकता हमारे आचार, विचार और उच्चार में समाविष्ट हो जाती है तो हम सब की दिशा एक हो जाती है। सोच एक हो जाती है। चिंतन एक हो जाता है। भाव एक हो जाता है।

इसका अभिप्राय है कि हमारी सभाएँ अर्थात् हमारी विधानसभाएँ और संसद सभी नागरिकों के लिए समानता का व्यवहार करने वाली हों। इनमें जातीय आरक्षण का लफड़ा ना हो। हां, इनमें आर्थिक आधार पर पिछड़े लोगों के उत्थानार्थ विधि विधानों का प्रतिपादन होता हो।

2. दूसरा वेदमन्त्र है:-

सं जानी ध्वं सं प्रच्य ध्वं सं वो मनोसि जानताम्।
देवा भागं यथा पूर्वे संजानाना उपासते।

(अथर्व. 6/64/1)

अर्थात् हे मनुष्यो! (यह तुम्हारा कर्त्तव्य है कि) तुम समान ज्ञान प्राप्त करो। समानता से एक दूसरे के साथ सम्बन्ध जोड़ो, समता भाव से एक दूसरे के साथ मिल जाओ। तुम्हारे मन समान संस्कारों से युक्त हों, उनमें किसी भी प्रकार से दूरी न हो। कभी एक दूसरे के साथ हीनता का भाव न रखो, सभी को प्रेम के भाव से देखो। जैसे अपने प्राचीन श्रेष्ठ लोक के समय ज्ञानी लोग अपना कर्त्तव्य पालन करते रहे, वैसे तुम भी अपना कर्त्तव्य पूरा करो, सबके प्रति सहिष्णुता का भाव रखो।"

उच्च और संस्कारित जीवन के लिए यह वैदिक ऋचा 'कर्त्तव्य पालन' को मानव समाज के लिए अनिवार्य बनाती है। यह स्पष्ट करती है कि जैसे प्राचीन काल में आर्यजन अर्थात् श्रेष्ठ लोग अपने कर्त्तव्य पालन में रत रहे, वैसे ही हम भी उनका अनुकरण करते हुए कर्त्तव्य पालन में रत रहें। लोक व्यवस्था के लिए यह कर्तव्य कर्म परमावश्यक है। यदि पहले मन्त्र का प्रतिपाद्य विषय 'भावात्मक एकता' स्थापित करना है तो इस मन्त्र का प्रतिपाद्य विषय हमारी कर्त्तव्य-परायणता है। दोनों ही बातें राष्ट्रीय एकता अखण्डता और शान्ति व्यवस्था के लिए बहुत ही आवयक हैं।

3. तीसरा वेदमन्त्र है:-

समानी व आकूतिः समाना हृदयानि वः।
समानामस्तु वो मनो यथा वः सुषहासति॥

अर्थ- "हे मनुष्यो! तुम सबका संकल्प एक जैसा हो। तुम्हारा हृदय समान हो, तुम्हारा मन समान हो। तुम्हारे हृदय में एक दूसरे के प्रति तनिक सा भी द्वेष भाव न हो। तुममें परस्पर मतभेद न हो। तुम्हारे मन के विचार भी ममता युक्त हों। यदि तुमने इस प्रकार अपनी एकता और संगठन स्थापित की तो तुम यहाँ उत्तम रीति से आनन्दपूर्वक रह सकते हो और कोई शत्रु तुम्हारे राष्ट्र को हानि नहीं पहुंचा सकता है।"

इस वेद मन्त्र का प्रतिपाद्य विषय 'समान संकल्प' है। सारे राष्ट्रवासियों का एक संकल्प हो जाना बहुत बड़ी बात है। जिस परिवार का भी 'एक संकल्प' हो जाता है उसके विषय में भी देखा जाता है कि वह दिन दूनी रात चौगुनी उन्नति करता है। इसलिए एक शिव संकल्प से भर जाना सारे राष्ट्रवासियों का परम कर्तव्य है, जब देश पराधीन हो रहा था तो उस समय सारे राष्ट्र में 'एक संकल्प' का ही तो अभाव था। जब वह 'एक संकल्प' इस बात को लेकर बनने लगा कि अब अंग्रेजों को भारत से भगाना ही है तो अंग्रेजों को भारत छोड़ना ही पड़ गया। इसलिए एक 'शिव संकल्प' से बँध जाना भी सभी राष्ट्रवासियों का परम कर्तव्य है।.

4. चौथा वेद मन्त्र है:-

समानी प्रपा सहवोऽन्भाग समाने योषत्रे सहवो युनाज्मि।
समयञ्चो अग्निं सपर्य्यर्तारा नाभिमिवा भितः।

(यजु. 3/30/6)

"हे मनुष्यो! तुम्हारे जल पीने का स्थान एक हो और तुम्हारे अन्न का भाग भी साथ-साथ हो। मैं तुम सबको एक ही जुए में साथ-साथ जोड़ता हूं। तुम सब मिलकर ईश्वर की पूजा करो, जैसे पहिए के आरे केन्द्र स्थान में जुड़े रहते हैं, वैसे ही तुम भी अपने समाज में एक दूसरे के साथ मिलकर रहो।"

इस वेद मन्त्र का प्रतिपाद्य विषय हमारे द्वारा देश में 'सामाजिक समरसता' की स्थापना करना है। वेद का सभी राष्ट्रवासियों से आग्रह है कि वो देश में सामाजिक समरसता की स्थापना के लिए अपने-अपने स्थान पर सक्रिय हों। बिना सामाजिक समरसता के कोई भी राष्ट्र उन्नति नहीं कर सकता। आज हमारी अवन्नति का कारण सामाजिक विषमताएँ हैं। सामाजिक समरसता का देश में नितान्त अभाव है। लोग अपने-अपने स्तर के अनुसार अलग-अलग कॉलोनियां बसाते जा रहे हैं। उनमें एक ही स्तर के लोग रहेंगे। जैसे जजों की कॉलोनी अलग मिलती है। अध्यापकों की कॉलोनी अलग मिलती है। अधिवक्ताओं की कॉलोनी अलग मिलती है। अधिकारियों की कॉलोनी अलग मिलती है। दूसरों के लिए वहां प्रवेश तक निषिद्ध है। खाने-पीने और रहने सहने के स्थान अलग-अलग हैं। जब इस प्रकार की दूरी बनाकर रहा जाएगा और दूसरे लोगों को हेय भाव से देखा जाएगा तो समरसता कैसे पैदा होगी? इसलिए 'सामाजिक समरसता' हमारे लिए मृग-मरीचिका बन गयी है। वेद कहता है कि सामाजिक समरसता की स्थापना कर समाज में आत्मीय भाव का विकास करो। इसे अपना जीवन व्रत बना लो।

5. पाँचवां वेद मन्त्र है:-

सहृदयं सामनस्यम् विद्वेषं कृणोमि वः।
अन्यो अन्यम अभिहर्यत वत्सं जातमिवाघ्न्या।।

(अथर्व 3/30/2)

हे मनुष्यो! तुम लोग हृदय के भाव प्रेमपूर्ण, मन में शुभ विचार और परस्पर निर्वैरता अपने मन में स्थिर करो। तुममें से हर एक मनुष्य दूसरे मनुष्य से प्रेमपूर्ण बर्ताव करे जिस प्रकार कि नवजात बछड़े से उसकी गौ माता प्यार करती है।

'निःस्वार्थ प्रेमपूर्ण व्यवहार' इस वेद मन्त्र का प्रतिपाद्य विषय है। वेद का आदेश है कि उत्तम राष्ट्र सृजन के लिए परस्पर प्रेमपूर्ण व्यवहार को अपने राष्ट्रीय चरित्र का एक आवश्यक अंग बना लो। इस प्रकार के व्यवहार से समस्त राष्ट्रवासी आपस में निर्वैरता और अहिंसा भाव से भर जायेंगे। गाँधीजी देश में लोकप्रिय इसलिए हुए कि उन्होंने निःस्वार्थ प्रेम, अहिंसा और बन्धुत्व की बातें कीं। यह अलग बात है कि गाँधीजी की इन बातों को देश के एक वर्ग ने नहीं माना और गाँधी जी लोकप्रिय होकर अपने उद्देश्य में भी असफल सिद्ध हुए। क्योंकि एक वर्ग का संकल्प घृणा के आधार पर राष्ट्र का विभाजन कराना बन गया। गाँधीजी किसी एक वर्ग की इस घृणा को प्रेम में परिवर्तित नहीं कर पाये। इसका कारण यह भी था कि गांधी जी जो वर्ग उनकी बात को नहीं मान रहा था उसी के प्रति सहिष्णु और उदार हो गए। जिससे उनकी पवित्र भावना भी दूषित हो गई। इसी को मुस्लिम

तुष्टिकरण कहा जाता है। इसलिए राष्ट्र का विभाजन हो गया। ये मंत्र हमें यह बताता है कि सभी राष्ट्रवासियों परिणाम होगा विभाजन और केवल विभाजन।

6. छठा वेद मंत्र है:-

सनीची नान्वः संमनः सस्कृणोम्येक श्रुष्टीन्त्सं वनेन सर्वान्।
देवा इवामृतं रक्षमाणाः सामं सहवो युनज्मि॥

(अथर्व. 3/30/7)

"हे मनुष्यो! तुम परस्पर सेवा भाव से सबके साथ मिलकर पुरूषार्थ करो। उत्तम ज्ञान प्राप्त करो। समान नेता की आज्ञा में कार्य करने वाले बनो। दृढ़ संकल्प से कार्य में दत्त चित्त हो तथा जिस प्रकार देव अमृत की रक्षा करते हैं। इसी प्रकार तुम भी सायं प्रातः अपने मन में शुभ संकल्पों की रक्षा करो।"

यहाँ हम वेद की अनूठी बात देखते हैं। यहाँ वेद कह रहा है कि तुम सब राष्ट्रवासियों का परम पुरूषार्थी हो जाना राष्ट्र का भाग्य (विधान) बदलने के लिए, उसके भाग्य की रेखाओं को अपने ढंग से लिखने के लिए सचेष्ट हो उठना है। वेद मंत्र का अगला भाग एक प्रधान (एक नेता) की बात कह रहा है। जबकि मन्त्र का अन्तिम भाग अपने मन के शुभ संकल्पों को जीवन की पताका बना लेना है। शिव-संकल्प व्यक्ति को ऊँची ऊड़ान उड़ाते हैं। इसलिए शुभ संकल्प पताका के ही समान हैं। राष्ट्रवासियों के लिए आवश्यक इस कर्त्तव्य को हमारे वर्त्तमान संविधान ने पूर्ण नहीं किया है। आज देश में एक नेता का अभाव है। एक पार्टी का नेता (नेहरू, इन्दिरा और राजीव गाँधी तक यह परम्परा रही) कभी इस देश का नेता माना जाता था। कुछ सीमा तक अटल जी ने भी इसे निभाया। पर अब तो जाति, सम्प्रदाय और क्षेत्र के नाम पर नेता बनकर लोग देश का नेता बनने का सपना संजो ही नहीं रहे हैं अपितु उसे हम साकार होता भी देख रहे हैं। आज के प्रधानमंत्री एक सम्मानित नेता के रूप में भरकर सामने आए हैं। परिणामस्वरूप राष्ट्र उन्नति कर रहा है।

7. वेद का सातवाँ निर्दिष्ट कर्त्तव्य है:-

सं वो मनांसि सं व्रता समाकूती न मामसि।
अभी ये विव्रता स्थान तान्वः सं नयमामसि॥

(अथर्व. 3/8/5)

अर्थात् हे मनुष्यो! "तुम अपने मन एक करो। तुम्हारे कर्म एकता के लिए हों, तुम्हारे संकल्प एक हों, जिससे तुम संघ शक्ति से युक्त हो जाओ। जो ये आपस में विरोध करने वाले हैं, उन सबको हम एक विचार से एकत्र हो झुका देते हैं।" संघ शक्ति के प्रति समर्पण इस वेद मन्त्र का प्रतिपाद्य विषय है। संघ शक्ति में विश्वास रखने वाला व्यक्ति कभी भी राष्ट्रीय एकता और अखण्डता का शत्रु नहीं हो सकता।

8. आठवाँ मन्त्र है:-

अदार सृद भवतु सोमा स्मिन्यज्ञे मसतो मृऽतानः।
मा नो विददभिमा मो अशस्तिमां नो विदद् वृजिना द्वेष्या या।।

(अथर्व. 1/20/2)

"हे सोमदेव! हम सबमें से परस्पर की फूट हटाने वाला कार्य होता रहे। हे मरूतो! इस यज्ञ में हमें सुखी करो। पराभव या पराजय हमारे पास न आवे। कलंक हमारे पास न आवे और जो द्वेष भाव बढ़ाने वाले कुटिल कृत्य हैं, वे भी हमारे पास न आयें।"

इस मन्त्र का प्रतिपाद्य विषय "हमारे मध्य पारस्परिक फूट का नितान्त अभाव" हो जाना है। पारस्परिक फूट का नितान्त अभाव मनों की एकता से आता है। मानसिक धरातल पर उपजने और विकसित होने वाले विचार जब सर्वमंगल कामना से अभिभूत हो उठें तो उस समय यह मानना चाहिए कि वास्तव में पारस्परिक फूट को विदा करने के लिए हम तत्पर हैं। यही वह अवस्था है जब दूसरे की पीड़ा को हम अपनी पीड़ा मानकर उसे दूर करने के लिए सक्रिय हो उठते हैं। जब मानसिक धरातल पर हम एक होने के विचारों से अभिभूत होंगे तो हमारे कर्म तो स्वयं ही एकता के लिए समर्पित हो जायेंगे। इसका अभिप्राय होगा कि हम राष्ट्रीय एकता और अखण्डता की शत्रु शक्तिों को भी पहचानने लगेंगे और उनके हाथ की कठपुतली बनकर यहाँ पुनः 'राष्ट्रघाती' खेलों की परम्परा को चालू नहीं करेंगे।

9. वेद का नवाँ मन्त्र है-

मा भ्राता भ्रातरं द्विक्षमा स्वसारमुत स्वसा।
सम्यञ्चः सव्रता भूत्वा वाचं वदत भद्रया।।

(अथर्व. 3/30/3)

"भाई भाई से द्वेष न करें, बहन बहन से द्वेष न करें। एक विचार वाले होकर और एक कर्म वाले होकर हम सब आपस में बातचीत एवम् व्यवहार करें।"

इस वेद मन्त्र की शिक्षा है कि यदि राष्ट्र में वास्तव में शान्ति स्थापित करना चाहते हो तो परस्पर द्वेषभाव की नीति को त्याग दो। परस्पर द्वेषभाव का सर्वथा अभाव कर लेना हमारा एक परम पावन कर्त्तव्य बन जाये, धर्म बन जाये। प्राचीन काल में रावण ने अहंकारवश अपने भाई विभीषण से द्वेष किया और उसे अपने राज्य से निकालकर बाहर कर दिया। विभीषण श्रीराम से जाकर मिला और परिणाम हुआ कि रावण का साम्राज्य ही समाप्त हो गया। इसी प्रकार दुर्योधन ने द्वेष भाव के कारण ही अपने भाईयों युधिष्ठर आदि को अपना भाई कभी नहीं माना। फल क्या हुआ-सभी जानते हैं। इसलिए वेद ने सभी राष्ट्रवासियों के लिए मूल कर्त्तव्य प्रतिपादित किया कि परस्पर द्वेष भाव नहीं रखना है।

ऐसी किसी भी सम्भावना को अपने पास फटकने तक नहीं देना है जिससे कि परस्पर द्वेष भाव बढ़े।

10. वेद का दसवाँ मंत्र जो हमें अपने किसी मूल कर्तव्य का स्मरण कराता है, वो ये है:-

दत्ते दहं मा मित्रस्य मा चक्षुषा सर्वाणि भूतानि सम्क्षन्ताम्। मित्रस्याहं चक्षुषा सर्वाणि भूतानि समीक्षे। मित्रस्य चक्षुषा समीक्षामहे।

(यजु. 36/18)

"सब व्यक्ति मुझे मित्र की दृष्टि से देखें। मैं भी सभी व्यक्तियों को मित्र की दृष्टि से देखूँ। सभी परस्पर मित्र की दृष्टि से देखा करें। हे दृढ़ता के देव प्रभो! इस प्रसंग में आप हमें दृढ़ता दीजिए।"

यह वेद मंत्र परस्पर मित्रतापूर्ण व्यवहार को लोक व्यवहार की मान्यता दिलाने के लिए प्रयत्नशील समाज का चित्रण कर रहा है। हमारी प्रार्थना भी ऐसी होनी चाहिए कि जिससे व्यक्ति व्यक्ति के मध्य ही नहीं अपितु प्राणिमात्र के मध्य भी ऐसा ही लोकव्यवहार निष्पादित हो। इससे सभी प्राणियों के जीवन का सम्मान करना हमारा स्वभाव बन जायेगा। जिससे पर्यावरण सन्तुलन नहीं बिगड़ेगा। क्योंकि आज हमारे हृदयों में जीवों के प्रति दयाभाव का समाप्त होना ही पर्यावरण और प्राकृतिक सन्तुलन को बिगाड़ने में सबसे अधिक भूमिका निभा रहा है।

संविधान और वेद के ये मन्त्र

हमारे संविधान के द्वारा जो मूल कर्त्तव्य हमारे लिए रखे गये है उनमें इतनी गम्भीरता नहीं झलकती जितनी इन वेद मंत्रों में निष्पादित मूल कर्तव्यों की भाषा में है। महर्षि दयानन्द जी की आस्था तो वेदों में अथाह थी, परन्तु संविधान निर्माताओं या बाद में विशेष रूप से कांग्रेसी या सेकुलर राजनीतिक दलों की सरकारों की उतनी आस्था वेदों में नहीं रही, जितनी आस्था की अपेक्षा की जाती थी। यही कारण रहा कि देश के स्वातन्त्रय आन्दोलन पर, अपने व्यक्तित्व और कृतित्व की अमिट छाप छोड़ने वाले महर्षि दयानन्द जी के चिन्तन से प्रभावित लोग संविधान सभा में रहकर भी वेदों के गंभीर विद्यार्थी न होने के कारण उतनी गहराई से चीजों को खोजकर लाने में असफल रहे, जितनी उनसे अपेक्षा की जाती थी। इसलिए बहुत से अनुच्छेद संविधान में या तो 'शो-पीस' बनकर रह गये या उन संवैधानिक अनुच्छेदों की मूल भावना के अनुकूल यहाँ कार्य नहीं किया गया।

वेद की भाषा की अपेक्षा कम गम्भीर होकर भी संविधान में डाले गये मूल कर्तव्यों का बहुत महत्व है। ये हमारे धर्म का और राष्ट्रीय चरित्र का निर्धारण करते हैं। इसलिए होना ये चाहिए कि वेद जिस प्रकार अपने मंत्रों को प्रार्थना के साथ जोड़ता है, कर्तव्य कर्म की

पूर्ति के लिए सर्व समाज को स्फूर्तिमान बनाने का प्रयास करता है, वह प्रयास संविधान का यह अनुच्छेद भी करे। परंतु दुर्भाग्यवश यह अनुच्छेद 51 (क) ऐसा नहीं करता। इसलिए ये मूल कर्त्तव्य संविधान के 'शो पीस' बनकर रह गये हैं। इसके अतिरिक्त वेद ने अपने कर्तव्यों को एक ईकाई से अर्थात् व्यक्ति से आरम्भ किया है और उसे वह राष्ट्र तक ले गया है। वेद पहले व्यष्टि को सुधारना चाहता है, फिर समष्टि की ओर चलता है। संविधान का यह अनुच्छेद व्यष्टि से समष्टि की बात तो करता है, परन्तु व्यष्टि के द्वारा खड़े किये गये कृत्रिम विभाजनों (भाषा, सम्प्रदाय, क्षेत्र, जाति आदि) को समाप्त करने का ठोस उपाय नहीं दे पाया है, इसलिए इस संवैधानिक अनुच्छेद के माध्यम से देश में समष्टिवादी मानस के निर्माण की ओर विशेष कदम नहीं उठाये जा सके हैं। मूल रूप से भारतीय संस्कृति समष्टिवादी है, परन्तु हम देख रहे हैं कि अब हमारे देश में व्यष्टिवाद बढ़ता जा रहा है। इसका अभिप्राय यह है कि जिस समाजवाद की कल्पना के माध्यम से देश की सरकारों ने समष्टिवाद को धरती पर उतारने का भरोसा भारतीय समाज को दिया था, वह विचार ही अपने आप में खोखला था।

वेद हमारे कर्म को धर्म के साथ जोड़ देना चाहता है। क्योंकि वह व्यक्ति को, समाज को और राष्ट्र को स्थाई समाधान देना चाहता है। वह कहीं पर दोगलापन दिखाना उचित नहीं मानता। जबकि यह संवैधानिक अनुच्छेद कर्म से धर्म को अलग करके चलता है। हमने वेद और महर्षि के चिन्तन को इन कर्त्तव्यों में यथावत स्थान नहीं दिया और ना ही अपने वेदों के अनुकूल इनमें कर्म और धर्म का उचित समन्वय स्थापित किया।

वैदिक कालीन भारत की राजनीतिक व्यवस्था और उसमें नागरिकों के कर्तव्य कर्म की चर्चा करते हुए लाला लाजपतराय अपनी पुस्तक 'युग प्रवर्तकः स्वामी दयानन्द' में लिखते हैं:-

"सचमुच उस समय का भारत स्वर्गोपम था। यह धरा कर्म भूमि के साथ-साथ धर्मभूमि भी थी। प्रत्येक मनुष्य-माता-पिता पुत्र या पुत्री, पति या पत्नी, राजा और प्रजा, गुरु और शिष्य सभी अपने कर्त्तव्यों को जानते थे और उन पर आचरण भी करते थे। सारे देश में आर्यों का राज्य था। सभी वर्गों के लोग स्व स्व कर्त्तव्यों के पालन में लगे थे।"

वेद कर्त्तव्यों की जानकारी और उनको आचरण में लाने का प्रबल पक्षधर है। आचरणहीन व्यक्ति को वैदिक समाज हेय दृष्टि से देखता था। जबकि हमारे आज के संविधान ने मूल कर्त्तव्यों को किसी के द्वारा आचरण में न लाने पर उसे हेय दृष्टि से देखने या ऐसे ही किसी अन्य उपाय की चर्चा नहीं की है। जिससे इन कर्त्तव्यों को लोगों ने अपने लिए अनिवार्य नहीं माना है।

❒

अध्याय-7

भारतीय संस्कृति और संविधान के मूल अधिकार

भारतीय संस्कृति मानव की स्वतन्त्रता की ही नहीं अपितु प्राणि-मात्र की स्वतन्त्रता की भी उद्घोषक है। जिस देश की संस्कृति में पग-पग पर पशुओं और वनस्पतियों की रक्षा करने के लिए मनुष्य को प्रेरित किया जाता हो, उस देश के लिए यह कहना सर्वथा अनुचित ही है कि इस देश में मानव के मौलिक अधिकारों का कोई उल्लेख नहीं है। हमने समष्टि के कल्याणार्थ जिन उत्कृष्ट मानवीय मूल्यों को अपनाया वस्तुतः भारतीय संस्कृति में मानव के वही मूल्य उसके लिए मौलिक अधिकार हैं।

भारत की निजता वेद हैं

महात्मा आनंद स्वामी जी अपनी पुस्तक 'तत्व ज्ञान' में बताते हैं कि:- "जब तत्त्वविवेक द्वारा यह जान लिया जाय कि यह सारा दृश्य-जगत् क्या है, तो इस मनुष्य-शरीर तथा लोक-लोकान्तरों और देश-देशान्तरों का मूल्य समझ में आ जाता है। तब मानव मानवता को रुदन करने का अवसर नहीं देता। तब मनुष्य मनुष्य का रक्त नहीं पीता। तब एक मानव-दल दूसरे मनुष्यों का संहार नहीं करता अपितु उनसे प्रेम करता है, उन्हें आत्मज समझता है; अपना ही रूप और अपना ही साथी, सम्बन्धी और प्यारा मानने लगता है। मज्जा, अस्थि, मेद, मांस, रक्त, चर्म, त्वचा-इन सात धातुओं से बने मानव-शरीर के लिए फिर वह दूसरों के नाश का यत्न नहीं करेगा। दूसरों की हानि या नाश की भावना केवल इसलिए उत्पन्न होती है, ताकि विषयों का उपभोग किया जा सके। विषयों-शब्द, स्पर्श, रूप, रस, गन्ध का ज्ञान कराने वाले ज्ञानेन्द्रिय-श्रवण, त्वचा, नेत्र, जिह्वा और घ्राण हैं। जब ये ज्ञान कराते हैं तो फिर पाँच कर्मेन्द्रियों- वाक्, हस्त, पाद, गुदा और उपस्थ-का झुकाव कर्मों की ओर हो जाता है। यदि तत्त्वविवेक से यह प्रकट हो जाय कि सारे पदार्थ जड़ हैं और ये मुझे मेरी सेवा, सहायता तथा कार्य-सिद्धि के लिए मिले हैं, तो मानव फिर विषयों

में फंसेगा नहीं, अपितु विषयों को विष समझकर दूर ही से त्याग देगा। हाँ, विष को भी जब भस्म के रूप में या शोधकर शुद्ध कर लिया जाता है, तो वह नाना रोगों को दूर करने के लिए अमृत बन जाता है। इसी प्रकार ये विषय भी जब सत्त्वगुण-प्रधान आत्म-बुद्धि द्वारा शोध लिये जाते हैं, तो अमृतवत् हो जाते हैं।"

मनुष्य के लिए इसी कार्य को वेद करता है।

किसी भी वस्तु का मूल्य उसके मूल में उसके भाव में, उसकी निजता में, उसके 'स्वत्व' में निहित होता है। भारतीय संस्कृति का मूल, उसका भाव, उसकी निजता, उसका स्वत्व 'वेद' हैं। वेद ही भारतीय संस्कृति के प्राण हैं। इस प्राणतत्व के बिना भारतीय संस्कृति 'निर्मूल्य' ही सिद्ध होगी। वेदों में ऋषियों का समष्टिगत चिन्तन मुखरित हुआ है। उस समष्टिगत चिंतन में समष्टिवाद इस प्रकार से ओत प्रोत है कि उसे इस संस्कृति से अलग किया जाना असम्भव है। जिस प्रकार समुद्र से मिलकर नदी अस्तित्वविहीन हो जाती है और उसका अस्तित्व समुद्र की महानता के साथ एकाकार हो जाता है, उसी प्रकार समष्टिगत चिन्तन रूपी समुद्र में व्यष्टिगत चिन्तन एकाकार होकर उसका अपना स्वरूप समष्टिवाद की महानता के स्वरूप में मिलकर और भी महान हो जाता है। इसलिए वेद 'समष्टि' के कल्याणार्थ 'व्यष्टि' के स्वार्थों को समाप्त करने पर बल देते हैं।

'इदन्नमम् स्वाहा'

वेद व्यक्ति से बार-बार बुलवाते हैं- 'इदन्नमम् स्वाहा'। अर्थात् यह मेरा नहीं है। मैं अपने स्वार्थ की आहुति देता हूँ। व्यक्ति कहता है कि यज्ञ में (वृहत रूप में संसार रूपी यज्ञ में भी) मैं जिसे छोड़ रहा हूँ अर्थात् जिस वस्तु की आहुति दे रहा हूँ, वह मेरा नहीं है। 'व्यक्ति का समष्टि के लिए यह त्याग यज्ञमयी जीवन है। यज्ञ का सीधा सा और सरल सा अर्थ है कि यहाँ दूसरों के लिए कुछ न कुछ छोड़ो, त्याग करो, स्वयं को समर्पित करो, दूसरों के विकास के लिए। आपकी यह स्थिति अपने बच्चों तक ही सीमित न रह जाये, अपितु यह संसार और संसार के प्रत्येक प्राणी तक के लिए बन जाये। अपने बच्चों के लिए तो संसार का हर व्यक्ति कुछ न कुछ त्याग करता है-परन्तु आनन्द तो दूसरों के लिए कुछ करने में है।

परिवारगत 'मोह' समष्टिगत मानस में जाकर वास्तविक प्रेम बन जाता है। कहने का अभिप्राय है कि मोह का पूर्ण विस्तार भी वास्तविक प्रेम है। इसी प्रेम के लिए संसार का प्रत्येक प्राणी तड़प रहा है। भारतीय ऋषियों ने मोह को मारने की बात नहीं की, अपितु उसे प्रेम के रूप में परिवर्तित कर विस्तार देने की बात कही है। यह अलग बात है कि हम अपने मोह को जितना अधिक विस्तार देते जाते हैं यह उतना ही हमारे व्यक्तित्व को सोने

से कुन्दन बनाता चला जाता है। अन्त में हम देखते हैं कि जब हम वास्तविक प्रेम के सागर में गोते लगा रहे होते हैं तो मोह भी वास्तविक प्रेम के सागर में उसी प्रकार विलीन हो जाता है, जिस प्रकार सागर में नदियाँ विलीन हो जाती हैं। ध्यान देने योग्य बात ये है कि सागर में भी नदियों का अस्तित्व है, पर अब आप सागर में पहुंची हुई नदियों के अस्तित्व को ढूँढ नहीं सकते। इसी प्रकार वातस्तविक प्रेम में भी कहीं न कहीं मोह है, पर अब आप उसे भी ढूँढ़ नहीं पाओगे। इसलिए कई बार ऐसा लगता है कि हमें हमारे महापुरूष मोह को मारने की शिक्षा दे रहे हैं। परंतु हम यह नहीं समझ पा रहे हैं कि मोह को मारना किस प्रकार है? जिस दिन हम यह समझ लेंगे उस दिन मोह भी हमारे लिए कल्याणकारक हो जाएगा। यह सम्मान के लिए 'इदन्नमम् स्वाहा' कहना पड़ेगा।

सबसे प्यारा शब्द है 'प्रेम'

यह प्रेम बड़ा ही पवित्र शब्द है। संसार के शब्दकोश में इससे सुन्दर शब्द नहीं है। इसके विषय में यह भी सत्य है कि इसे दिया है भारतीय संस्कृति ने ही। ये मोह, माया, ममता, वासनात्मक लगाव और ऐसे ही अन्य मानसिक भाव तो इस प्रेम के बहुत ही छोटे स्वरूप हैं। संसार का मनुष्य प्रेम के इन लघुतम स्वरूपों में ही भटक कर रह जाता है और इन्ही की उपासना में लगा रह जाता है। इसलिए वह अपने स्वरूप का और अपने व्यक्तित्व का पूर्ण विकास नहीं कर पाता है। परवाने दीपक पर आ आकर बार-बार मर रहे हैं तो यह उनकी महानता नहीं है, यह उनकी उपासना का सर्वोत्कृष्ट ढंग भी नहीं है, अपितु यह उनकी निरी अज्ञानता है। किसी की अज्ञानता किसी कवि के द्वारा महिमा मण्डित की जा सकती है, परन्तु वह किसी विद्वान के द्वारा महिमा मंडित नहीं की जा सकती। विद्वान तो उस पर शान्त रहेगा। उसके प्रति तटस्थ रहेगा। निरपेक्ष रहेगा। यही कारण है कि प्रेम के निम्नतम स्वरूप वासना के उपासक युवा और युवतियों की अज्ञानता जनित गतिविधियाँ या मनोदशा कई बार कवियों के लिए कविता करने का माध्यम तो बन जाती हैं परन्तु वह विद्वानों के लिए चर्चा का विषय तक नहीं बन पातीं।

हमारी संस्कृति हमें बताती है कि लघु से विशाल की ओर चलो। सरल से कठिन की ओर चलो। पशु जगत में छोटी मछली बड़ी मछली को खा रही है तो यह बात तुम मनुष्यों के चिन्तन को प्रभावित करने वाली नहीं होनी चाहिए। क्योंकि यह स्वार्थ का भी अति लघु स्वरूप है। कारण कि मछली की योनि भोग योनि है, इसलिए उसकी ऐसी गतिविधि पर या जीवनचर्या पर भोग के अज्ञान की काली छाया पड़ी है। इसलिए मनुष्य से भारतीय संस्कृति अपेक्षा करती है कि तू अज्ञान की ऐसी काली चादरों को फाड़कर फेंक दे, और उसमें से स्वयं को बाहर निकाल। क्योंकि तेरी योनि योग योनि भी है? स्मरण रख कि भोग

से रोग लगेगा, 'जीवन मरण का चक्र चलेगा और योग से रोग भगेगा। जीवन मरण का चक्र छूटेगा। बस यही तो है जीवन का वास्तविक रहस्य और जीवन का वास्तविक उद्देश्य। इसी को खोजना तेरे जीवन का प्रमुख उद्देश्य है। जिस दिन तुझे यह लक्ष्य मिल जाएगा उस दिन तू मालामाल हो जाएगा। अपने आप को मालामाल करना है, धनी बनाना है, अपनी निर्धनता को भगाना है तो अपने आप को इस लक्ष्य के प्रति समर्पित कर।

पश्चिम की संस्कृति की आराधना का केंद्र

पश्चिम की संस्कृति ने वेद के इस रहस्य को नहीं समझा। इसलिए उसकी उपासना का और आराधना का केन्द्र सदा ही व्यक्ति का लघु स्वरूप रहा है। उसने वासना की उपासना प्रेम समझकर की है। उसने रसना की आराधना प्रेम समझकर की है- परिणाम दोनों का आया है-मृत्यु। जहाँ मोक्ष का नितान्त अभाव है। जहाँ मोक्ष की सारी सम्भावनाऐं क्षीण हैं। जहाँ मोक्ष की कल्पना तक नहीं की जा सकती। पश्चिमी जगत भारत के वेदों के इस निर्देश को अपने जीवन का और अपनी जीवन शैली का आधार नहीं बना पाया कि परस्पर ऐसे प्रेम करो जैसे एक गाय अपने नवजात बछड़े को करती है। प्रेम करना है तो वह किसी स्वार्थ के वशीभूत होकर नहीं करना है। उसे निस्वार्थ होकर करो। फिर देखो कि उसमें कितना आनंद है? कितनी मिठास है? सचमुच मधु से भी मीठा।अमृत सम।

जबकि भारतीय ऋषियों की ऐसी एक बहुत लम्बी परम्परा रही है, एक बहुत बड़ी श्रृंखला है जो इसी प्रकार के वास्तविक प्रेम में विश्वास करती रही है। यही कारण है कि 'महानता' ने पश्चिम की अपेक्षा सदा ही पूरब का वरण किया है। यह केवल और केवल जीवन शैली का ही अन्तर है, जिसने हमें कहाँ से उठाकर कहाँ पहुँचा दिया? ऐसी उत्कृष्ट मानव जीवन शैली में मानव के मौलिक अधिकार भी बड़े ही पवित्र और सर्वोत्कृष्ट हैं। इन सारे मौलिक अधिकारों का आधार हमारे यहाँ सर्वप्रथम प्रेम है। प्रेम की पहली ईंट पर ही मानवता का भव्य-भवन रखने वाली भारतीय संस्कृति को नमन करना इसीलिए प्रत्येक भारतीय का प्रथम कर्त्तव्य है। जिसे अक्षुण्ण रखने और बनाये रखने की बात हमारे संविधान ने कही है।

यह निःस्सन्देह सत्य है कि भारत के संविधान में रखे गये मौलिक अधिकार भारत की सांस्कृतिक परम्परा के अनुकूल हैं, परन्तु इन पर प्रभाव पश्चिम के चिन्तकों का है। यदि इन्हें भारतीय मनीषा की भट्टी में तपाकर निकाला जाता तो ये सोने से कुन्दन बन सकते थे। परन्तु हमें यहाँ आलोचनात्मक बातें नहीं करनी हैं।

आइये हम देखें कि भारतीय संविधान कौन-कौन से मौलिक अधिकार प्रदान करता है-

'संविधान प्रदत्त मौलिक अधिकार'

भारत के संविधान द्वारा देश के नागरिकों को निम्नलिखित मूल अधिकार प्रदान किये गये है:- 'समता का अधिकार' अपने संविधान का अनुच्छेद 14 विधि के समक्ष समता की बात कहता है।

अनुच्छेद 15- धर्म, जाति, मूलवंश लिंग या जन्मस्थान के आधार पर भेद भाव नहीं किया जायेगा।

अनुच्छेद 16- लोक नियोजन के विषय में अवसर की समता।

अनुच्छेद 17- अस्पृश्यता की समाप्ति।

अनुच्छेद 18- उपाधियों की समाप्ति।

समता के सन्दर्भ में भी वेद की व्यवस्था ही अनुकरणीय है। वेद मानव को उन्नतिशील और प्रगतिशील बनाने के लिए जिस समता मूलक समाज की अवधारणा का प्रतिपादन करता है, उसके लिए वह प्रत्येक मनुष्य में ईश्वर का आलोक देखता है और प्रत्येक मनुष्य को ही अमृतरूप ईश्वर का अमृतपुत्र मानता है। इसलिए वेद प्रत्येक मनुष्य को सम्बोधित करते हुए कहता हैं-

समं क्राम। शुक्रोऽसि, भ्राजोऽसि, स्वऽसि, ज्योतिरसि आप्नुहि श्रेयां समति

(अथर्व, 2/11/5)

"हे नर! तू तो शुद्ध है, तेजस्वी है, आनन्दमय है, ज्योतिष्मान है। अरे, अपने आपको पहचान। बराबर वालों से आगे बढ़ और श्रेष्ठों तक पहुँच।"

उत्क्रामतः पुरुष मावपत्थाः।

(अथर्व 8/1/4)

"हे मनुष्य उन्नति करता जा, अवन्नत मत हो।"

उद्यानं ते पुरूष नावयानं जीवातुं ते दक्षतातिं कृणोमि।

(अथर्व 8/1/6)

"हे नर! देख जीवन में तेरी उन्नति ही होनी चाहिए, अधोगति नहीं। मैं तेरे अन्दर जीवन स्फूर्ति और बल को फूंकता हूँ।"

जीवन स्फूर्ति और बल को प्राप्त कर तू निरंतर उन्नति को प्राप्त होता रहे। यदि मेरे द्वारा प्राप्त जीवन स्फूर्ति और बल को प्राप्त होने के उपरांत भी तू अवन्नति को प्राप्त हुआ तो फिर तेरे दुर्भाग्य को कोई रोक नहीं पाएगा।

ब्रह्मस्पतिर्मे आत्मा, नृमणा नाम हृद्य।

(अथर्व 16/3/5)

"मेरी आत्मा बड़ी शक्ति की भण्डार है। मैं नेतृत्व हूँ तथा सबके हृदय को प्रिय लगने वाला हूँ।" शक्ति से भरे मन वाला हूं।

उग्रो अर्चिषा दिवमारोह सूर्य।

(अथर्व 19/65/1)

"हे सूर्य समान तेजस्वी मनुष्य। तू अपने तेज के साथ उन्नति के सर्वोच्च शिखर पर चढ़ जा।"

इस प्रकार हम देखते हैं कि संविधान का समतावाद तो वेदसम्मत है, परन्तु संविधान जिस समता की बात करता है उसके लिए हमें संविधान मेधा का मार्गदर्शन पश्चिम का चिन्तन कराता है। महर्षि दयानन्द जी का चिन्तन भी समतावादी समाज की स्थापना का था। उन्होंने समाज से अस्पृश्यता के निवारणार्थ और दलित शोषित, एवम् उपेक्षित समाज के कल्याणार्थ सतत संघर्ष किया। उनके संघर्ष से प्रेरणा पाकर बहुत से लोगों ने देश से अस्पृश्यता निवारण की दिशा में अथक प्रयास किये। जिसका परिणाम निकला कि हमारे संविधानविदों ने और संविधान निर्मात्ताओं ने अस्पृश्यता को देश और समाज के लिए एक कोढ़ माना। इसीलिए अस्पृश्यता को मिटाने की और पंथ, जाति व लिंग के आधार पर किसी प्रकार की असमानता का व्यवहार न होने देने की दिशा में समाज के लिए एक क्रान्तिकारी कदम उठाया।

हमारे संविधान ने जिस प्रकार समता की स्थापना की बात कही है, वेद उससे ऊँची बात कहता है। वह मनुष्य को सूर्य समान तेजस्वी कहता है और उन्नति के सर्वोच्च शिखर पर चढ़ने के लिए प्रेरित करता है। संविधान ने अपने नागरिकों को अमृत पुत्र नहीं कहा और न ही सूर्य समान तेजस्वी कहा। संविधान ने अपने नागरिकों को उन्नति के सर्वोच्च शिखर पर चढ़ने के लिए ओजस्वी विचारों के साथ सम्बोधित भी नहीं किया। यहाँ एक मौन आवाहन है कि सब बराबर के लोग हैं, इसलिए सबके साथ समानता का व्यवहार होगा। परन्तु वेद के शब्दों में एक ललकार है, अत्यन्त ओजस्वी शब्दों में किया गया एक क्रान्तिकारी आह्वान है कि बराबर वालों से आगे निकल और श्रेष्ठों तक पहुँच। इस आह्वान का अभिप्राय है कि बराबर वालों के साथ आकर भी रूकना नहीं है, अकर्मण्य या निकम्मा नहीं हो जाना है अपितु उनसे आगे निकलना है और श्रेष्ठों तक पहुँचना है। वेद हमें सतत् संघर्ष की प्रेरणा दे रहा है। महर्षि इसी प्रेरणा शक्ति के प्रतीक थे। जबकि हमारा संविधान

सबको साथ में लाकर बैठाने की तो बात करता है, परंतु सब साथ-साथ बैठेंगे कैसे? यह स्पष्ट नहीं करता। साथ बैठ जाने को ही संविधान कहता है कि काम पूरा हो गया। इससे यथास्थितिवाद विकसित हुआ है। फलस्वरूप शोषण का एक नया वर्ग तैयार हो गया है। समाज शोषित और शोषक का अन्तर समाप्त नहीं कर पाया है।

बैठो मत, अपितु आगे बढ़ो

वेद की शैली है कि वह बैठे हुए को ललकारता है कि बैठो मत, अपितु आगे बढ़ो। उठो, जागो और लक्ष्य की प्राप्ति तक आगे बढ़ते रहो। यह स्थिति समता मूलक समाज में एक स्वस्थ संघर्ष की भावना को जन्म देती है। ऐसा संघर्ष जो हमारी आत्मोन्नति के लिए हो व हमारी परमगति के लिए हो। आत्मोन्नति भी ऐसी कि जिसमें दूसरे के अधिकारों का सम्मान हो और अपने कर्त्तव्यों का पालन हो। इस संघर्ष का मूल आधार है- कर्मशीलता। इस प्रकार कर्मशील मानवों के समतावादी समाज की कामना वेद करता है। वह कर्मशील और कर्त्तव्यशील समाज को सभ्य समाज कहता है। हम आज निठल्ले निकम्मे (भ्रष्टाचार में डूबे) लोगों के और कर्त्तव्य विमुख (धर्म निरपेक्ष) लोगों के समाज को सभ्य समाज कह रहे हैं। महर्षि का सपना इस प्रकार के समाज का निर्माण करना कदापि नहीं था।

महर्षि जन्म के आधार पर नहीं अपितु कर्म के आधार पर वर्ण व्यवस्था को मानते थे। वेद भी यही कहता है। महर्षि के चिन्तन की हल्की सी छाया तो हमारे संविधान पर इस संवैधानिक अनुच्छेद में दीखती है, पर चिन्तन को पैनापन नहीं दिया गया। फलस्वरूप समता के नाम पर असमता समाज में फैल गयी और वोटों की राजनीति ने सारी व्यवस्था का और इन संवैधानिक अनुच्छेदों का गुड़ गोबर कर डाला। महर्षि के चिन्तन से प्रभावित लोग भी महर्षि की व्यवस्था का प्रतिपादन करने में असमर्थ रहे। सत्ता का संघर्ष सारे सामाजिक आदर्शों को खा गया और समाज में जाति, पंथ और लिंग के आधार पर असमता और भी बढ़ गयी है।

महर्षि दयानन्द कैसी समता चाहते थे?

महर्षि दयानन्द सामाजिक समता के परमोपासक थे। उन्होंने सामाजिक असमता के लिए भिन्न-भिन्न मतों के प्राबल्य को उत्तरदायी माना। इसलिए वह विभिन्न मतों को समाप्त करके देश में एक मत वेदमत की स्थापना के स्पष्ट पक्षधर थे। उन्होंने लिखा- "उस समय सर्व भूगोल में एक मत था। उसी में सबकी निष्ठा थी और सब एक थे। सभी भूगोल में सुख था। अब तो बहुत से मत वाले होने से बहुत सा दुःख और विरोध बढ़ गया है। इसका निवारण करना बुद्धिमानों का काम है। परमात्मा सबके मन में सत्य का ऐसा अंकुर डाले कि जिससे मिथ्या मत शीघ्र ही प्रलय को प्राप्त हों। इसमें सब विद्वान लोग विचारकर

विरोधभाव छोड़ के अविरूद्ध मत के स्वीकार से सब जने मिलकर सबके आनन्द को बढ़ावें।"

स्वामी जी की पीड़ा को आज आर्य समाज के लोगों को समझना होगा। संसार में अनेक मतवाले होने से जिस प्रकार बहुत सा दुख और विरोध बढ़ा है उसका निवारण करना आर्य समाज के लिए स्वामी दयानंद जी की वसीयत है। इस पर काम करके दिखाना होगा। केवल यज्ञ कर लेने मात्र से काम नहीं चलेगा। यज्ञ का विस्तार करना होगा।

उन्होंने अन्यत्र लिखा- "जब तक मनुष्य जाति में परस्पर मिथ्या मत मतान्तर का विरूद्ध वाद न छूटेगा, तब तक अन्याय का अंत न होगा। यदि हम सब मनुष्य और विशेष विद्वज्जन ईर्ष्या, द्वेष छोड़, सत्यासत्य का निर्णय करके, सत्य का ग्रहण और असत्य का त्याग करना कराना चाहें तो हमारे लिए यह बात असाध्य नहीं है।

यह निश्चय है कि इन विद्वानों के विरोध ही ने सबको विरोध जाल में फँसा रखा है, यदि ये लोग अपने प्रयोजन में न फँसकर सबके प्रयोजन को सिद्ध करना चाहें तो अभी ऐकमत्य हो जायें-बैठो मत, अपितु आगे बढ़ो।

इससे स्पष्ट है कि महर्षि दयानन्द ऐकमत्यता की प्रतिपादिका समता के समर्थक थे। महर्षि दयानन्द अंगूर के समान रसभरी एकता के पक्षधर थे। जबकि हमारा संविधान अंगूर के स्थान पर सन्तरा का उपासक है। वह सन्तरा की फाड़ियों की भांति समाज में विभिन्न सम्प्रदायों का अस्तित्व बनाये रखकर उनसे ऊपरी एकता की प्रत्याशा करता है। संविधान की यह प्रत्याशा ही इसके चिन्तन पर पश्चिमी जगत का प्रभाव परिलक्षित करती है।

❐

अध्याय-8

स्वामी दयानंद का चिंतन और मौलिक अधिकार

महात्मा आनंद स्वामी जी अपनी पुस्तक मानव और मानवता में हमारा मार्गदर्शन करते हुए कहते हैं:- "आइन्स्टाइन का नाम आपने सुना होगा बहुत बड़े साइंटिस्ट थे! उनके जीवन काल में एक पत्र प्रतिनिधि ने उनसे पूछा- "विज्ञानाचार्य! आप इतने बड़े विद्वान हैं, क्या एक प्रश्न का उत्तर देने की कृपा करेंगे?"

विज्ञानाचार्य ने कहा- "पूछो!"

उस व्यक्ति ने प्रश्न किया- "संसार में इतने दु:ख हैं, इतनी अशान्ति है, क्या उसे दूर करने का भी कोई उपाय है?"

विज्ञानाचार्य बोले- "हां है, और केवल एक कि "अच्छे मनुष्य उत्पन्न किये जायं।"

आइंस्टाइन साधारण नहीं बहुत बड़े विज्ञानाचार्य थे। उन्होंने यदि कहा कि श्रेष्ठ मनुष्य उत्पन्न करने से सुख और शान्ति उत्पन्न होगी तो क्यों कहा? यह क्यों नहीं कहा कि विज्ञान के अमुक आविष्कार से सुख हो जाएगा? अमुक आविष्कार से शान्ति हो जाएगी? इसलिए कि विज्ञान के जितने भी आविष्कार हुए हैं उनसे मनुष्य को वास्तविक सुख नहीं मिला। कुछ आराम मिला है अवश्य। मैं इन आविष्कारों की निन्दा नहीं करता! अपने स्थान पर अच्छे हैं ये! परंतु इन्हीं के कारण अशान्ति बढ़ती जाती है! मनुष्य पहले से अधिक अशान्त होता जाता है!

आइंस्टाइन की भांति वैज्ञानिक तो नहीं परन्तु साइंस के एक भक्त थे मैक्सिम गोर्की!

मैक्सिम गोर्की एक ग्राम की जनता के समक्ष साइंस के आविष्कारों का महत्व प्रकट कर रहे थे- "देखिए सज्जनों! साइंस ने कितने सुख-साधन उत्पन्न कर दिए हैं! पहले एक दीपक जलाने के लिए कितना परिश्रम करना पड़ता था! अब बटन दबाने से प्रकाश हो जाता है! महीनों की यात्रा घंटों में और घंटों की यात्रा मिनटों में होने लगी है! ऐसी कितनी ही बातें उन्होंने बतायीं! तभी एक देहाती ने उठकर कहा- "हां, हम आकाश में पक्षियों की

भांति उड़ना तो सीख गये, बड़े-बड़े सागरों में मीनवत् तैरना भी जान गये! परन्तु इस पृथ्वी पर हमें कैसा जीवन व्यतीत करना चाहिए, यह हम अभी तक सीख नहीं सके! आपकी सब बातें सच है श्रीमन्, परन्तु क्या साइंस ने मनुष्य को मनुष्य बनना भी सिखाया है?" सीधे-साधे ग्रामीण के सत्य वचन को सुनकर मैक्सिम गोर्की निरुत्तर हो गये!"

आज का सारा संसार मौलिक अधिकारों की बात करता है परंतु मौलिक अधिकारों से पहले मनुष्य निर्माण पर कार्य किया जाता है और उसे समाज अपना कर्तव्य समझकर करता है। मानव निर्माण का कार्य पूर्ण हो जाए तो गोर्की जैसे किसी भी व्यक्ति को निरंतर होने की आवश्यकता नहीं पड़ेगी और आइंस्टीन का अच्छे मनुष्य उत्पन्न करने की बात सत्य सिद्ध हो सकती है। आइंस्टीन की बात को सत्य सिद्ध करने की क्षमता केवल वैदिक चिंतन में है।

सात प्रकार की स्वतंत्रता

अनुच्छेद 19-संविधान के अनुच्छेद 19 के द्वारा नागरिकों को सात प्रकार की स्वतन्त्रता प्रदान की गयी। जिन्हें 44 वें संवैधानिक संशोधन 1978 द्वारा सम्पत्ति के अधिकार को निकालकर अब छः कर दिया गया है। ये छः प्रकार की स्वतन्त्रताएँ निम्नवत हैं:-

(1) भाषण और अभिव्यक्ति की स्वतन्त्रता।
(2) शान्तिपूर्ण ढंग से बिना हथियारों के सभा सम्मेलन करने की स्वतन्त्रता।
(3) संघ या संस्था बनाने की स्वतन्त्रता।
(4) देश के भीतर घूमने फिरने की स्वतन्त्रता।
(5) देश के किसी भी भाग में निवास करने और बसने की स्वतन्त्रता।
(7) कोई भी व्यवसाय या धन्धा आरम्भ करने की स्वतन्त्रता।

अनुच्छेद 20-अपराधों के लिए दोषसिद्धि के सम्बन्ध में संरक्षण या दोषी ठहराये जाने के बारे में बचाव।

(1) किसी कानून को भंग करने पर एक अपराध के लिए एक बार से अधिक केस न चलाया जायेगा और न ही एक बार से अधिक सजा दी जायेगी।
(2) किसी कानून को भंग करने पर ही व्यक्ति को दंडित किया जा सकता है।
(3) किसी व्यक्ति को अपने विरूद्ध गवाही देने के लिए मज़बूर नहीं किया जायेगा।

अनुच्छेद 21 में जीवन की सुरक्षा तथा अनुच्छेद 22 में कुछ दशाओं में गिरफ्तारी और निरोध से संरक्षण की स्वतन्त्रता का उल्लेख किया गया है।

वास्तव में ये स्वतन्त्रता वेद के 'स्वराज्य' की ओर हमारा ध्यान आकृष्ट करती हैं। वेद ने जिस स्वराज्य का उद्बोधन कर उन्नत मानव समाज की कल्पना की है, उस मानव समाज

के लिए इस प्रकार के मौलिक अधिकारों की अतीव आवश्यकता है। इन स्वतन्त्रताओं के शत्रु आततायियों के लिए वेद निर्देश करता है:-

प्रेहय भीहि घृष्णुहि--अर्चन्ननु स्वराज्यम्।

(ऋ. 1/80/3)

"स्वराज्य का आदर करते हुए सेनापति, तू शत्रु के सम्मुख जा, उसे घेर कर नष्ट कर दे।"

स्वतन्त्रता सुरक्षित कब रहेगी? जब प्रजा स्वभावतः नियमों का पालन करती हो। वेद ने कहा है:-

व्रतान्यस्य सश्चिरे पुरूणि।

(अथर्व 20/109/3)

अर्थात् स्वराज्य में प्रजा नियमों, मर्यादाओं का और अपने कर्त्तव्यों का पालन करती है। वेद स्वतन्त्रता की रक्षा का उपाय भी बताता है:- नमसा सहः सपर्यन्ति प्रचेतसः।

(अथर्व. 20/109/3)

विद्वान स्वराज्य रूपी शक्ति की नमस्कार के साथ पूजा करते हैं। यहाँ नमस्कार का अर्थ दूसरों की स्वतन्त्रता का सम्मान करना भी है। जब हम दूसरों की स्वतन्त्रता का या मौलिक अधिकारों का हृदय से सम्मान करना सीख जाते हैं, तभी हमारे अपने मौलिक अधिकारों की सुरक्षा हो पाना सम्भव है।

अनुच्छेद 19 में जो स्वतन्त्रताऐं भारत के नागरिकों को संविधान द्वारा प्रदत्त की गयी हैं ये सारी की सारी वे स्वतन्त्रताऐं वे हैं जो प्राचीन काल से ही भारत में जनसाधारण को प्रदान की जाती रही थीं। हम स्वतन्त्रता के इस मौलिक अधिकार को वेद और महर्षि दयानन्द के चिन्तन के सर्वाधिक निकट मानते हैं। मनुष्य का विकास तभी सम्भव है जब उसके व्यक्तित्व के विकास के लिए समाज उसे कुछ खुलापन दे, कुछ खुली हवा में घूमने, फिरने और साँस लेने का अवसर उपलब्ध कराये। उसके व्यक्तित्व पर और व्यक्तित्व के विकास पर अपने किसी रूढ़िवादी दृष्टिकोण या मान्यताओं का पहरा न बैठाये। उड़ते हुए पक्षी के यदि आप पंख 'कैच' कर देंगे तो वह उड़ नहीं पायेगा। पंख कैच करना अमानवीयता है, पंखों को यथावत छोड़े रखना मानवता है और किसी 'पंखहीन' को पंख दे देना, मानव स्वभाव की दिव्यता है। महानता है। ये स्वतन्त्रताऐं महर्षि के इसी दिव्य चिन्तन तक प्रदान की जानी चाहियें। प्रत्येक व्यक्ति एक दूसरे के लिए ऐसे ही दिव्य भावों से भर जाये तो दिव्य

मानव समाज का निर्माण किया जा सकता है। हमारा संविधान इस प्रकार की स्वतन्त्रताओं को प्रदान करके ही दिव्य मानव समाज की स्थापना करता जान पड़ता है।

वेद का आदेश है-

ओ3म्। यद्वामीमचक्षसा मित्र वयं च सूरयः।
व्यचिष्ठे बहुपाय्ये यतेमहि स्वराज्ये।।

(ऋ. 5/66/6)

इसकी व्याख्या करते हुए स्वामी विद्यानन्द जी तीर्थ अपनी पुस्तक 'स्वाध्याय सन्दोह' में कहते हैं:-

"संसार में क्षुद्र से क्षुद्र कोई ऐसा प्राणी न मिलेगा, जो अपनी गतिविधि में प्रतिबन्ध को पसन्द करे। सभी चाहते हैं कि उनकी गति निर्बाध रहे। वेद में मार्ग के सम्बन्ध में प्रार्थना है कि वह 'अनृक्षरः' अर्थात् काँटों से रहित हो। काँटे मार्ग की बाधा हैं। बाधा से रहित मार्ग प्रशस्त माना जाता है, और प्रशस्त होता भी है। ऐसी स्थिति में स्वराज्य की कामना अस्वाभाविक नहीं, अतः अपराध भी नहीं। जो दूसरे की गतिविधि में प्रतिबन्ध लगाता है, जब कभी उसकी गतिविधि पर प्रतिबन्ध लगता है, तब उसे ज्ञात होता है कि स्वाधीनता स्वतन्त्रता स्वराज्य क्या वस्तु है।"

शोषण के विरूद्ध अधिकार भारतीय संविधान का अनुच्छेद 23 मानव के साथ दुर्व्यवहार और बलात् श्रम की मनाही करता है।

अनुच्छेद 24-14 वर्ष से कम आयु के किसी बच्चे को फैक्ट्री या खान में काम करने के लिए नहीं लगाया जायेगा और न किसी अन्य जोखिम के काम पर लगाया जायेगा।

यह मौलिक अधिकार अंशतः वेद और ऋषि के चिन्तन के अनुकूल है। वैदिक व्यवस्था का समर्थन करते हुए महर्षि दयानन्द इस बात के प्रबल पक्षधर थे कि सभी बच्चों को शिक्षा का समान अवसर उपलब्ध होना चाहिए। किसी के लिए भी शिक्षा का द्वार बन्द न रहने पाये। सभी के लिए अनिवार्य शिक्षा की व्यवस्था की जानी चाहिए। क्योंकि बच्चे किसी भी राष्ट्र की अमूल्य धरोहर होते हैं। उनके व्यक्तित्व का पूर्ण विकास करना अथवा व्यक्तित्व के विकास के लिए पूर्ण अवसर उपलब्ध कराना राज्य का पावन और अनिवार्य दायित्व है। अपने इस पावन और अनिवार्य दायित्व से राज्य को कभी मुंह नहीं फेरना चाहिए। इसलिए किसी भी प्रकार का शोषण न होने देना सुनिश्चित करना भी राज्य का ही दायित्व है।

कॉन्वेंट स्कूल और भारतीय समाज

आजकल की शिक्षा जो हमारे कान्वेन्ट स्कूल दे रहे हैं- ये शिक्षा पूँजीवादी व्यवस्था

की जनक है। पूँजी कमाना विद्यालयों का लक्ष्य है। परिणामस्वरूप बहुत कम बच्चे अच्छी शिक्षा ले पाने में समर्थ हो पाते हैं। अधिकांश अच्छी शिक्षा से वंचित रह जाते हैं। जो बच्चे अच्छी शिक्षा से वंचित रह गये उनका शोषण किसी ना किसी रूप में वही बच्चे करते हैं जो उनके साथ रहकर अच्छी महँगी शिक्षा लेकर आगे बढ़ गये थे।

इस प्रकार आजकल की शिक्षा संवेदना शून्य मानव समाज का निर्माण कर रही है। आप इस बात को यूँ समझ सकते है कि मानो दो बच्चे हैं- एक गरीब का है और दूसरा धनी का है। पहला बच्चा अपनी गरीबी के कारण शिक्षा से वंचित रह जाता है, दूसरा बच्चा पहले बच्चे को पाँचवी छठी कक्षा में छोड़कर ऊँची शिक्षा प्राप्त करता है और आगे चलकर डॉक्टर बन जाता है। तब पहले वाला बच्चा अपने सहपाठी के पास आता है- किसी नौकरी की खोज में। दूसरा बच्चा (जो अब डॉक्टर है) पहले बच्चे को अपना नौकर बनाकर रख लेता है। उससे बलात् श्रम लेता है और वेतन के नाम पर बहुत कम वेतन उसे देता है। ये है आज की शिक्षा प्रणाली की देन। कॉन्वेंट स्कूल हमारे समाज को इसी प्रकार की विकृत मानसिकता की ओर ले जा रहे हैं।

संवेदनशील मानव समाज का निर्माण

महर्षि दयानन्द सरस्वती जी महाराज संवदेनशील और लोकतांत्रिक समाज का निर्माण करने के समर्थक थे। अनिवार्य शिक्षा के ऋषि के सिद्धान्त को हमारे द्वारा अपनाया जाना चाहिए। वास्तविक अर्थों में शोषण तभी समाप्त होगा जब हम संवेदनशील मानव समाज का निर्माण करने में सफल हो जायेंगे। संविधान के इस मौलिक अधिकार का शीर्षक संवेदनशील मानव समाज की स्थापनार्थ शोषण के विरूद्ध अधिकार होना चाहिए। इतना होने से इस संवैधानिक अधिकार का मन्तव्य स्पष्ट हो जायेगा। वर्त्तमान शीर्षक इस अनुच्छेदों का मन्तव्य स्पष्ट नहीं कर रहा है।

स्वामी अग्निवेश लिखते हैं- "महर्षि (दयानन्द) अनिवार्य शिक्षा के तथा शिक्षा के क्षेत्र में राजकीय हस्तक्षेप के समर्थक थे। समाजवाद का मूल सिद्धान्त है सबको उन्नति के समान अवसर प्रदान करना। इस दिशा में अनिवार्य शिक्षा का एक महत्वपूर्ण कदम है, पर इसके साथ ही यह भी आवश्यक है कि विद्यार्थी के शिक्षाकाल का सम्पूर्ण व्यय राष्ट्र वहन करे और सभी विद्यार्थियों को बिना किसी भेदभाव के समान सुविधाएँ निःशुल्क प्राप्त हों। इस सम्बन्ध में निर्देश करते हुए महर्षि तीसरे समुल्लास के प्रारम्भ में कहते हैं कि (पाठशाला में) सबको तुल्य, वस्त्र, खान-पान, आसन दिये जायें, चाहे वह राजकुमार या राजकुमारी हो, चाहे दरिद्र की सन्तान हो, सबको तपस्वी होना चाहिए।"

वर्त्तमान में पूँजीवादी व्यवस्था में हम देखते हैं कि अमीरों के बच्चे तो पब्लिक स्कूलों में या कान्वेन्ट्स में जाते हैं, बाद में वे विदेशों में भी जाकर उच्च शिक्षा प्राप्त करते हैं, और

जीवन में उन्नति करते जाते हैं। जबकि दूसरी ओर गरीब माता-पिता के बच्चे बचपन से ही अपने माता-पिता के साथ मजदूरी करते हैं, और यदि वे पढ़ने भी जाते हैं तो फीस, पुस्तक व्यय आदि के अभाव में उनकी पढ़ाई रूक जाती है, उनकी योग्यता कुण्ठित हो जाती है, और अपनी अविकसित प्रतिभा के कारण वे जीवन की दौड़ में अभिजात वर्ग के युवकों से पिछड़ जाते हैं। इस विषमता को मिटाने का यही रास्ता है कि सब बच्चों के लिए शिक्षा अनिवार्य तथा निःशुल्क हो, ताकि उनकी योग्यताओं के विकास का उन्हें समुचित अवसर मिल सके।"

सरकारी नीति दोषपूर्ण

आज देश की सरकारों की नीतियाँ दोषपूर्ण हैं। शिक्षा के क्षेत्र में क्रांतिकारी परिवर्तन करने की आवश्यकता है जिसके लिए परिवर्तन करने वाले लोगों का भी वैदिक चिंतन होना अनिवार्य है। इन नीतियों के कारण अनिवार्य शिक्षा का सपना साकार नहीं हो पाया है। गरीबों के बच्चों को शिक्षा से वंचित रखने वाली व्यवस्था ने जिस प्रकार अपना शिकंजा कसा है, उससे निर्धन और भी निर्धन होता जा रहा है जबकि धनी और भी धनी होता जा रहा है। ये सामाजिक विषमता कृत्रिम है, जो मानव का मानव द्वारा शोषण करने की नीति का ही परिणाम है। इसीलिए वैदिक व्यवस्था और महर्षि दयानन्द सबको अनिवार्य शिक्षा दिलाने के समर्थक हैं। इस प्रकार की शिक्षा व्यवस्था से ही हर प्रकार के शोषण का अन्त होना सम्भव है।

धार्मिक स्वतन्त्रता का अधिकार

भारतीय संविधान का अनुच्छेद 25 अन्तःकरण की और किसी भी धर्म को मानने, आचरण करने और प्रचार करने की स्वतन्त्रता प्रदान करता है। अनुच्छेद 26 धार्मिक कार्यों के प्रचार की स्वतन्त्रता प्रदान करता है। अनुच्छेद 27 किसी व्यक्ति को कोई ऐसा कर देने के लिए विवश न करने की व्यवस्था करता है कि जिसके लेने से किसी विशेष पंथ को बढ़ावा या प्रोत्साहन मिले। किसी ऐसी शिक्षण संस्था में जिसका कुल खर्च राजकोष से चलता हो धार्मिक शिक्षा का प्रबन्ध न करने की व्यवस्था अनुच्छेद 28 करता है।

संविधान के ये अनुच्छेद वास्तव में सर्व सम्प्रदाय समभाव की नीति के उद्घोषक हैं। राजनीतिज्ञों ने चाहे इस नीति के जो अर्थ निकाले हों परन्तु इनके पीछे का सत्य यही है कि सभी लोगों में पारस्परिक सौमनस्यता बनी रहे। इसका अर्थ है कि हम सम्प्रदाय को लेकर झगड़ें नहीं और समाज में किसी भी प्रकार की वैमनस्यता को जन्म न दें। हमारा दृष्टिकोण ऐसा हो कि हम 'मानवता' के न्यूनतम सांझा कार्यक्रम को निर्धारित कर मानव समाज के निर्माण के लिए सक्रिय और सचेष्ट रहें। यह वैदिक उदात्त भावना ही इन संवैधानिक अनुच्छेदों की आदर्श है।

हमारे लिए प्राप्तव्य क्या है?

मानव के लिए मुख्य बात है अन्तःकरण की शुद्धता और पवित्रता की प्राप्ति कर जीवन को मोक्षाभिलाषी बनाना। अन्तःकरण की शुद्धता ईश्वरीय ज्ञान, ईश्वरीय चिन्तन और ईश्वरीय वाणी के अध्ययन से ही सम्भव है। वेद और सृष्टि नियमों के अनुकूल चलने वाला व्यक्ति किसी भी प्रकार के विज्ञान, किसी साम्प्रदायिक सोच या मान्यता को बाधित नहीं करता। मानव भीतर से पवित्रता का अनुभव करता है। ऐसा पवित्र हृदयी व्यक्ति किसी व्यक्ति विशेष की शिक्षाओं से प्रभावित होकर किसी सम्प्रदाय को मानने वाला हो सकता है, परन्तु उसका हृदय संकुचित नहीं हो सकता। वह ज्ञान की निर्मल धारा में गोते स्वयं तो लगायेगा ही साथ ही अन्य लोगों को गोते लगाने के लिए प्रेरित भी करेगा। अन्तःकरण की इसी पवित्रता से सर्व सम्प्रदाय समभाव का सृजन होगा। जिसकी अन्तिम परिणति होगी-सम्प्रदायों का नितान्त अभाव और एक धर्म (मानवता) की स्थापना। सभ्य समाज की निर्मिती के लिए इसी आदर्श को हमारे यहाँ प्राचीन काल से ही 'प्राप्तव्य' माना गया। संविधान के उपरोक्त प्राविधान भी इसी दृष्टिकोण से रखे गये। इन संवैधानिक प्राविधानों का निहित अर्थ यही है। परन्तु इन्हें यहाँ सम्प्रदायों के बाहरी स्वरूपों को और भी अधिक पैना करने के लिए प्रयोग किया गया है। जिससे हम अन्तःकरण की अपवित्रता से भरकर असभ्य समाज का निर्माण कर रहे हैं। साम्प्रदायिक वैमनस्य की दीवारें गिरी नहीं हैं अपितु और भी ऊँची हो गयी हैं। जिनके भीतर मानव और उसका अन्तःकरण छंटपटा रहे है। 'पिंजरे के पंछी रे तेरा दर्द न जाने कोय' वाली कहावत चरितार्थ हो रही है। मानवता बिलख-बिलख कर रो रही है। अस्तु।

ऐसा क्यों हो रहा है?

क्षितीश वेदालंकार जी लिखते हैं:- "सबसे अधिक गड़बड़ी धर्म और मज़हब (सम्प्रदाय) तथा पंथों और सम्प्रदायों को एक ही समझने की भूल से हुई है। धर्म न रिलीजन है, न मजहब है, न पन्थ है, न सम्प्रदाय। धर्म तो ऐसे शाश्वत सिद्धांतों का नाम है, जिनसे मानव जाति परस्पर सुख और शान्ति से रहती हुई जीवन को ऊँचाई की ओर ले जा सके। धर्म नैतिकता और आचरण प्रधान है, मान्यता प्रधान नहीं। धर्म व्यक्ति केन्द्रित नहीं है, सदाचार केन्द्रित है। धर्म बाह्य आडम्बर या कर्मकाण्ड नहीं। वह व्यक्ति का अपने सारे समाज को व्यवस्थित रखने का आदर्श है। धर्म का नाम धर्म है ही इसलिए कि वह सारी प्रजा को धारण करता है- "धर्मो धारयते प्रजाः।" इसके साथ ही जनेऊ, तिलक, दाढ़ी, चोटी या बुरका, या खतना या कोई भी बाहरी चिन्ह धर्म का अंग नहीं है। वे विशिष्ट वर्गों की पहचान की निशानियाँ हो सकती हैं, परन्तु उनका धर्म से कोई वास्ता नहीं है। इसीलिए

नीतिकारों ने यह भी स्पष्ट कहा है- न लिंगंधर्म कारणम्।- "कोई बाहरी चिन्ह धर्म का कारण नहीं होता।"

महर्षि दयानन्द इसी प्रकार की आदर्श सामाजिक व्यवस्था के प्रतिपादक और पक्षधर थे। कदाचित यही उद्देश्य हमारी संविधान सभा के अधिकांश सदस्यों द्वारा इन अनुच्छेदों को संविधान में रखवाने का था। सैमेटिक सम्प्रदायों की विखण्डनवादी सोच और नीतियों को वह लागू नहीं करना चाहते थे, अपितु इन्हें विलीन करना चाहते थे। सम्भवतः हम संविधान की भावना को समझ नहीं पाये। यही कारण है कि पिंजरे का पंछी (संविधान की आत्मा) पीड़ा से तड़प रहा है।

महर्षि दयानन्द के विचार

महर्षि दयानन्द देश में एक मत, एक विचार, एक भाषा, एक धर्म के विचार को लागू करना चाहते थे। वह मूर्ति पूजा को विभिन्न मत, पन्थ और सम्प्रदायों की जननी मानते थे। यही कारण था कि देश में एकता का अभाव होकर विभिन्नताऐं उत्पन्न हो गयीं। संविधान के उपरोक्त अनुच्छेद अपनी मूल भावना के अनुरूप इन विभिन्नताओं को यद्यपि समाप्त करना चाहते हैं, परन्तु इन अनुच्छेदों से ऐसा भी प्रतिध्वनित होता है कि जैसे ये अनुच्छेद ही विभिन्नताओं में 'एकता' तलाशने की गलती हमसे करा रहे हैं। इसका अभिप्राय है कि ये अनुच्छेद स्वयं में अस्पष्ट हैं। जैसे अनुच्छेद 25 आपको किसी भी धर्म को अपनाने की छूट देता है। इससे लगता है कि धर्म बहुत से होते हैं, और आप उनमें से जिसे चाहें उसे अपने लिए चुन सकते हैं। यदि इस अनुच्छेद में धर्म के स्थान पर कोई सम्प्रदाय या पूजा पद्धति अपनाने की छूट देने की बात कही जाती तो बात समझ में आ सकती थी। मूर्ति पूजा को विश्व के बड़े-बड़े विद्वानों ने लोगों में परस्पर विभाजन कराने वाली कहा है।

इसीलिए महर्षि दयानन्द ने सत्यार्थ प्रकाश में लिखा- "मूर्ति पूजा सीढ़ी नहीं किन्तु एक बड़ी खाई है, जिसमें गिरकर मनुष्य चकनाचूर हो जाता है, पुनः उस खाई से निकल नहीं सकता, किन्तु उसी में मर जाता है।"

महर्षि का मानना था- "जिन मत मतान्तरों को मैं छिन्न भिन्न करना चाहता हूँ, उनकी जड़ ही मूर्ति पूजा है और जब तक जड़ न काटी जाये वह सम्भव नहीं कि केवल शाखों के काटने से पाप रूपी वृक्ष उखड़ जाये।"

धर्म की स्वतन्त्रता का अर्थ भी हमें महर्षि दयानन्द से ही ठीक ठीक मिलता है। उन्होंने कहा है- "जो पक्षपात रहित न्यायाचरण, सत्य भाषणादि युक्त, ईश्वराज्ञा वेदों से अविरूद्ध है, उसको धर्म और जो पक्षपात सहित अन्यायाचरण, मिथ्या-भाषणादि, ईश्वराज्ञा भंग वेद विरूद्ध है, उसको अधर्म मानता हूँ।"

महर्षि दयानन्द जी के इस कथन से स्पष्ट होता है कि धर्म की स्वतन्त्रता का अर्थ है पक्षपात रहित न्यायपूर्ण आचरण करने के लिए सबको स्वतन्त्र छोड़ना। सम्प्रदाय, जाति, वंश, क्षेत्र, प्रान्त, भाषा, लिंग आदि पूर्वाग्रहों से ग्रस्त होकर जो न्याय (वास्तव में अन्याय) दिया जाता है, उसे न करना ही धर्म की स्वतन्त्रता है। यदि इसके विपरीत हमारा आचरण है तो समझना चाहिए कि हम धर्म की हत्या कर रहे हैं या धर्म का गला घोंट रहे हैं।

संविधान के उपरोक्त अनुच्छेदों का यदि यही अर्थ निकाला जाये तो ये अनुच्छेद वेद के आदेश और महर्षि के सन्देश का अक्षरशः पालन करते कराते प्रतीत होते हैं। हम धार्मिक कार्यों का प्रबन्ध करें तथा किसी भी व्यक्ति या व्यक्ति समूह को उत्पीड़ित, शोषित या अपमानित न करें। जिन लोगों ने अपने-अपने साम्प्रदायिक शासन काल में एक दूसरे सम्प्रदाय को या उसके मानने वालों को मिटाने के दृष्टिकोण से उनसे धार्मिक कर लिया, उनका वह कृत्य अशोभनीय था, यह परम्परा अब लोकतांत्रिक युग में समूल नष्ट होनी अपेक्षित है।

सार्वभौम धर्म और संप्रदाय

हमारा संविधान मानवतावाद का पोषक है। वह किसी भी सम्प्रदाय या व्यक्ति को समाप्त करने की धमकी नहीं देता, न ही ऐसा करने के लिए किसी एक व्यक्ति या व्यक्ति समूह को आदेशित करता है। संविधान हमें कदम-कदम पर हर व्यक्ति और व्यक्ति समूहों के हितों की रक्षा करता हुआ प्रतीत होता है। यह दृष्टि वेदों की देन है। जो इस देश की माटी की सोंधी सुगन्ध में इस प्रकार रच बस गयी है कि उसे इससे अलग नहीं किया जा सकता। भारत के इस मानवतावाद ने भारत में एक सार्वभौम धर्म की स्थापना करायी। यह सार्वभौम धर्म (सारे भूमण्डल के प्राणियों के साथ पक्षपात रहित न्यायपूर्ण आचरण करने वाला) वैदिक धर्म ही है। महर्षि दयानन्द कहते हैः- "चूँकि ईश्वर एक है, अतः धर्म भी एक है, और ये वेद धर्म है। पाँच हजार वर्ष पूर्व वैदिक धर्म के अलावा और कोई धर्म नहीं था।" महर्षि दयानन्द जी का मानना था- "मैं ऐसे धर्म में विश्वास करता हूँ जो सार्वभौम है और जिसके सिद्धान्त सभी मनुष्य सत्य रूप में स्वीकार करते हैं।"

सम्प्रदाय इस सार्वभौम धर्म के रूप में छद्मवेश धारण करके हर समय मानव और मानव समाज का अहित करते रहे हैं। सम्प्रदाय व्यक्ति की मिथ्या महत्वाकांक्षाओं, निहित स्वार्थों और स्वमताग्रही स्वभाव के कारणं जन्म लेते हैं। इसलिए ये मूलतः किसी अन्य सम्प्रदाय का अहित करने के लिए ही जन्म लेते हैं। सार्वभौम धर्म व्यक्ति के अन्तःकरण को शुद्ध और पवित्र रखता है। इसी धर्म से अनुप्राणित राष्ट्रधर्म (राजनीति) भी लोगों को उन्नत मानव समाज का निर्माण करने के लिए अनुप्रेरित करता है। इसलिए ऐसे सार्वभौम धर्म की स्थापना करना और उसे भारतीय राजनीति का आदर्श बना देना हमारे संविधान

का वास्तविक उद्देश्य जान पड़ता है। भारत की वर्तमान दिशाहीन और पथभ्रष्ट राजनीति को वेदसंगत भारतीय संविधान की इस भावना का सम्मान करना चाहिए।

मोक्ष का साधन धर्म है

धर्म का अर्थ करते हुए वेद कहता है:-

"इन्द्रो जातो मनुष्येष्वन्तर्धर्मस्तप्तश्चरति शोशुचानः।"

(अ. 4/11/3)

"मनुष्यों में उत्पन्न होकर, अत्यन्त दीप्तिमान होकर तपस्या करता हुआ इन्द्र-जीव जब विचरता है, तब वह धर्म है, अर्थात् मनुष्य योनि में आकर ज्ञान, वैराग्य, और तप से युक्त जीव धर्म कहलाता है।"

इस प्रकार स्पष्ट हुआ कि अन्तःकरण की पवित्रता शुचिता पूर्ण तपस्वी जीवन की प्रतिपादक है। ज्ञान, वैराग्य और तप ये मोक्ष के साधन हैं। मोक्ष मानव जीवन का परम ध्येय है। वेद ने आगे कहा है-

धर्मस्य तपसा व्रतेन यशस्यवः।

(अ. 4/11/6)

अर्थात् तपस्वी वैराग्यवान, जीव का यशस्विता पूर्ण जीवन इस प्रकार इहलोक और परलोक दोनों की व्यवस्था को सुव्यवस्थित करता है। धर्म विकृतियों को, विसंगतियों को और प्रत्येक प्रकार की विषमताओं को चुन-चुनकर समाप्त करता हैं। ऐसे धर्म की स्वतन्त्रता यदि हमारा संविधान हमें प्रदान करता है तो समझो कि ऐसा संविधान जीवन प्रदायक ही नहीं अपितु मोक्षप्रदायक भी कहा जायेगा। तप अशुद्धि का नाश करता है। तप हमें उच्चतम दिव्यता और महानता प्रदान करता है और यह तप हमें 'धर्म' से प्राप्त होता है। द्वन्द्वों को सहन करना और उनके बीच रहकर भी अपने कर्त्तव्य पथ पर आरूढ़ रहना ही तपस्वी जीवन का प्रतीक है। ऐसे उत्कृष्ट मानवीय समाज की रचना करना हमारे संविधान का उद्देश्य है, इसीलिए संविधान ने व्यक्ति को धर्म की स्वतन्त्रता प्रदान की है। आज संविधान की इस वेदसंगत भावना को इसी अर्थ और सन्दर्भ में ग्रहण करने की आवश्यकता है। यजु. (12-46) में कहा गया है:-'ऊर्ध्व चितः श्रयध्वम्।'

अर्थात् "हे मनुष्यों! तुम उन्नत चेतना वाले बनो।" इसका अभिप्राय है कि हम उन्नत धर्मशक्ति वाले बनें।

❐

अध्याय-9

पंचायती-व्यवस्था

जो लोग भारत के लिए लोकतंत्र को ब्रिटेन या पश्चिमी देशों की देन बताते हैं, उनकी यह भी मान्यता है कि भारत में पंचायती व्यवस्था भी विदेशों से ही आई है, जबकि ऐसा नहीं है। भारत के प्राचीन राजनीतिशास्त्रियों और मनीषियों ने ऐसी सुंदर पंचायती व्यवस्था की स्थापना की थी कि उसे आज की कथित पंचायती व्यवस्था छू भी नहीं पाई है। भारत के संविधान में भी पंचायती व्यवस्था अपनाई गई है।

भारतीय संविधान का अनुच्छेद 40 व्यवस्था करता है-

"राज्य ग्राम पंचायतों का संगठन करने के लिए कदम उठायेगा और उनको ऐसी शक्तियाँ और प्राधिकार प्रदान करेगा जो इन्हें स्वायत्त शासन की इकाइयों के रूप में कार्य करने योग्य बनाने के लिए आवश्यक हों।"

पंचायती व्यवस्था प्राचीनकाल में भारत में लोकतन्त्र की रीढ़ थीं। इनके राजनीतिक अधिकार तो थे ही साथ ही सामाजिक और न्यायिक अधिकार भी पंचायतों को प्राप्त थे। आज के परिवेश में भारत की राजनीति को इस बात पर विचार करना चाहिए कि जिस प्रकार न्यायालय में छोटे-छोटे विवादों का देर लग चुका है उनके निपटारे के लिए पंचायत को अधिकृत किया जाए। यह बात भी समझने की है कि अंग्रेजों ने अपनी न्यायिक व्यवस्था को मान्यता दिलाने के लिए भारत की प्राचीन पंचायती न्यायिक प्रणाली को समाप्त करने का बीड़ा उठाया था। स्वाधीनता के पश्चात भारत की प्राचीन पंचायती व्यवस्था को उसके मौलिक स्वरूप में लागू करने की आवश्यकता थी। अंग्रेजों की मान्यता थी कि भारत की पंचायतें यदि सुदृढ़ रहेंगी तो भारत पर उनका शासन करना कठिन हो जायेगा। जब प्रशासन अत्याचारी लोगों के हाथों में होता है और न्याय व्यवस्था ईमानदार और न्यायशील लोगों के हाथों में होती है तो निर्णय अत्याचारी प्रशासनिक व्यवस्था के विरुद्ध आने निश्चित होते हैं। इससे बचने के लिए अंग्रेजों ने न्यायिक व्यवस्था को भंग कर उसका भी विदेशीकरण कर दिया। इसलिए भारत की युवा पीढ़ी में भारत के प्राचीन शासनादर्शों तथा संस्थानों के

प्रति वितृष्णा का भाव उत्पन्न करना अंग्रेजी शासकों का प्रथम कर्तव्य बन गया था। अतः उन्होंने भारत की इस अनुपम राजनीतिक व्यवस्था की प्रथम ईकाई को समूल नष्ट करने में कोई कमी नहीं छोड़ी।

राज्य की शक्तियों का विकेन्द्रीकरण

वेद व्यक्ति की स्वतन्त्रता के उद्घोषक हैं। आधुनिक राजनीतिक मनीषियों का मानना है कि व्यक्ति की स्वतन्त्रता की रक्षा तभी सम्भव है जब राज्य की शक्तियों का विकेन्द्रीकरण हो। यदि राज्य की शक्तियाँ केन्द्रीभूत हैं और एक व्यक्ति अधिनायक होकर कार्य करता है तो व्यक्ति की स्वतन्त्रता संकट में पड़ जायेगी। इसलिए वैदिक काल में राष्ट्रचिन्तक ऋषियों ने वास्तविक प्रजातन्त्र की अवधारणा का सूत्रपात करते हुए पंचायती राज्य व्यवस्था का शुभारम्भ किया था। उन्होंने राज्य की शक्तियों का विकेंद्रीकरण भी किया। आज के विश्व समाज में विभिन्न देशों के संविधान यदि शक्तियों के विकेंद्रीकरण की बात करते हैं तो यह विचार मूल रूप में भारत के राजनीतिशास्त्रियों का है।

ऋ. 10/62/11 में कहा गया है:-

सहस्रदा ग्रामणीर्मा रिषन्मनुः सूर्येणास्य यतमानैतु दक्षिणा। यहाँ ऋषि ग्राम प्रधान (ग्रामणी) के प्रजा के प्रति कल्याण भावना से ओत-प्रोत होने की बात कह रहा है। ऋषि का कहना है कि ग्राम प्रधान प्रभूत धन देने वाला सहस्रदा मनु है। उसकी दक्षिणा सूर्य से प्रतिद्वन्द्विता करे। कहने का अभिप्राय ये है कि जिस प्रकार सूर्य सभी लोगों पर बिना किसी भेदभाव के अपनी किरणों को बिखेरता है, उसी प्रकार ग्रामणी प्रत्येक व्यक्ति और ग्रामवासी के प्रति स्नेहासिक्त हो तथा उसके हृदय में किसी के प्रति भी द्वेषभाव न हो। जैसे सूर्य की किरणें सबके लिए जीवन प्रद हैं, उसी प्रकार ग्राम प्रधान सबके लिए जीवनप्रद हो।

यह सुंदर उत्तम और उत्कृष्ट व्यवस्था हृदय से हृदय को जोड़ती थी। इसमें शोषण के लिए रंचमात्र भी स्थान नहीं है।

ग्राम प्रधान दक्षिणादाता होता है। उसके रहते हुए कोई ग्रामवासी भूखा नंगा नहीं रह सकता था। हम देखते हैं कि स्वतन्त्रता पूर्व तक हमारे देहात में परम्परा से ऐसी व्यवस्था कार्य करती रही। यद्यपि उस व्यवस्था को शासन का कोई सहयोग या आशीर्वाद प्राप्त नहीं था। परन्तु फिर भी कानून से अनभिज्ञ भारतीय जनता प्राचीन काल से चली आ रही अपनी ही शासन व्यवस्था से स्वयं शासित होती रही। लोग छोटी-छोटी बात के लिए पंचायत (ग्राम संसद) में जाते और ग्राम पंचायत उसकी समस्या का तर्क संगत समाधान उसे दे देती। स्थानीय स्तर पर कार्यरत इस न्याय संसद के कई लाभ थे। कितने ही स्थान पर ऐसी पंचायती व्यवस्था आज भी चल रही है। यद्यपि कई स्थानों से ऐसे संदेश भी मिलते रहते

हैं कि पंचायत ने अपनी सीमाओं से बाहर जाकर किसी वर्ग विशेष के व्यक्ति को दंडित किया। हमारा मानना है कि इसमें सुधार की आवश्यकता है। उनका क्षेत्राधिकार निश्चित किया जाना चाहिए। साथ ही पंचायत में न्याय करने के लिए ऐसे लोगों को नियुक्ति दी जाए जिनकी ईमानदारी असंदिग्ध हो।

पंचायती व्यवस्था की उपयोगिता

भारत की प्राचीन न्याय पंचायत व्यवस्था के कई लाभ थे। एक तो ये था कि लोगों में इस व्यवस्था के प्रति संस्कारावशात श्रद्धा होने के कारण पाप या हिंसा वृत्ति के प्रति एक भय रहता था। लोगों को डर रहता था कि मेरी गलत बात का यदि पता चल गया तो समाज क्या कहेगा? समाज से इसलिए व्यक्ति डरता था कि समाज नैतिकता का व्यवस्थापक था। धर्म की व्यवस्था का समर्थक था। समाज उसी व्यक्ति के कार्यों की प्रशंसा करता था जो प्रशंसनीय कार्य करता था। पापी व्यक्ति को समाज संरक्षण नहीं देता था। दूसरे, इस प्रकार की व्यवस्था के कारण लोगों में अनावश्यक वाद-विवाद, और कलह-कटुता का वातावरण विकसित नहीं होता था।

स्थानीय स्तर पर ही समस्या का समाधान हो जाने से न्याय में विलम्ब नहीं होता था। इसलिए तीसरा लाभ ये था कि सस्ता और सुलभ न्याय जनता को मिलता था। चौथे, शीघ्र न्याय मिल जाने से लोगों में परस्पर घृणा का व्यापार विस्तार नहीं होता था। जिससे सामाजिक परिवेश स्वस्थ और स्वच्छ रहता था। यही कारण था कि वेद ने ऐसे ग्राम प्रधान को 'नरपति' की संज्ञा दी थी।

ऋ. 10/107/5 में कहा गया है:-

"तमेवमन्येनृपतिंजनानांय:प्रथमोदक्षिणामाविवाय।"

अर्थात् "जिसने पहले दक्षिणा आरम्भ की उसे ही मैं लोगों का नरपति मानता हूँ।" महर्षि दयानन्द वेद की इसी प्रकार की आदर्श व्यवस्था के पुनरोद्धारक थे। मध्य काल में पहले मुस्लिम शासकों ने और उनके पश्चात अंग्रेजों ने अपनी शासन व्यवस्था को सुदृढ़ता देने के लिए ग्राम पंचायतों के अधिकार समाप्त कर दिये, उनके निर्णयों की वैधानिकता को समाप्त कर दिया था। उनका यह कार्य भारत के प्राचीन वैभव को उजाड़ना था। जब देश स्वाधीन हुआ तो इन उजड़े हुए वैभव स्थलों को उनकी गरिमा लौटाना हमारा राष्ट्रीय दायित्व था, परंतु ऐसा किया नहीं गया।

स्वामी दयानंद जी का विचार...

यह अलग बात है कि इसके उपरांत भी भारत में पंचायतों की यह प्रणाली संस्कारावशात

कार्यरत थी। महर्षि दयानंद जी लोकतन्त्र के इस वास्तविक स्वरूप को स्थापित करने के पक्षधर थे कि प्रत्येक व्यक्ति को हमारे विकास के सम्पूर्ण अवसर उपलब्ध हों। भारत के सुदूर देहाती आंचल में बसे भारतीयों को शोषण मुक्त, भयमुक्त, और अपराधमुक्त समाज देने के लिए महर्षि ने जो स्वराज्य चिन्तन किया, वह इसी प्रकार की वेद-व्यवस्था के अनुरूप ही था।

महर्षि दयानन्द सरस्वती जी महाराज ने स्तुति-प्रार्थना-उपासना के जिन

8 वेद मंत्रों का चयन किया है उनमें 8 वाँ मन्त्र हैं:-

अग्ने नय सुपथा राये अस्मान् विश्वानि देव वयुनानि विद्वान। युयोध्यस्मज्जुहुराणमेनो भूयिष्ठान्ते नमः उक्तिं विधेम्॥

(यजु. 40/16)

इसकी व्याख्या करते हुए महर्षि दयानन्द लिखते हैं:- "हे! स्वयं प्रकाशक ज्ञानस्वरूप सब जगत के प्रकाश करने हारे, सकल सुखदाता परमेश्वर! आप जिससे, सम्पूर्ण विद्यायुक्त हैं, कृपा करके हम लोगों को विज्ञान वा राज्यादि ऐश्वर्य की प्राप्ति के लिए अच्छे धर्मयुक्त आप्त लोगों के मार्ग से सम्पूर्ण प्रज्ञान और उत्तम कर्म प्राप्त कराइये और हमसे कुटिलतायुक्त पापरूप कर्म को दूर कीजिए। इस प्रकार हम लोग आप की बहुत प्रकार की स्तुति रूप, नम्रता पूर्वक प्रशंसा सदा किया करें और सर्वदा आनंद में रहें।"

यहाँ राष्ट्रवासी दो बातें कह रहे हैं-

एक तो विज्ञान वा राज्यादि ऐश्वर्य की प्राप्ति के लिए अच्छे धर्मयुक्त आप्त लोगों के मार्ग से सम्पूर्ण प्रज्ञान और उत्तम कर्म प्राप्त कराने की तथा दूसरे कुटिलतायुक्त पापरूप कर्म को दूर कराने की। ये दोनों बातें ही स्वराज्य की आधारशिला हैं। विज्ञान या राज्यादि का ऐश्वर्य तभी चिरस्थायी रह सकता है, जबकि हम अच्छे धर्मयुक्त आप्त लोगों के मार्ग के अनुयायी हों, क्योंकि अच्छे धर्मयुक्त आप्त लोग सर्वहितरक्षक स्वभाव के होते हैं। समाज तभी उन्नत होगा जब कुटिलतायुक्त पापरूप कर्मों के प्रति सबको घृणा होगी।

इस प्रकार भारत में स्वराज्य के आधारभूत इन तत्वों को यदि पंचायती राज्य व्यवस्था के संधारकों और संचालकों पर भी लागू करके देखा जाये तो ज्ञात होता है कि इस मन्त्र में भी वास्तविक स्वराज्य का चिन्तनबीज छिपा पड़ा है। इस स्वराज्य का अन्तिम लक्ष्य एक शान्तिप्रिय और सर्वहित रक्षक समाज का निर्माण करना है तो भारत के संविधान के उक्त अनुच्छेद का लक्ष्य भी ऐसे ही समाज की संरचना करना है। जब हम घर में या किसी आर्य समाज में या किसी भी संस्था में यज्ञ हवन करते हैं तो स्वामी जी महाराज द्वारा नियत किए

गए स्तुति प्रार्थना उपासना के इन 8 मंत्रों में से प्रत्येक मंत्र का भावार्थ बोलते हैं, परंतु यह बोलने तक ही सीमित रह जाता है। क्योंकि हम इन पर चिंतन नहीं करते अन्यथा तो आज की पूरी व्यवस्था पर प्रश्नचिह्न लगाने के लिए यह एक मंत्र ही पर्याप्त है।

'हमें हृदयहीन व्यवस्था नहीं चाहिए'

हमें अध्यात्म की सरल, सरस और सहृदयी व्यवस्था चाहिए। क्योंकि ऐसी व्यवस्था ही एक मानवतावादी विश्व समाज का निर्माण करा सकती है। हमारे संविधान ने जिस पंचायती राज्य व्यवस्थां का लक्ष्य अपने समक्ष रखा उसके लिए हृदयहीन राजनीति (धर्म शून्य राजनीति) मानव की स्वभावतः दुर्बलताओं का सूक्ष्मता से विवेचन करने में सर्वथा असफल रही। इस राजनीति ने राजनीति के धर्म को और धर्म की राजनीति के मर्म को नहीं समझा। इसीलिए भारत वर्ष में हम वैसा पंचायती राज्य स्थापित नहीं कर पाये जैसा इस देश की संस्कृति और समाज के दृष्टिगत अपेक्षित था।

हमने पदलोलुप स्वार्थी और राजनीतिक स्वार्थों के कारण समाज को आपस में लड़ाने वाले लोगों को राजनीति के शुष्क हृदय के साथ सत्ता लिप्सा के कारण लड़ते-झगड़ते देखा है। यही स्थिति ग्राम्य स्तर पर है। यदि इसे भारतीय संस्कारों के अनुसार वेदानुकूल बना दिया जाये तो तभी इस अनुच्छेद की सार्थकता है जो भारत में पंचायती राज्य की व्यवस्था की उद्घोषणा करता है।

स्वामी जी महाराज जिस प्रकार की वेद प्रतिपादित राजनीतिक, सामाजिक और आर्थिक व्यवस्था चाहते थे, उसकी ओर स्वाधीनता उपरांत की शासन सत्ता ने विचार नहीं किया। पूरे देश का ध्यान अपने प्राचीन वैभव से हटाकर 'पश्चिम की ओर चलो' पर केंद्रित कर दिया। जिस पश्चिम ने हमारे देश का सदियों तक शोषण किया था, नागरिकों के मौलिक अधिकारों को छीन लिया था, हमारी पहचान को मिटाने का हर संभव प्रयास किया था, उसका उपाय तो स्वामी दयानंद जी महाराज के चिंतन के अनुसार 'वेदों की ओर लौटो' के भाव में निहित था। जबकि हमें उल्टा पश्चिम की ओर चलो का नारा पढ़ाया जाने लगा। उसी का परिणाम है कि आज व्यवस्था में सर्वत्र दुर्गंध ही दुर्गंध दिखाई दे रही है।

आज की पंचायती व्यवस्था को फिर से उसकी गरिमा लौटाना समय की आवश्यकता है। यद्यपि हमारा संविधान पंचायती व्यवस्था का प्राविधान करता है, परंतु उस प्राविधान का भारतीयकरण और विशेष रूप से वैदिकीकरण किया जाना अभी शेष है। इसके लिए ऋषि दयानंद जी द्वारा स्थापित संस्था आर्य समाज को आगे आना होगा। आर्य समाज कोई वर्ग या संप्रदाय नहीं है। यह तो एक आंदोलन है। यह एक आह्वान है। एक क्रांति है। जिसे

हर उस दुर्गंधपूर्ण व्यवस्था के विरुद्ध आवाज उठानी है, जिसे स्वामी दयानंद जी महाराज अपने जीवन काल में सुगंधि से भरने के लिए कार्य करते रहे थे।

❒

अध्याय-10

अनुसूचित जाति, जनजाति की अवधारणा नितान्त भ्रामक

भारत में जाति व्यवस्था के लिए मनु महाराज को दोषी ठहराने की प्रवृत्ति मुसलमानों और अंग्रेजों के शासनकाल में आई। जिसे कम्युनिस्टों, कांग्रेसियों, मुसलमानों, ईसाइयों आदि वर्गों के भारत विरोधी लेखकों ने हाथों-हाथ लिया और धड़ाधड़ यह दुष्प्रचार करना आरंभ किया कि भारत को जातियों के नाम पर लड़ाने वाला केवल मनु है। जबकि सच्चाई यह है कि भारतीय समाज में अनुसूचित जाति और अनुसूचित जनजाति शब्दों की उत्पत्ति अंग्रेजी काल से आयी है। जिन्होंने भारतीय समाज में सुधार के स्थान पर बुराई को अपने पक्ष में भुनाने का प्रयास किया।

इससे पूर्व महाभारत युद्ध के पश्चात् भारत के पराभव के काल में भारत में जाति-व्यवस्था का श्रीगणेश हुआ। उस जाति-व्यवस्था ने भारत के एक बहुत बड़े समाज को 'अछूत' बना दिया। यह भावना सचमुच मानवता के प्रति एक अपराध ही था। मनुष्य की ये ऊँच-नीच की व्यवस्था प्राकृतिक और स्वाभाविक नहीं है, अपितु कृत्रिम है। जिसका कोई वैज्ञानिक आधार नहीं है। वेद, उपनिषद् और अन्य आर्षग्रन्थों में कहीं भी व्यक्ति व्यक्ति के मध्य जन्म के आधार पर विभेद करने या मनुष्य समाज को जातीय आधार पर ऊँच नीच में विभाजित करने का संकेत तक नहीं है। जिन लोगों ने अपना स्वार्थ साधने के लिए बाद में ऐसा कहीं इन ग्रन्थों में जोड़ा तो यह इन लोगों की सोच हो सकती है, परन्तु वह उक्त ग्रन्थों की मौलिक भावना कदापि नहीं कही जा सकती। अंग्रेजों ने यदि भारत के पिछड़े, अति पिछड़े, दलित शोषित उपेक्षित समाज के लोगों के लिए कुछ भलाई का कार्य किया तो वह प्रशंसनीय तो है परंतु उन्होंने यह कार्य केवल उन लोगों की सहानुभूति प्राप्त कर अपने शासन को मजबूत करने के लिए किया। इसका उद्देश्य भारतीय समाज में जातियों के आधार पर पड़ी फूट की भावना की खाई को और चौड़ा करना था। जबकि एक

अच्छे शासक की विशेषता यह होती है कि वह समाज में किसी भी प्रकार के मतभेदों की खाई को चौड़ा न होने दे सबको न्याय दे और सब के साथ न्यायपूर्ण व्यवहार करे।

डॉ. राजेंद्र प्रसाद का मत

भारत के प्रथम राष्ट्रपति डॉ. राजेन्द्र प्रसाद ने सोमनाथ मन्दिर के उद्घाटन के अवसर पर कहा था- "अतीत पर दृष्टिपात करने का एकमात्र प्रयोजन उन तत्वों को समझना है, जिन्होंने ऐतिहासिक उथल-पुथल के बावजूद हमें एक राष्ट्र के रूप में जीवित रखा है। अपने अतीत का अध्ययन करने का और कोई प्रयोजन नहीं हो सकता।"

यदि हम भारत के अतीत का अवलोकन करें तो हमारे यहाँ वर्ण व्यवस्था थी। जिसमें व्यक्ति अपने कैरियर (व्यक्तित्व के निर्माण) के लिए कोई न कोई व्यवसाय चुनता था। कैरियर शब्द आजकल अधिक प्रचलित है, इसलिए हमने यहाँ जानबूझकर यह शब्द प्रयुक्त किया है। कैरियर का चयन आज भी एक बड़ी समस्या है और एक चुनौती भी। भारतीय समाज ने प्राचीन काल में इस कैरियर को एक 'वर्ण' नाम दिया। आप अपने जीविकोपार्जन के लिए अपनी योग्यतानुसार जो चाहें वर्ण चुन सकते थे। ब्राह्मण, क्षत्रिय, वैश्य और शूद्र ये चार वर्ण थे।

'तब सभी सवर्ण थे'

आज 'सवर्ण' उच्च जाति के लोगों को कहा जाता है। वास्तव में ऐसा कहा जाना हमारी अज्ञानता है। संसार का कोई भी व्यक्ति किसी न किसी कर्म कार्य (वर्ण) को अपने जीवन व्यापार के लिए चुनता है। इसलिए हर व्यक्ति 'सवर्ण' है। वर्ण से युक्त होना अथवा वर्ण से सहित होना ही 'सवर्ण' कहलाता है। इस दृष्टिकोण से शूद्र भी 'सवर्ण' है। सवर्ण का अर्थ किसी न किसी वर्ण से सहित होना ही है। शूद्र भी सवर्ण है, क्योंकि वर्ण तो उसका भी है। किसी भी ऊँची जाति के व्यक्ति को ही सवर्ण कहना अनुचित है। अतः यदि सवर्ण एक अच्छा शब्द है तो यह प्रत्येक मानव के लिए है न कि किसी विशिष्ट व्यक्ति या विशिष्ट समुदाय के लोगों के लिए है।

सवर्ण को सही अर्थ और सही संदर्भ में समझने की आवश्यकता है। इसे व्याकरणिक दृष्टिकोण से यदि समझने का प्रयास किया गया तो सवर्ण के नाम पर चलने वाला द्वेष भाव समाप्त हो जाएगा।

"ब्राह्मणवादी सोच घातक रही"

जिन लोगों ने स्वयं को ऊँचा घोषित किया और अन्य जातियों से अपनी सेवा-सुश्रूषा कराने का पूरा प्रबन्ध किया, उनकी यह सोच 'ब्राह्मणवादी सोच' के रूप में आजकल

मानी, जानी और पहचानी जाती है। यद्यपि प्रत्येक ऐसा व्यक्ति जो समाज के लिए ज्ञान दान कर रहा है, स्वभावतः संसार के लोगों के लिए पूजनीय और वन्दनीय बन जाता है, परन्तु गलती तब होती है जब कोई व्यक्ति स्वयं को केवल इसलिए पूजित कराना चाहता है कि वह किसी विशिष्ट परिवार और वंश में उत्पन्न हुआ होता है। महानता और पूजा वन्दन किसी विशिष्ट परिवार की 'बपौती' नहीं होती है। जो लोग इसे अपनी बपौती मानते हैं, वे धर्म का भी राजनीतिकरण करते हैं और उसे वंश परंपरा से जोड़कर अपने आप को धर्माधीश घोषित कर देते हैं। पैतृक संपत्ति मानकर राज भोगने की सोच जिन लोगों की रही और जिन्होंने राजसत्ता संभाल कर लोगों पर अत्याचार किया, उनसे भी अधिक पापी वे लोग रहे जिन्होंने धर्माधीश के पद को भी अपनी पैतृक संपत्ति बना लिया।

पूजनीय व्यक्ति की निजी योग्यता होती है और वह जिस किसी के भी भीतर है उसे पूजित होना ही चाहिए। डॉ. भीमराव अम्बेडकर जैसी प्रतिभाएँ इसलिए ही सम्माननीय हैं। जिन्हें हम किसी जाति विशेष से बाँधकर नहीं देख सकते। इनकी अपनी आभा है और अपनी प्रतिभा है, जो सम्मानित होनी ही चाहिए।

शंकराचार्य जी क्या कहते हैं...

"एक बार शंकराचार्य जी ने अपने लेख में लिखा कि वेदों के अनुसार यदि नीची जाति का कोई व्यक्ति किसी मन्दिर में चला जाये तो मन्दिर दूषित हो जाता है। उनका कहना था कि इस प्रकार प्रेतात्माऐं मन्दिर की मूर्तियों में प्रवेश कर जाती हैं, और जब इन मूर्त्तियों की पूजा की जाती है तो वे आत्माएँ अधिक शक्तिशाली हो जाती है। उसके परिणाम स्वरूप संघर्ष क्रोध और घृणा की भावनाऐं बढ़ती हैं, जिनसे रोग, अव्यवस्था, बाढ़, सूखा, दुर्भिक्ष, तथा भूचाल जन्म लेते हैं। इस प्रकार लोगों को विनाश का सामना करना पड़ता है।"

हमें इस बात को कहने में कोई संकोच नहीं है कि ऐसी सोच मानवीय नहीं थी। वास्तव में सच ये है कि इसी प्रकार की सोच के कारण भारत में एक बहुत बड़ा वर्ग उपेक्षित और उत्पीड़ित जीवन जीने के लिए विवश हो गया। कालान्तर में समाज की मार झेलता हुआ यही समाज सब प्रकार से विकास में पिछड़ गया। आज इसी समाज को हम अनुसूचित जाति, अनुसूचित जनजाति या अन्य पिछड़ा वर्ग के नाम से जानते हैं। मुसलमानों और अंग्रेजों के शासनकाल में इन लोगों को पहले मुस्लिम और बाद में ईसाई बनाने में भी कोई विशेष कठिनाई का सामना विदेशी शासकों को करना नहीं पड़ा। जो लोग पहले से ही अपने समाज में उपेक्षित थे, उन्हें दूसरे समाज में या मजहब में ले जाकर सम्मान दिलाने का भरोसा देकर ही उन लोगों की आत्माएं खरीद ली गई।

बाबू जगजीवन राम का मत

हमारे संविधान ने इन लोगों की पहचान 'जाति' लगाकर की हैं, यह समाज की एक विसंगति को और भी अधिक प्रोत्साहित करने वाली भावना है। वास्तव में 'जाति' शब्द किसी भी वर्ग के लोगों को उन्नति के समान अवसर देते समय भी प्रयुक्त नहीं करना चाहिए। बाबू जगजीवनराम जी लिखते हैं- "जब तक जातिवाद को पूर्णतया निर्मूल नहीं कर दिया जाता, भूमि का नये सिरे से बँटवारा नहीं होता, और अछूत कहे जाने वाले इन लोगों को बराबर के अवसर नहीं दिये जाते, तब तक भारत फलफूल नहीं सकता। मैं यह भी समझता हूँ कि जाति सूचक नाम और उपाधियाँ अपने नाम के साथ लगाने पर प्रतिबन्ध लगा देना चाहिए।"

बाबू जगजीवन राम का यह विचार बहुत ही विचारणीय है कि भारत के आर्य लोगों को अपने नाम के पीछे जातिसूचक नाम और उपाधियां नहीं लगानी चाहिए। सरकार को इस संबंध में विशेष प्रयास करना चाहिए।

स्वामी दयानंद ने किया था सचेत

महर्षि दयानन्द ने भारतीयों को जाति सूचक नामों के दुष्परिणामों से बहुत पहले सचेत किया था। इसलिए उन्होंने मानव को सर्वप्रथम मानव बने रहने के लिए प्रेरित किया और सबसे कहा कि अपने नाम के पीछे आर्य (एक मानव जाति का प्रतीक शब्द) लगाओ! महर्षि की यह देन बड़ी अनुपम थी। इस शब्द के माध्यम से वह राष्ट्रीय एकता का ताना-बाना बुन रहे थे। समाज में यदि विखण्डन है तो राष्ट्र में विखण्डन स्वयं ही हो जायेगा। इसलिए राष्ट्र के विखण्डन को रोकने के लिए समाज के विखण्डन को रोकना आवश्यक है। इसीलिए उन्होंने हमसे कहा कि सब 'आर्य' बन जाओ। जातिवाद स्वयं समाप्त हो जायेगा। उनकी मान्यता थी कि एक देव, एक देश, एक वेश और एक गणवेश के उपासक बन जाओ, राष्ट्रीय एकता स्वयमेव आ जायेगी।

बाबू जगजीवन राम जी इस प्रयोग में लिखते हैं- 'मैं इस विचार से पूर्णतः सहमत हूँ कि जाति, कबीला, नस्ल या सम्प्रदाय पर आधारित समूहों की आज के युग में कोई सार्थकता नहीं रही और आधुनिक मानव को मानवीय संस्कृति अपनी थाती में मिली है।... मैं बताना चाहता हूँ कि जातिवाद और छुआछूत को समाप्त करने के लिए कौन से कार्य करने आवश्यक हैं। छुआछूत जाति के सन्दर्भ में ही है। यदि जाति का उन्मूलन कर दिया जाता है तो छुआछूत अपने आप समाप्त हो जायेगी और किसी के मन में छूत और अछूत का विचार भी नहीं रहेगा।"

स्वतन्त्रता के उपरान्त भारत सरकार ने 'अस्पृश्यता निवारण' अधिनियम लागू किया,

परन्तु जाति उन्मूलन अधिनियम जैसा कोई कानून नहीं बनाया। जाति को नेताओं ने बड़ी चतुराई से अपनी राजनीति करने के लिए अलग से सुरक्षित रख लिया, इसी में उन्होंने 'आरक्षित' और 'अनारक्षित' समाज की कल्पनाओं में सपने बनाये बुने और उधेड़े। यह सर्वमान्य सत्य है कि उनकी कल्पनाओं के सपने जितने अनुपात में बुने गये उतने ही अनुपात में भारतीय राष्ट्रवाद पर मकड़ी का जाल फैलता गया और उसके चित्र को और चरित्र को धुंधला करता चला गया।

आज का भारत इसी धुँधलके में से झाँककर अपने भविष्य को देख रहा है- पर उसे स्पष्ट कुछ नहीं दीख रहा है। वास्तव में पिछड़ी जाति, अनुसूचित जाति या अनुसूचित जनजाति की अवधारणा नितान्त भ्रामक हैं। राज्य की कृपा का पात्र व्यक्ति होना चाहिए। आधुनिक युग में शोषण के लिए पनपे नये सामन्ती समाज का वर्चस्व तोड़ने के लिए यह और भी आवश्यक है कि हम भ्रान्तियों के शिकार न हों। आज सरकारी कार्यालयों तक में कर्मचारियों के जातीय समूह या गुट मिल जाते हैं। ये लोग निःसन्देह एक दूसरे से जातीय द्वेष भाव रखते हैं, और उनकी यह भावना उनकी कार्य क्षमता पर भी निश्चित रूप से घातक प्रभाव डालती है। आरक्षण की व्यवस्था को भीख मान लिया गया है और आरक्षण के माध्यम से आगे बढ़े व्यक्ति को दया का पात्र मानकर 'बेचारा' माना जाता है। हमें चाहिए कि हमारी सरकारें उपेक्षित और शोषित समाज के बच्चों की प्रतिभा का विकास करें और उनकी योग्यता को समाजोपयोगी स्वरूप देकर उन्हें उन्नति और विकास का रास्ता दिखायें। इसके लिए 'आरक्षण' के किसी पचड़े की आवश्यकता नहीं है, अपितु योग्यता के विकास के लिए कुछ ठोस और सकारात्मक उपाय खोजने और कार्य करने की आवश्यकता है।

राज्य का आदर्श ये होना चाहिए कि प्रत्येक व्यक्ति की-

- प्रतिभा सम्मानित होगी।

- योग्यता वन्दनीय होगी।

- गरिमा का ध्यान रखा जायेगा।

तब क्या होगा? इसका उत्तर वेद इस प्रकार देता है-

"इडा सरस्वती मही तिस्रो देवीर्भयो भुवः।" (अथर्व. 12/3/11) "मातृभूमि, मातृसंस्कृति और मातृभाषा ये तीनों सुखकारक हो सकती हैं। हमारा संविधान इसी मानवीय दृष्टिकोण का पोषक है कि हमारी मातृभूमि, मातृसंस्कृति और मातृभाषा सबके लिए सुखकारक हों। इसके लिए आवश्यक है कि राजा शोषक का पोषक न हो, अपितु उसको नष्ट करने वाला हो। अथर्व. (2/19/3) में आया है:-

"यो नः स्वो यो आरणःअस्मां अभिदासति।"

अर्थात् जो हमारा सम्बन्धी या पराया हमें दबाता हो, रूद्र राजा उसे नष्ट कर दे।"

शासन की नीतियों में दुष्ट दलन सर्वोपरि होना चाहिए। क्योंकि जिस समाज में दुष्टता का प्रचलन होता है, वह समाज कभी उन्नति नहीं कर पाता। संविधान, संवैधानिक व्यवस्था तथा लोकतंत्र और लोकतांत्रिक व्यवस्था केवल दुष्ट दलन के लिए ही अपनाए जाते हैं। यदि किसी संविधान के रहते हुए दुष्टों का प्राबल्य किसी देश या समाज में रहता है तो ऐसा संविधान नकारा होता है और ऐसी संवैधानिक मशीनरी अथवा तंत्र भी नकारा ही होता है।

सचमुच शासन की नीति ऐसी ही होनी चाहिए, शासन शोषण में नहीं अपितु पोषण में विश्वास रखता हो, भक्षण में नहीं अपितु रक्षण में आस्था रखता हों। हमारी ऐसी मानवीय सोच यदि बन जाय तो हमें ज्ञात होगा कि जातिवाद और जातिवाद का भ्रम हमारे लिए कितना घातक है।

❒

अध्याय-11

राज्य की कार्यपालिका और मन्त्रालय

भारत का राष्ट्रपति संविधान के अनुच्छेद 77 की उपधारा (3) के अन्तर्गत प्रधानमंत्री की सलाह पर मंत्रालय की स्थापना करता है तथा प्रत्येक मंत्री को कार्य सौंपता है।

भारत वर्ष में कार्यपालिका की अवधारणा बहुत प्राचीन है। भारत के राजनीतिक इतिहास और वेदों की राजनीतिक व्यवस्थाओं से अनभिज्ञ लोगों ने भारत में मंत्रिमण्डल के बारे में यह मिथ्या धारणा विकसित की है कि मंत्रिमण्डल का बनाया जाना भारत ने अंग्रेजी काल से सीखा व समझा है।

भारत के संदर्भ में यह समझने की आवश्यकता है कि जब सबसे पहले राजनीतिक व्यवस्था महर्षि मनु के समय में संपूर्ण भूमण्डल पर भारत में विकसित हुई तो मंत्रिमंडल की व्यवस्था भी यहीं से विकसित हुई समझी जानी चाहिए। विशेष रूप से तब जब इसके बारे में पूरे प्रमाण मनुस्मृति और उसके बाद की स्मृतियों में उपलब्ध हैं। ऐसी स्थिति में पश्चिमी जगत के बारे में यह मानना कि उसने भारत को मंत्रिमंडल बनाने की जानकारी दी, मूर्खता के अतिरिक्त और कुछ नहीं है।

हमें मिथ्या पढ़ाया जाता है कि...

प्रतियोगी परीक्षाओं में सम्मिलित होने वाले विद्यार्थियों के लिए एक ऐसी ही पुस्तक हम पढ़ रहे थे। जिसमें लिखा था कि (सर्वप्रथम) मई 1843 में ईस्ट इण्डिया कम्पनी ने चार विभागों (मंत्रालयों) के मंत्रिमंडल का गठन किया था। जिनमें से गृह विभाग भी एक प्रमुख मंत्रालय था। उस समय इसे नाम दिया गया- गृह विभाग का मंत्रालय। आजादी मिलने पर 1947 में इसका नाम गृहमन्त्रालय कर दिया गया।

भारत के विदेश मंत्री के विषय में हमें पढ़ाया जाता है कि सन 1783 से पहले भारत में विदेश विभाग नहीं था। सन 1784 में अलग से एक विदेश विभाग का गठन किया गया।

सन 1843 में संयुक्त सचिवालय की व्यवस्था समाप्त की गयी। 1914 में इस विभाग का नाम विदेश और राजनीति विभाग कर दिया गया। सन 1956 में बनी अन्तरिम सरकार में विदेश विभाग तथा राष्ट्रमण्डलीय संबंधी विभाग को इस मंत्रालय में रखा गया। मार्च 1949 ई. में इस मंत्रालय का नाम विदेश मंत्रालय रखा गया।

इसी प्रकार वित्त मन्त्रालय के विषय में बताया जाता है कि इस मंत्रालय का उद्भव या विकास सन 1810 से प्रारम्भ हुआ। सन 1860 में भारत सरकार ने एक नवीन योजना के अन्तर्गत वाणिज्य से सम्बन्धित सभी विषय वित्त विभाग को सौंप दिये। स्वतन्त्रता के पश्चात् इस विभाग को वित्त मन्त्रालय का नाम दिया गया।

ये आंकड़े विदेशी इतिहास लेखकों के हैं। जिन्हें यथावत हमारे देशी इतिहास लेखकों ने आँखें मूंदकर यथावत लिखा है। विदेशी इतिहास लेखकों का इन तथ्यों को लिखने का उद्देश्य अपने देश (ब्रिटेन) और जाति को भारतीयों के देश और जाति से उत्कृष्ट सिद्ध करना था, जबकि हमारे वर्तमान इतिहास लेखकों द्वारा इन तथ्यों पर अपनी स्वीकारोक्ति प्रकट करना उनके द्वारा अपने इतिहास के प्रति अरूचि और प्रमाद जनित इतिहास बोध के अभाव को स्पष्ट करता है।

मनुस्मृति, रामायण और महाभारत में मंत्रालयों के नाम उपलब्ध होते हैं, जो कि पश्चिमी जगत की मंत्रिमंडल या लोकतंत्र या शासन व्यवस्था संबंधी अवधारणा से अत्यंत प्राचीन हैं। भारतीय मनीषा को स्थापित करने की दृष्टि से हमें इन ग्रन्थों में उपलब्ध तथ्यों का भी अवलोकन करना चाहिए।

उधारी मनीषा राष्ट्र का विनाश करती है

भारत में प्राचीन काल से ही राजनीतिक संस्थानों का अस्तित्व रहा है। हमें सदा स्मरण रखना चाहिए कि योजना सदा किसी न किसी योजनाकार के द्वारा ही फलीभूत होती है। व्यवस्था किसी व्यवस्थापक के द्वारा, नीति किसी नीतिकार के द्वारा और राष्ट्र किसी राष्ट्रचिन्तक के द्वारा गतिशील होता है। योजना योजनाकार के बिना मर जाती है, व्यवस्था अपने व्यवस्थापक के बिना मर जाती है, नीति अपने नीतिकार के बिना तथा राष्ट्र अपने चिन्तकों के अभाव में मर जाता है। इसलिए योजना से पहले योजनाकार को, व्यवस्था से पहले व्यवस्थापक को और नीति से पहले नीतिकार को हमें स्मरण रखना चाहिए। योजनाकार, व्यवस्थापक और नीतिकार जनक की भूमिका में होते हैं और जनक को कभी भी विस्मृत नहीं करना चाहिए। मूल को भूलना भयंकर भूल करना होता है। पश्चिमी जगत के पास योजनाकार, व्यवस्थापक और नीतिकार का अभाव है। वह स्वयं उधारी मनीषा पर पला है। यह कितना विडम्बनापूर्ण तथ्य है कि जो स्वयं दूसरों की मनीषा पर पला हो,

उसी की मनीषा को वही लोग अपने लिए आदर्श मान रहे हों, जिनकी मनीषा पर वह स्वयं पला है।

राष्ट्र चिन्तन के लिए आवश्यक है कि राष्ट्रचिन्तकों की अपनी भाषा हो, अपनी मेधा हो, अपना मस्तिष्क हो और अपनी मान्यताऐं हों। उधारी मनीषा राष्ट्र का विकास नहीं विनाश किया करती है।

भारत के विषय में तथ्य

हमारे राष्ट्रचिन्तक ऋषि लोग इस बात से भली प्रकार परीचित थे। इसलिए प्राचीन भारत में राजनीतिक संस्थानों का भली प्रकार विकास हुआ। डॉ. उदयशंकर पाण्डेय लिखते हैं- "आधुनिक व्यवस्था के प्रायः सभी कार्य वैदिक एवम् स्मृतिकाल से चले आ रहे हैं। भले ही युग एवम् काल क्रम से होने वाले परिवर्त्तनों के कारण उनके स्वरूप से पुरोहित अमात्य, मंत्री, ग्रामणी, सेनापति, विश्पति, दूत, पंडित, सुमन्त, सचिव प्रधान, प्रतिनिधि, प्राऽविवाक, इत्यादि महत्वपूर्ण थे। इनके अतिरिक्त प्रादेशिक, जनपदीय शासक एवम् विभिन्न विभागों के प्रधान की भूमिका महत्वपूर्ण थी। सभी इकाइयों का एक प्रधान होता था, जो अपने से उच्च इकाई के प्रधान के प्रति उत्तरदायी होता था। इस प्रकार अन्तिम इकाई राजा या राष्ट्राध्यक्ष होता था। अन्य सब सहयोगियों की मदद से व्यवस्थापिका द्वारा प्रतिपादित कानूनों एवम् आदेशों का क्रियान्वयन कराता था। यह व्यवस्था वैदिक काल में भी थी।"

उपरोक्त तथ्यों के रहते हुए यह कहना नितान्त भ्रामक है कि भारत में मन्त्रालयों के विभागों की स्थापना का क्रम अंग्रेजों के द्वारा अमुक समय पर अमुक प्रकार से चलाया गया।

हमें एक बात पर विचार करना चाहिए कि वैदिक धर्म से अलग संसार में अन्य जितने भी मत प्रचलित हैं उनमें से भी अधिकांश मत आस्तिकवादी हैं। वे सब भी मानते हैं कि विश्व की व्यवस्था को चलाने वाली कोई अदृश्य सत्ता है। जिसे वह अपना-अपना नाम देते हैं। अब यदि ऐसी कोई अदृश्य सत्ता है, जो इस दृश्यमान जगत को चला रही है, तो उस अदृश्य सत्ता के विषय में यह मानना कि उसकी सृष्टि में क्रमिक विकास होता है, गलत है। जो शक्ति स्वयं में पूर्ण है, नहीं कह सकते कि उसकी व्यवस्था में पहले दिन यह दोष था, जो अगले दिन शुद्ध किया गया, फिर दूसरे दिन की अमुक अशुद्धि को तीसरे दिन इस प्रकार शुद्ध किया गया और तीसरे दिन की अमुक अशुद्धि को चौथे दिन इस प्रकार शुद्ध किया गया। ऐसा नहीं हो सकता कि बन्दर से विकसित होकर इन्सान बन जाये। बन्दर पहले दिन

भी बन्दर था और इन्सान भी पहले दिन भी इन्सान था और आज भी हैं तथा दोनों आज भी अपने-अपने रूपों में हैं।"

जगज्जनी जगन्नियंता ईश्वर के निर्देश

ऐसी परिस्थितियों में यह नहीं माना जा सकता कि ईश्वर ने सृष्टि बनायी और इस सृष्टि की व्यवस्था के लिए मनुष्य के अन्तःकरण में कोई ज्ञान नहीं दिया। जंगल के लिए जाते अपने बच्चों को माता-पिता भी समझाकर भेजते हैं कि वहाँ इस-इस प्रकार से रहना है, और इस-इस प्रकार से सफल मनोरथ होकर वापस लौटना है। इसी प्रकार की व्यवस्था का और दिशा निर्देशों का जो बच्चा अनुपालन करता है, वह सफल मनोरथ होकर ही जंगल से लौटता है। बस, यही व्यवस्था उस जगज्जनी जगन्नियंता ईश्वर की है। उसने भी संसार रूपी जंगल में भेजने से पूर्व मनुष्य को वेद ज्ञान दिया और उसे दिशा निर्देश दिये कि वहाँ जाकर अमुक-अमुक प्रकार से व्यवस्था बनानी है फिर उस व्यवस्था में अपनी सहभागिता और उपयोगिता सिद्ध करनी है। यदि आप ऐसा नहीं कर पाते हैं तो निश्चय ही आपकी यात्रा में व्यवधान उत्पन्न होंगे, कष्ट आयेंगे जो स्वयं तुम्हारे ही पतन का कारण बनेंगे। तुम रास्ता भटक जाओगे और बीहड़ जंगल के नदी नालों में, गड्ढों में और खन्दकों में ही अटक-भटक कर मर जाओगे। मेरे पास तुम्हारा लौटना तुम्हारा मोक्ष है और संसार के जंगल में भटककर नदी नालों में मर जाना तुम्हारी मृत्यु है।

राजा ईश्वर का प्रतिनिधि क्यों?

इतनी आदर्श व्यवस्था को और ज्ञान शैली को उस विधाता का विधान ही कहा जाता है। यही उसकी विधि है। अतः ज्ञात हुआ कि हमारे पास युगों पूर्व से विधि, विधान और विधाता सभी तो उपलब्ध रहे हैं। उसी विधि को, उसी विधान को मनुष्य ने संसार में एक विधाता (राजा-मंत्री, जन प्रतिनिधि) बनाकर लागू कराना चाहा। इसलिए यह विधाता (राजा) ईश्वर का रूप माना गया। इस विधाता के लिए यह अनिवार्य था कि वह अपने विधि विधान को सृष्टि नियमों के अनुकूल बनायेगा, प्रकृति और ईश्वर प्रदत्त व्यवस्था को वह चलाने के लिए लोक की दी हुई शक्ति के माध्यम से चलाने का प्रयास करेगा। वह तानाशाह नहीं होगा, अपितु ईश्वर का न्यायप्रिय, लोकप्रिय और जनप्रिय प्रतिनिधि होगा। लोक द्वारा प्रदत्त शक्ति का दुरुपयोग नहीं करेगा, अपितु इस भावना को समझेगा कि लोक ने उसे यह शक्ति किस लिए दी है? जब कोई व्यक्ति लोक द्वारा प्रदत्त शक्तियों का हनन जबरदस्ती करता है तो उसे लोग तानाशाह कहते हैं। इसका कारण यही होता है कि उसे लोक द्वारा शक्तियां प्रदान नहीं की गई हैं, बल्कि उसने शक्तियों का अपहरण किया है।

जो स्वयं शक्तियों का अपहरण करने वाला हो, उससे लोक में शांति स्थापित करने की अपेक्षा नहीं की जा सकती। लोक में शांति वही स्थापित कर सकता है जो लोक बनाने वाले ईश्वर का प्रतिनिधि हो। इसलिए वेदों ने राजा को ईश्वर का प्रतिनिधि माना। यह वैदिक धारणा हमें कुछ इस प्रकार बतायी और समझायी गयी है कि जैसे वेदों ने एक मनुष्य की तानाशाही प्रवृत्ति को बढ़ावा देने का सिद्धान्त प्रतिपादित किया और 'राजा' को असीम अधिकारों से सुशोभित कर जनता पर अत्याचार करने के उसे असीम अधिकार प्रदान किये।

भारत की लोकतांत्रिक व्यवस्था

यह अवधारणा सिरे से ही गलत है। ईश्वर न्यायकारी है। यह मत वेदों का है। ईश्वर कल्याणकारी है- यह मत भी वेदों का है। ईश्वर दयालु है, सर्वरक्षक है, कृपालु है, सर्वव्यापक है, सर्वान्तर्यामी है। उसका दण्ड भी अपराधी को सुधारने के लिए मिलता है। वह हिंसक नहीं है, वह अत्याचारी नहीं है, वह दलन, शोषण और उत्पीड़न करके वाला भी नहीं है। अब यदि राजा ईश्वर का प्रतिनिधि है, तो समझो कि उसके भीतर उपरोक्त गुणों का समावेश स्वभावतः समाहित होना चाहिए। उसे ईश्वर की भाँति ही न्यायप्रिय होना चाहिए, वह सर्वरक्षक हो, अपनी प्रजा पर सदा कृपालु रहे, दयालु रहे, अपने गुप्तचरों के माध्यम से जनता में सर्वव्यापक बना रहे। वह दलन, शोषण, और उत्पीड़न के विरूद्ध विधान बनाये और निष्पक्ष व दयालु स्वभाव होकर उस विधान को लागू करे। राजा के लिए यही उचित है। इस सारे कार्य के लिए प्राचीन काल में उसके पास कार्यपालिका होती थी। इस कार्यपालिका के रूप में उसका पूरा मंत्रिमण्डल होता था।

हमारे वर्त्तमान संविधान ने लोकतन्त्रात्मक शासन प्रणाली को लागू करके शासक को जो अधिकार दिये हैं, उसमें भी उससे यही अपेक्षा की गयी है कि वह ईश्वर की भाँति न्यायप्रिय बने। आज हमारे प्रतिनिधि शासकों को जनप्रतिनिधि कहा जाता है। जनप्रतिनिधि का अभिप्राय भी लोकप्रतिनिधि से है, और लोक का संचालन भी लोकनायक (ईश्वर) से होता है।

आज के शासक को जब हम 'लोकनायक' कहते हैं तो उसका अभिप्राय भी ईश्वर के प्रतिनिधि से ही है। महर्षि दयानन्द ऐसे ही लोकनायक शासक के समर्थक थे जो लोक में शान्ति व्यवस्था और जनता की प्रत्येक प्रकार की उन्नति के लिए सदैव प्रयत्नशील रहे। भारत के संविधान का अनुच्छेद 77 ऐसी ही भावना का प्रतिपादन करता है। यह अनुशासन के लिए किसी एक व्यक्ति को सर्वाधिकार नहीं सौंपता अपितु एक व्यक्ति (राष्ट्रपति) को न्यायप्रिय शासन के संचालन के लिए एक कार्यपालिका प्रदान करता है। यह कार्यपालिका

अपने विषयों के विभिन्न विद्वानों से बनती है। जो राष्ट्र की समस्याओं से अवगत होते हैं और जनता को उसकी समस्याओं का समाधान देने में सक्षम होते हैं। इसीलिए इस अनुच्छेद को हम न्यायकारी शासन की स्थापना की दिशा में उठाया गया कदम मानते हैं। जिसे इसी भावना के अनुरूप लागू किया जाना अपेक्षित है।

इसके लिए आवश्यक है कि विधानमंडलों में विभिन्न विषयों के विद्वान लोग ही पहुंचने चाहिए। यही कारण है कि भारत में लंबे समय से चुनाव सुधारों की मांग की जाती रही है। चुनावी प्रक्रिया का लाभ उठाकर अनाड़ी लोग भी विधानमंडलों में पहुंचने में सफल हो जाते हैं। जबकि हमारे लोकतंत्र और हमारे संविधान की भावना विभिन्न विषयों के विद्वानों को विधायिका में भेजने की थी।

❐

अध्याय-12

निर्मम कानून निर्मम समाज बनाता है

भारत का संविधान भारत में विधि का शासन स्थापित करता है। विधि को हमने कानून का पर्यायवाची मानकर स्थापित और व्याख्यायित किया है। जबकि कानून से कुछ बढ़कर है विधि। कानून मानवकृत है। विधि मानवकृत होकर भी सृष्टि के विधायक परमपिता परमेश्वर के सृष्टि विधान का सम्पुँजन है। विधि में भौतिक नियम, उपनियम और मर्यादाऐं ही नहीं हैं अपितु इसमें अध्यात्म विज्ञान और ब्रह्म-विज्ञान के वे सूक्ष्म सूत्र भी समाहित हैं जो मानव की भौतिक और आध्यात्मिक उन्नति के हेतु हैं। विधि का निर्माण ईश्वरीय व्यवस्था को समझने के लिए और उस व्यवस्था में स्वयं ढलकर समाज को उस व्यवस्था में सहज रूप से ढालने के लिए किया जाता है। इस लक्ष्य को प्राप्त कराने में वेद सहायक हैं, इसलिए वेद एक सम्पूर्ण विधि हैं। यही कारण है कि बहुत लोगों का विचार है कि वेद सृष्टि का आदि संविधान है। स्वामी दयानंद जी महाराज भी यही मानते थे।

सांप्रदायिक संविधान

दुर्भाग्यवश देश की स्वाधीनता के पश्चात संसार के आदि संविधान वेद को भुलाने का काम भारत की सरकारों ने किया। वेद की आदर्श व्यवस्था को देश की सरकारों ने मानने से इनकार कर दिया। जिसका परिणाम यह हुआ कि आज वेद नाम के संविधान की व्यवस्था को छद्म धर्मनिरपेक्षता की छद्मवादी अवधारणा डस गयी है। धर्मनिरपेक्षता के नाम पर संसार की श्रेष्ठतम ज्ञान के भंडार वेद को भुला देना भारत के राजनीतिक नेतृत्व की भयंकर भूल मानी जानी चाहिए। मध्यकालीन इतिहास में जब सम्प्रदायों का उद्भव हुआ और भारत पर विदेशी आक्रमणकारी मुसलमानों और अंग्रेजों का शासन स्थापित हुआ तो उन्होंने सर्वप्रथम यही कार्य किया कि हम वेद को मानव जाति का संविधान नहीं मानते

और न ही इसे ईश्वरीय वाणी मानते हैं। इन विदेशी आक्रमणकारी शासकों ने भारत पर अपनी मान्यताओं को थोपने का कार्य आरंभ किया।

उन्होंने अपने-अपने साम्प्रदायिक ग्रन्थ तैयार किये और उन साम्प्रदायिक ग्रन्थों की मान्यताओं और अवधारणाओं को समाज और संसार पर थोपने का अनैतिक और अनुचित कार्य किया। मुसलमानों और अंग्रेजों के शासन को भारत में सांप्रदायिक शासन माना जाना चाहिए। उनमें मानवतावाद दूर-दूर तक भी नहीं था। जब हम भारतवर्ष में धर्मनिरपेक्षता की बात करते हैं तो हमें यह समझना चाहिए कि भारत के संविधान निर्माताओं ने इस प्रकार के सांप्रदायिक शासन को न दोहराने का संकल्प लेते हुए भारत को पंथनिरपेक्ष बनाने का विचार किया था। पंथनिरपेक्षता को धर्म से विलग मानना मूर्खता है।

जब सांप्रदायिक शासन स्थापित हुए तो संसार में सम्प्रदायों के नाम पर बने संविधानों (साम्प्रदायिक ग्रन्थों) को लेकर भारी रक्तपात हुआ। इन संविधानों में विपरीत लोगों पर अत्याचार करने और उन्हें समूल नष्ट करने की बातें कही गयीं। सदियों तक इन कृत्रिम संविधानों के नाम पर होने वाले युद्ध और रक्तपात से संसार थक गया। इसलिए सम्प्रदाय निरपेक्ष संविधान बनाकर उसके आधार पर शासन संचालन करने की वर्त्तमान लोकतांत्रिक अवधारणा ने अपना विकास करना आरम्भ किया। इस व्याख्या ने संसार को किसी सीमा तक तनावमुक्त और युद्ध मुक्त करने में महत्वपूर्ण योगदान भी दिया, परन्तु उतनी सीमा तक सफलता नहीं मिल पायी, जितनी सफलता की आशा की गयी थी। इस असफलता का कारण रहा कि हमने जब साम्प्रदायिक कानूनों को पीछे छोड़कर आगे बढ़ने का निर्णय लिया तो उस समय सृष्टि के आदि संविधान वेद और उसकी व्यवस्था पर विचार नहीं किया गया। उसे एक ओर रख दिया गया। तब तक इस संविधान पर इतनी धूल जम चुकी थी कि साधारण मनुष्य इसे संविधान मानने को भी उद्यत नहीं था। संसार पर महर्षि दयानन्द का अतीव उपकार है कि उन्होंने सर्वप्रथम संसार से 'वेदों की ओर लौटने' का आवाहन किया और मानव को बताया कि संसार की सारी समस्याओं का निदान केवल और केवल वैदिक व्यवस्था को स्थापित करने से ही सम्भव है।

'सामासिक संस्कृति' और भारतीय संविधान

भारत के संविधान ने भारत की वेद प्रतिपादित 'सामासिक संस्कृति' को विकसित करने और विश्व शान्ति की स्थापना करने को अपना लक्ष्य घोषित किया। इसका अभिप्राय था कि अब भारत की शासन व्यवस्था और सामाजिक व्यवस्था को वेद प्रतिपादित व्यवस्था के द्वारा अनुशासित और शासित किया जायेगा। परन्तु ऐसा हुआ नहीं? वेदों को साम्प्रदायिक ग्रन्थ मानकर एक ओर रख दिया गया। फलस्वरूप भारत में 'सामासिक

संस्कृति' के स्थान पर 'साम्प्रदायिक संस्कृति' विकसित होने लगी और विश्व शान्ति की स्थापना की दिशा में बढ़ने का संकल्प लेने वाला भारत स्वयं ही 'अशान्ति' की लपटों में झुलसने लगा।

सांप्रदायिक संस्कृति को बढ़ावा देने वाली धर्मनिरपेक्षता की अवधारणा ने भारत में स्वाधीनता के पश्चात भी अनेक सांप्रदायिक दंगे कराए। अनेक मुद्दों को लेकर हिंदू मुस्लिम झगड़े हुए। कई बार शासन से अपेक्षा की गई कि वह संवैधानिक प्रावधानों के अंतर्गत दोषी पक्ष पर कार्यवाही करेगा। परंतु शासन की नीतियों में दोगलापन रहा और जो वास्तविक दोषी पक्ष था, उस पर कठोर कार्यवाही नहीं की गई।

'कानून का राज'

भारत में विधि का शासन स्थापित न होकर "कानून का राज" स्थापित हो गया है। कानून के राज में भौतिकवाद बढ़ता है, अध्यात्मवाद विखण्डित होता है और ब्रह्मविज्ञान चर्चा तक में भी नहीं आता। आज के भारत की यही विडम्बनापूर्ण स्थिति बन चुकी है। हमने जिस प्रकार के कानूनों से राष्ट्र का संचालन आरम्भ किया है वे अंग्रेजों के समय के ही कानून हैं। कानूनों का निर्माण निर्मम शासकों की निर्मम शासन व्यवस्था के लिए किया गया था। इसलिए इनकी मूल प्रवृत्ति निर्मम है। इसके विपरीत विधि परमपिता परमेश्वर की व्यवस्था पर आधारित होती है। जिसमें कठोरता के साथ-साथ करुणा का भी ध्यान रखा जाता है। कठोरता राक्षस प्रवृत्ति के लोगों के दमन के लिए होती है। जबकि करुणा सज्जन शक्ति के उत्थान के लिए होती है। कठोरता केवल इसलिए अपनाई जाती है कि वह सज्जन शक्ति के मार्ग में अवरोध उत्पन्न न कर सके। इस प्रकार कठोरता भी विधि व्यवस्था में दयालुता का ही नाम है।

कानून और विधि में यही सूक्ष्म-सा अन्तर है। कानून निर्मम बनकर रह गया। जबकि विधि की निर्मल भावना 'नैतिकता' को उपेक्षित कर दिया गया। कानून और विधि में उतना ही अन्तर है जितना सम्प्रदाय और 'धर्म' में अन्तर है। जैसे सम्प्रदाय 'धर्म' की मूल भावना को लील गया उसी प्रकार कानून नीति की मूल भावना को लील गया।

विधि नीति का सौन्दर्यीकरण कर उसे नये आयामों तक पहुँचाती है, जबकि कानून नीति को परिष्कृत और परिमार्जित करने का प्रयास तो करता है पर वह अपने प्रयास में असफल ही रह जाता है। जैसे सम्प्रदाय लाख प्रयास करने के उपरान्त भी 'धर्म' की स्थापना नहीं कर पाता, उसी प्रकार कानून लाख प्रयास करने पर भी 'नीति' की स्थापना नहीं कर पाता। कानून के राज में लोग अनीति के लिए कोई न कोई मार्ग खोजते ही रहते हैं। यह वर्त्तमान भारतीय शासन व्यवस्था की सबसे बड़ी विडम्बना है कि इसने 'विधि' और

‘धर्म’ को संकीर्ण अर्थों में ग्रहण किया है और इनकी सही परिभाषा या व्याख्या करके इन्हें सही स्वरूप में मान्यता प्रदान नहीं की है।

यदि भारत की शासन व्यवस्था में इन दोनों आधारभूत सत्यों को सही समझ लिया जाये और उन्हें यथोचित स्थान प्रदान कर दिया जाये तो निस्संदेह भारत में वास्तविक लोकतन्त्र स्थापित हो जायेगा। हमारा संविधान इस ओर बढ़ना चाहता है, पर उसे कुछ लोगों और राजनीतिक प्रतिष्ठानों के द्वारा रोक दिया जाता है।

‘कानून की निर्ममता’

देश के वर्त्तमान कानून ने देश को एक निर्मम व्यवस्था दी है। हम थोड़ा सा विचार करें भारत की प्राचीन सामाजिक विधिक मान्यता और वर्त्तमान कानून के प्राविधानों पर तो स्थिति स्पष्ट हो जायेगी। हमारी सामाजिक मान्यता रही है कि जब दो भाई अपनी सम्पत्ति का बँटवारा करते थे तो बड़ा भाई कुर्रे बनाता था और छोटा भाई छाँटता था। माता-पिता के प्रति दोनों श्रद्धाभाव से भरे हुए रहते थे, इसलिए उनका हिस्सा सम्पत्ति में रखकर भी उन्हें उपेक्षित नहीं किया जाता था। यह समाज की एक विधि थी।

आज भी लोग किसी भी समस्या के समाधान को खोजने के लिए एक दूसरे से कहते हैं कि कोई ‘विधि’ लगाओ ताकि समस्या का समाधान मिले। विधि का अर्थ है कि कोई न्यायसंगत उपाय खोजो और सोचो, जिससे कि पीड़ित पक्ष स्वयं को सम्मानित अनुभव करे और उसे किसी भी प्रकार से आहत न होना पड़े। कोई भी व्यक्ति यह नहीं कहता कि कोई कानून लगाओ और समस्या का समाधान खोजो।

विधि के अनुसार जब दो भाईयों का बँटवारा उपरोक्त व्यवस्था के अनुकूल होता था तो दो भाईयों में सम्पत्ति के विभाजन को लेकर अधिक वैमनस्य नही बढ़ता था। थोड़ी बहुत बातें हुई और समाधान हो जाता था। कुछ समय के उपरान्त दोनों भाई पुनः एक साथ उठने-बैठने व खाने पीने लग जाते थे। परन्तु आज कल कानून ने विभाजन के वाद के लिए (अब उत्तर प्रदेश भू राजस्व अधिनियम 2006 की धारा 116) जमींदारी खात्मा कानून एवम् भू सुधार अधिनियम की धारा 176/178 की व्यवस्था की है। इस व्यवस्था के अन्तर्गत कई-कई वर्षों तक दो भाईयों में वाद विवाद चलता है, कटुता बढती है, और वैमनस्य के वातावरण में ही कई वर्ष व्यतीत हो जाते हैं। कई बार ये ‘कई वर्ष’ 10 से 20 वर्ष तक भी चले जाते हैं।

जीवन के इतने अमूल्य समय को दो भाई सम्पत्ति के विभाजन को लेकर खो देते हैं। जिसका प्रभाव उनके बच्चों पर पड़ता है, और परिवारों में कलह कटुता का परिवेश बना रहता है। यहाँ तक कि दोनों परिवार एक दूसरे की खुशी और गम में भी सम्मिलित नहीं होते

हैं। एक कुसंस्कार दोनों परिवारों में घुस जाता है और ईर्ष्या व 'घृणा' के रूप में परिवर्तित होकर समय-समय पर दीखता रहता है। कभी कभी ये ईर्ष्या और घृणा का भाव परिवारों में हत्या तक करा देता है।

वर्तमान कानून की देन है ये स्थिति। इसकी स्थिति एकदम एलोपैथी चिकित्सा पद्धति की भाँति है। एलोपैथी में जब कोई डॉक्टर चिकित्सा प्रारम्भ करता है, तो उस व्यक्ति की सामाजिक, पारिवारिक और मानसिक स्थिति की दृष्टगत यह नही सोचता कि इस दवाई के 'साइड इफैक्ट्स' क्या होंगे? फलस्वरूप रोगी स्वस्थ होकर भी अस्वस्थ रहता है। कभी-कभी तो एक बीमारी का उपचार कराके किसी दूसरी बीमारी से भी उसे ग्रस्त हो जाना पड़ता है।

एलोपैथी और आयुर्वेद

यही स्थिति है- कानूनी उपचार की। यह कानून एक वैद्य की सी मानसिकता नहीं रखता जो पहले अपने रोगी की सामाजिक, पारिवारिक और मानसिक स्थिति परिस्थितियों का आंकलन करता है और उसके बाद उसका उपचार आरम्भ करता है। जबकि 'विधि' इसी प्रकार की चिन्तन शैली को लेकर आगे बढ़ती है। उसका लक्ष्य होता है कि दो भाईयों के बीच मतभेद गहराएँ नहीं और 'वैर' तो कदापि स्थापित न होने पाये। क्योंकि 'वैर' एक सामाजिक कैंसर है जो सारे समाज की व्यवस्था को दूषित, प्रदूषित और दुर्गन्धयुक्त बनाता है। इसलिए दो भाईयों की कटुता को बढ़ाना नहीं है, अपितु समाप्त कराके सामाजिक व्यवस्था को सुव्यवस्थित रखना है। इसलिए बड़े भाई से कुर्रा बनवाना और छोटे भाई से छाँट करवाना हमारे समाज की एक आदर्श व्यवस्था थी। पंच बड़ा भाई बना और पक्ष छोटा भाई बना। न्याय की स्थापना के लिए 'न्यायाधीश' ने पक्ष से छाँट करा दी और उस पर अपनी स्वीकृति की मुहर लगा दी। पक्ष सन्तुष्ट और न्यायाधीश बना बड़ा भाई गौरवान्वित-ये है न्याय की सही और सच्ची व्यवस्था। जिसने विरोध को शान्त किया और क्रोध को धूमिल कर दिया। वेद के शब्दों में हमारी विधि थी कि-

मा भ्राता भ्रातरम् द्विक्षतः।
अर्थात् भाई-भाई से द्वेष न करें।

यह द्वेष भाव किस प्रकार न बढ़े या बढ़ने से पूर्व ही समाप्त कर दिया जाये, उसके लिए ही आदर्श व्यवस्था विकसित की गयी कि बड़े भाई को त्याग करना होगा और छोटे को बड़े के 'त्याग का त्याग' करना होगा, अर्थात् छोटा भी न्यायसंगत रूप से जो चीज अपने लिए जितनी लेनी उचित है उतनी को ही लेगा। शेष को सविनय लौटा देगा।

आज का कानून कहता है कि इस प्रकार की उच्च भावनाओं का हमारे यहाँ कोई मूल्य नहीं है। कानून की यह भावशून्यता ही भावशून्य और निर्मम मानव समाज की रचना कर रही है।

आज का 'सभ्य समाज' कथित रूप से सभ्य है। वास्तव में तो वह भावशून्य समाज है। इस भावशून्य समाज का व्यक्तित्व इसकी सभ्यता की ऊँची-ऊँची अट्टालिकाओं में कहीं विलीन और संकीर्ण होकर रह गया है। सिमट कर रह गया है। संकीर्ण और निर्मम समाज को संवेदनशील बनाने का काम संविधान की राजनीतिक, सामाजिक व्यवस्था में होना चाहिए। जब हम व्यक्ति के मौलिक कर्तव्यों की बात संविधान के माध्यम से सुनते हैं तो उनमें हमें कहीं ऐसा कुछ दिखाई देता है जो देश की राजनीतिक और सामाजिक व्यवस्था को संवेदनशील बनाने की ओर काम करता दिखाई देता है।

क्या कानून भावनाओं से नहीं चलता?

यह बात मिथ्या है कि कानून भावनाओं पर नहीं चल सकता। अरे! समाज और संसार को भावनाएँ ही तो चलाती हैं, और आप कह रहे हैं कि भावनाओं से हमारा कोई सम्बन्ध नहीं। यह बात तो सिरे से ही अनुचित है। यह मिथक अंग्रेजों ने यहाँ चलाया। क्योंकि उन्हें भारतीय देशभक्तों को फाँसी लगानी पड़ती थी। जिसे कई बार भारतीय न्यायाधीश ही अपने निर्णयों से सुनाया करते थे। तब भारतीय न्यायाधीशों की भावनाएं अपने देश के लोगों के प्रति अंग्रेजों की इच्छा के आड़े न आने पाएं, इसलिए वह अंग्रेज लोग इस प्रकार की अतार्किक बात कहकर जनता को शान्त किया करते थे। उस समय जनमत की मांग होती थी कि किसी भी देशभक्त भारतीय को फाँसी न लगे-पर जनमत की भावनाओं की अवहेलना करके निर्मम बनाये गये न्यायाधीशों के माध्यम से निर्मम कानून अपनी निर्ममता दिखाता था और आज देश के 'गद्दारों' के लिए देश का जनमत फाँसी माँग रहा है, परन्तु जनमत के प्रति पूर्णतः भावशून्य बना कानून 'गददारों' का संरक्षक बन गया है। बस, आजादी के बाद हमने इतनी ही उन्नति की है।

सारा समाज ही निर्मम और भावशून्य बन गया है- संवेदनाएँ मर गयी हैं और सारी सामाजिक व्यवस्था तार-तार हो चुकी है। आवश्यकता कानून को विधि का रूप देकर उसे समाज के लिए उपयोगी बनाने की है। संविधान ने हमारी प्राचीन न्यायिक और सामाजिक विधियों और नीतियों की घोर अवहेलना की है, देशी सरकार विदेशी कानूनों से राज कर रही हैं। यह स्थिति निश्चित रूप से गलत है।

❐

अध्याय-13

कानून की कठोरता बनाम निर्ममता

प्राचीन भारतीय राजनीतिक व्यवस्था और स्वामी दयानंद जी के चिंतन पर विचार व्यक्त करते हुए मनमोहन कुमार आर्य लिखते हैं:- "ऋषि दयानन्द के अनुसार देश का शासन तीन सभाओं के द्वारा किया जाना चाहिये। इसके पक्ष में ऋषि दयानन्द ने वेदों से प्रमाण भी प्रस्तुत किये हैं। वह तीन सभायें विद्यार्य सभा, धर्मार्य सभा तथा राजार्य सभा होती हैं। ऋषि ने वेद का प्रमाण देकर कहा है कि ईश्वर का ऋग्वेद में उपदेश है कि राजा और प्रजा के पुरुष मिल के सुख प्राप्ति और विज्ञान की वृद्धि के कारक राजा व प्रजा के सम्बन्धरूप व्यवहार के लिये इन तीन सभाओं का गठन व संचालन करें। वह कहते हैं कि यह तीन सभायें बहुत प्रकार के समग्र प्रजा सम्बन्धी मनुष्यादि प्राणियों को सब ओर से विद्या, स्वतन्त्रता, धर्म, सुशिक्षा और धनादि से अलंकृत करें। ऋषि दयानन्द वेद मन्त्र के आधार पर यह भी कहते हैं कि तीनों सभाओं व उनके सभासदों को वेद एवं ऋषियों के वेदानुकूल ग्रन्थों में निर्धारित राजधर्म व व्यवस्थाओं का युद्ध व संग्राम में सेना के साथ मिलकर देश हित को सर्वोपरि रखकर पालन करना चाहिये। सभी सभाओं व सभासदों को इसके सभापति राजा की न्याय व धर्म युक्त व्यवस्थाओं का उत्साहपूर्वक पालन करना चाहिये। ऋषि एक महत्वपूर्ण बात यह भी लिखते हैं कि किसी एक राजपुरुष को स्वतन्त्र राज्य का अधिकार न देना चाहिए किन्तु राजा जो सभापति तदधीन सभा, सभाधीन राजा, राजा और सभा प्रजा के आधीन और प्रजा राजसभा के आधीन रहे। वह कहते हैं कि यदि ऐसा न किया जायेगा और राजवर्ग प्रजा पर शासन करने में पूर्ण स्वतन्त्र रहेगा तो ऐसा राजवर्ग स्वार्थवश राज्य में प्रवेश करके प्रजा का नाश कर सकता है। अकेला राजा स्वाधीन या उन्मत्त होके प्रजा का नाश कर सकता है। इस बात को इस रूप में भी कह सकते हैं कि ऐसा पूर्णरूपेण स्वतन्त्र राजा प्रजा को खाये जाता है, इसलिये किसी एक को राज्य में

स्वाधीन नहीं करना चाहिये। ऋषि दयानन्द जी आगे लिखते हैं कि जैसे मांसाहारी सिंह हृष्ट-पुष्ट पशु को मार कर खा लेते हैं वैसे ही स्वतन्त्र राजा प्रजा का नाश करता है अर्थात् किसी को अपने से अधिक न होने देता, धनवानों को लूट-खूंट अन्याय से दण्ड देके अपना प्रयोजन पूरा करेगा। आजकल की हमारी राजनीतिक व्यवस्था इन नियमों का पालन नहीं करती।"

इसका अभिप्राय है कि राजा निरंकुश नहीं होना चाहिए। तीनों सभाएं जनहित में काम करती रहें, लोकतंत्र और संवैधानिक तंत्र को बचाए रखने के लिए यह आवश्यक है।

कानून को निर्मम नहीं होना चाहिए

सामान्यतः कानून की कठोरता और निर्ममता को एक ही माना जाता है। परन्तु यह भी आजकल के कथित बुद्धिजीवियों की कोरी कल्पना ही है। कठोरता और निर्ममता में भारी अन्तर है। कानून कठोर तो होना चाहिए, परन्तु निर्मम नही। हमारे देश में ही नहीं अपितु विश्व में भी कुछ बातों के जिस प्रकार अर्थ बदले हैं, या उनकी नई-नई परिभाषाऐं अथवा व्याख्याएँ की गयी हैं, उससे उन बातों ने विश्व का अहित ही अधिक किया है।

कानून जब तक कठोर है, तब तक वह विधि की श्रेणी में आता है। विधि, अर्थात् विधाता का बनाया गया श्रेष्ठ विधान। जिसमें दोषी व्यक्ति को दण्ड मिलता है और पीड़ित व्यक्ति को न्याय मिलता है। 'गीता' में भगवान कृष्ण ने कहा है कि प्रत्येक प्रकार के शुभाशुभ कर्म का फल मनुष्य को अवश्य ही भोगना पड़ता है। श्री कृष्ण जी का यह कहना विधि का एक विधान है। जिसे हम संसार में नित्य ही घटता हुआ देखते हैं। कानून का उद्देश्य भी यही होता है कि प्रत्येक अपराधी को या अभियुक्त को या दोषी को उसके किये का फल मिलना चाहिए।

यदि आप किन्हीं दोषी लोगों का या भ्रष्ट लोगों का बचाव केवल इस आधार पर करने लगें कि इससे व्यक्ति के मौलिक अधिकारों का हनन होता है, और यह भी कि कानून को कठोर नहीं होना चाहिए तो यह प्रवृत्ति समाज में अपराध की प्रवृत्ति को और भी बढ़ाने वाली होती है। कानून इस सीमा तक कठोर होना ही चाहिए कि वह दोषी को फाँसी के फन्दे तक पहुँचा दे। यदि कानून में इतनी शक्ति नहीं है कि वह दोषी को फाँसी तक पहुँचा सके, तो ऐसा कानून उपहास का कारण बन जाता है। जिससे अराजकता का जन्म होता है।

कानून एक सुरक्षा कवच है-दलित, शोषित, और उपेक्षित समाज का असहायों का, निर्बलों का और निर्धनों का। संसार से उत्पीड़न, दमन, शोषण और पीड़ा को समाप्त करना कानून का उद्देश्य है। यदि कानून किसी भी प्रकार से उत्पीड़क, शोषक और दमनकारी लोगों का पक्ष पोषण करने लगे तो वह कानून, कठोर न होकर निर्मम हो जाता है। कानून

की कठोरता सदा ही दुष्टों के लिए होती है। इसलिए वह कठोरता न्याय की स्थापना करने वाली होकर कठोरता सी नहीं लगती अपितु उसे कानून की उदारता कहा जाना चाहिए। कानून निर्मम तब हो जाता है जबकि वह दुष्टों का पक्ष पोषण करने लगता है।

दुष्टों का पक्षपोषण और कानून

दुष्टों का पक्षपोषण भ्रष्ट अधिकारियों, जजों और भ्रष्ट व्यवस्था द्वारा दोषी लोगों को दण्ड मुक्त करने से भी हो सकता है। जैसा कि हम वर्तमान में भारत वर्ष में होता हुआ भी देख रहे हैं। इसमें कुछ मानवाधिकारवादी लोगों ने भी अपनी ओर से 'अनुचित प्रयास' किये हैं। उन्होंने कानून की कठोरता को 'सभ्य समाज' के लिए अभिशाप बताया है और उनके इस कथन का हमारे कुछ जजों ने और कानून के व्याख्याकारों ने गलत अर्थ निकाला है। उन्होंने कानून की कठोरता को यदि न्याय की स्थापना के लिए कानून की उदारता कहकर महिमा मण्डित किया होता तो उनकी इस व्याख्या से 'सभ्य समाज' का वास्तव में भला हो सकता था।

जिन लोगों ने अथवा कानून के व्याख्याकारों ने कानून की कठोरता को अनुचित बताया है, उनके कारण समाज में अनाचार और अत्याचार को बढ़ावा मिला है। क्योंकि कानून की कठोरता का उदारता में परिवर्तित होना समाज में आपराधिक प्रवृत्ति के लोगों के भीतर से कानून के भय को निकाल देता है।

असभ्यता का संसार

आलीशान भवनों में रहकर आलीशान जिन्दगी गुजारने वाले 'सभ्य समाज' ने इस प्रकार की कानून की व्याख्या से असभ्य संसार का सृजन करना आरम्भ कर दिया है। जी हाँ, यह कथित सभ्य समाज वही है जहाँ पत्नी को मारकर पति उसका मांस फ्रीज में उबालकर रख देता है और सप्ताहों तक उसे खाता रहता है। जहाँ सामूहिक हत्याऐं होती हैं और व्यक्ति हताशा व निराशा का जीवन व्यतीत करता है। जितने भी दुष्टता के कृत्य इस सभ्य समाज में हो रहे हैं, उतने उस ग्रामीण आंचल में नही है, जिसे हम लोग 'असभ्य समाज' कहते हैं। यदि इस प्रकार के परिवेश को देखा जाए तो यह संसार में अब सर्वत्र ही दिखाई देता है। यहां तक कि भारतवर्ष भी इससे अछूता नहीं हैं। स्वामी दयानंद जी महाराज व्यक्ति के मौलिक चिंतन में वेद को प्रविष्ट करना चाहते थे। वेद के बिना ही वेदना दिखाई देती है। यदि वेद की धर्म प्रेरित व्यवस्थाएं व्यक्ति के भीतर समाविष्ट होतीं तो वह समाज के प्रति अपने कर्तव्यों को समझता। तब जिस प्रकार की अराजकता का वातावरण इस समय बना हुआ है, वह नहीं बन पाता। इस संदर्भ में हमारे संविधान को भी यह स्पष्ट घोषणा करनी चाहिए थी कि स्वाधीन भारत में अपने वैदिक साहित्य को विद्यालयों के पाठ्यक्रम

में लगाया जाएगा, जिससे कि सारा देश मानव निर्माण से राष्ट्र निर्माण के संकल्प को प्राप्त कर सके।

आलीशान भवन और लोक मर्यादा

आलीशान भवनों में रहकर भी जब अपराध हो रहे हैं तो इसका कारण केवल ये है कि आलीशान भवनों ने लोक मर्यादा को अपनी चार दीवारी के बाहर खड़ा कर दिया है, जबकि गाँव की झोंपड़ी लोक मर्यादा को अपने बाहर भीतर सर्वत्र बिखरे देखती है। लोक मर्यादा को नोंचने की खबरें आलीशान भवनों से ही निकलती हैं। जबकि झोपड़ियां लोक मर्यादा का पालन करती हुई देखी जाती हैं। स्वामी दयानंद जी इस लोक मर्यादा को झोपड़ियों से महलों की ओर लेकर आना चाहते थे। इसके लिए संविधान को भी विशेष उपाय करने चाहिए थे।

कानून को विधि का पर्यायवाची इसीलिए माना जाता है कि वह इस 'लोक मर्यादा' का रक्षक होना चाहिए। लोक मर्यादा को तोड़ने वालों को कानून अपना शत्रु माने। आज के कानून के व्याख्याकार लोक मर्यादा के तोड़ने वालों को कानून का शत्रु न मानकर उसे व्यक्ति या समाज का शत्रु मान रहे हैं। यही कारण है कि आज व्यक्ति, समाज और कानून तीनों अलग-अलग धुरियों पर खड़े हैं। जबकि वास्तव में ये तीनों एक दूसरे के लिए हैं। विधि इनका अन्योन्याश्रित सम्बन्ध स्थापित करती है। व्यक्ति की रक्षा कानून और समाज करते हैं और कानून की रक्षा समाज और व्यक्ति करते हैं। इसी प्रकार समाज (लोक मर्यादा को संरक्षित करके) की रक्षा व्यक्ति और कानून करते हैं।

पशुओं की रक्षा करने का वेद का आदेश

वेद ने मनुष्य से कहा- "पशून पाहि।" तू, पशुओं की रक्षा कर। वेद का यह आदेश है। यही उसकी एक विधि है। क्योंकि इस विधि में लोक कल्याण छिपा है। पशुओं की रक्षा करोगे, तो पर्यावरण सन्तुलन बना रहेगा और हमारा जीवन व्यवहार और जीवन व्यापार सभी भली प्रकार चलते रहेंगे। वेद की यह विधि उस व्यक्ति के लिए कठोर हो सकती है जो माँसाहारी हो और माँसाहार को अपना भोजन मानता हो। समाज इस विधि का तब रक्षक होता है, जब तक वह किसी व्यक्ति को माँसाहार नहीं करने देता है। व्यवस्था ऐसे समाज की सामान्य भावना या इच्छा का सम्मान करती है और वह माँसाहारियों को हतोत्साहित तथा शाकाहारियों को प्रोत्साहित करती है। इससे एक वास्तविक 'सभ्य समाज' का निर्माण होता है।

परन्तु आज हम देख रहे हैं कि देश में गो-हत्या निषेध कानून होकर भी कानून के

व्याख्याकारों ने गो-हत्या का कार्य धड़ल्ले से चला रखा है। इससें समाज में सर्वत्र अशान्ति और कोलाहल का साम्राज्य है। कानून की ऐसी व्याख्या की जा रही है कि जिससे कुछ लोगों का या जीवों का जीना तक दूभर हो जाये। यह कानून की निर्मम व्याख्या है। कानून की कठोरता का उपहास करने वाले सभ्य समाज की नाक तले यही कानून कितना निर्मम हो चुका है, इस बात की अनुभूति सम्भवतः उन्हें भी नही है। यह कितना हास्यास्पद है कि मानवाधिकारवादी संगठन कानून की कठोरता की स्थिति को तो समाप्त करने की मांग करते हैं परंतु कानून की निर्ममता की स्थिति को यथावत बनाये रखना चाहते हैं। इससे भारत का संविधान ऐसे निर्मम कानून की व्यवस्था का हामी नहीं है।

भारत का संविधान एक उत्कृष्ट मानवीय समाज की स्थापना करना चाहता है। जिसमें न्याय हो, सद्भावना हो, सम्मैत्री हो, करूणा हो और सबके लिए प्रेम हो। इस उत्कृष्ट मानवीय समाज की स्थापना के लिए कानून को कठोर तो होना पड़ेगा, परन्तु निर्मम नहीं। उसे उन हाथों को रोकना पड़ेगा जो किसी को अपमानित करने के लिए उठते हों या किसी कली को मसलने के लिए सदा मचलते रहते हों। उसे हृदय की पवित्रता को स्थापित करने वाला बनना पड़ेगा। हृदय की पवित्रता के लिए अपेक्षित कठोरता का प्रदर्शन आवश्यक है। यदि इस अपेक्षित कठोरता से मुँह मोड़ने का प्रयास किया गया तो कानून निर्मम हो जायेगा और हमारे हृदयों में सर्वत्र अपवित्रता का वास हो जायेगा।

हमारे प्राचीन राजनीतिक मनीषियों के साथ-साथ स्वामी दयानंद जी का मंतव्य यही था कि कानून की कठोरता दुष्टों के विनाश और सज्जनों के कल्याण के लिए बनी रहनी चाहिए। इसी से हम उत्कृष्ट मानवीय समाज का निर्माण कर सकते हैं। हमारे संविधान निर्माता भी इस बात से सहमत थे कि राक्षस प्रवृत्ति के लोगों का विनाश होना ही चाहिए। यदि इसके उपरांत भी कहीं राक्षस प्रवृत्ति उभरती हुई दिखाई देती रही है तो इसका अभिप्राय है कि शासन की नीतियों में कहीं कमी रही।

महर्षि दयानन्द इसी प्रकार के उत्कृष्ट मानवीय समाज के समर्थक थे। आज के कथित सभ्य समाज को कानून की 'कठोरता' और 'निर्ममता' के मध्य के अन्तर को सही प्रकार समझना होगा, तभी हम अपने संविधान निर्माताओं के सपनों का भारत बनाने में सफल होंगे।

❐

अध्याय-14

सरकारें और न्यायालय इस ओर ध्यान दें

हमारे यहाँ और विशेषतः उत्तर प्रदेश में किसी भूमिधर की मृत्यु के उपरान्त उसकी विधवा 'पत्नी' को कृषि भूमिधरी में हिस्सा देने की व्यवस्था उत्तर प्रदेश जमींदारी उन्मूलन एवम् भू-सुधार अधिनियम में नहीं रखी गयी थी। 1997 में इस प्रकार की व्यवस्था की गयी कि किसी भूमिधर की मृत्यु के उपरान्त उसकी विधवा पत्नी को भी उसकी कृषि भूमि में हिस्सा दिया जायेगा।

जब यह अधिनियम 1951 में लागू हुआ तो उस समय हमारे देश की प्राचीन परम्परा समाज में प्रचलित थी जिसके अनुसार किसी स्त्री को उसके पति की सम्पत्ति में हिस्सा नही मिलता था। ऐसी परम्परा इसलिए थी कि समाज में एक मान्यता थी कि 'माँ' का बँटवारा नहीं किया जायेगा, माँ तो सबकी बराबर है। इसीलिए माँ जिस बेटे के पास चाहे रहे, उसकी सेवा और देखभाल का सभी बेटे समान ध्यान रखेंगे और उसे किसी प्रकार का कष्ट नहीं होने देंगे। यह मान्यता केवल मान्यता नहीं थीं, इसे भारतीय समाज में एक 'विधि' की मान्यता प्राप्त थी और लोग इस विधि को अपने लिए एक नैतिक व्यवस्था मानकर, स्वभावतः पालन किया करते थे। इसीलिए माताओं का सम्मान सुरक्षित रहता था।

'मां का बंटवारा नहीं होगा'- यह हमारा एक संस्कार था और यह संस्कार हमारे परिवार का, समाज का और राष्ट्र का निर्माण करता था। हमारे भीतर संवेदनाएं थीं और संबंधों के प्रति अत्यंत सहज रहने की हमारी प्रवृत्ति थी। इस संस्कार के रहते हुए सन 1951 में सरकार में बैठे लोगों को यह पूरा भरोसा था कि मां को सभी बच्चे समान सम्मान देंगे और उसके लिए किसी प्रकार की कोई कमी नहीं आने देंगे। यह क्या हुआ कि 1997 के आते-आते विधानमंडल में बैठे लोगों को यह लगने लगा कि मां का सम्मान सुरक्षित नहीं है, अब न केवल उसका बंटवारा हो रहा है बल्कि उसको लताड़ा भी जा रहा है। इसलिए

नया कानून आया। ऐसे में इस नए कानून को हमारी प्रगति का प्रतीक ना मानकर दुर्गति का प्रतीक माना जाना चाहिए। माना जाना चाहिए कि इस समय तक आते-आते हम बौद्धिक दुर्गति के शिकार हो गए थे।

स्वामी दयानंद जी महाराज माता-पिता को देवता की श्रेणी में रखते थे। उनके चिंतन को स्वीकार करते हुए भारतीय संविधान को माता-पिता के प्रति इसी प्रकार का दृष्टिकोण अपनाने के लिए सारे देश में एक समान शैक्षणिक व्यवस्था लागू करनी चाहिए थी।

तब बेटियों का सम्मान होता था

जो बात सन 1951 के अधिनियम के समय माता के बारे में थी वही बात किसी ऐसे पिता की पुत्री पर लागू होती थी, जिसका कोई सगा भाई नहीं होता था, तो ऐसी परिस्थिति में उसका हिस्सा उसके चाचा ताऊ अन्य परिजनों पर चला जाता था। लोग-बाग ऐसी बेटी का विशेष सम्मान करते थे और सम्मान के इस भाव को स्वभावतः मानकर चलते थे।

जब लोगों ने माँ का तिरस्कार और ऐसी बेटी का बहिष्कार करना आरम्भ कर दिया तो निर्मम समाज (सभ्य समाज नही) की इस असभ्यता को एक सामाजिक विसंगति मानकर इसे दूर करने के लिए कानून बनाया गया और अधिनियम में अपेक्षित संशोधन कर माँ और बेटी को भी हिस्सा दिलाने की व्यवस्था की गयी।

'तिरस्कार' और 'बहिष्कार' का यह खेल हमारी प्रचलित शिक्षा प्रणाली की देन है। नैतिक शिक्षा से विहीन यह शिक्षा प्रणाली ही वर्तमान के निर्मम समाज की निर्माता है। ऐसी परिस्थितियों में हमारी सरकारों को चाहिए कि वे शिक्षा प्रणाली में व्यापक सुधार करें और उसे नैतिक बनाने का प्रयास करें।

आज स्थिति ये है कि शिक्षा की दिशाविहीनता के कारण समाज निर्मम होता जा रहा है और सरकारें दिन-प्रतिदिन नये-नये कानून बना देने मात्र से ही अपने कर्त्तव्य की इतिश्री मान रही हैं। परिणामस्वरूप न्यायालयों पर वादों का अप्रत्याशित बोझ बढ़ता जा रहा है। क्योंकि नीतिविहीन समाज को आप विधि की नीतिगत और भावनात्मक व्यवस्था से नियंत्रित कर सकते हैं, परन्तु आप उसे कानून की निर्ममता से नियंत्रित नहीं कर सकते। भारत तो आज भी 'धर्म' से नियंत्रित है परन्तु 'इण्डिया' पूर्णतः धर्म विमुख है। सारी अस्त-व्यस्तता और मारा-मारी इसी इण्डिया में ही चल रही है। यदि सारे भारत को हमने 'इण्डिया' बना दिया तो वादों की भरमार कितनी होगी? यह कल्पनातीत बात है। इसलिए हमें अपने गाँवों की प्रचलित व्यवस्था पर विचार करना चाहिए और उसका अनुकरण राष्ट्रीय स्तर पर करना चाहिए।

स्वामी दयानंद की मान्यता

स्वामी दयानंद जी की दृष्टि में वास्तविक राजा कानून ही था। स्वामी जी की मान्यता थी कि "वास्तव में न्यायपूर्ण कानून ही सच्चा राजा है। हाँ; न्यायपूर्ण कानून ही सच्चा धर्म है।"

"केवल कानून ही सच्चा शासक है जो लोगों में व्यवस्था बनाए रखता है। कानून ही उनका रक्षक है। जब सभी लोग गहरी नींद में सो रहे होते हैं, तब कानून जागता रहता है, इसलिए बुद्धिमान लोग कानून को ही धर्म या अधिकार मानते हैं। जब कानून का सही ढंग से प्रशासन किया जाता है, तो यह सभी लोगों को सुखी बनाता है, लेकिन जब इसे न्याय की आवश्यकताओं पर उचित विचार किए बिना गलत तरीके से लागू किया जाता है, तो यह राजा को बर्बाद कर देता है। सही ढंग से प्रशासित कानून सद्गुणों के अभ्यास, धन अर्जन को बढ़ावा देता है और प्रजा की हार्दिक इच्छाओं की पूर्ति सुनिश्चित करता है।"

स्वामी जी की मान्यता थी कि जब राजा को दंडित किया जाए तो उसका दंड सामान्य व्यक्तियों के दंड से हजार गुणा अधिक होना चाहिए। हमारे संविधान ने हमारे सांसदों और विधायकों के लिए जिस शपथ की व्यवस्था की है उसे ये लोग ईश्वर के नाम पर खाते हैं और हजम कर जाते हैं। परन्तु हमारे देश का जनसाधारण भगवान की सौगंध खाकर जिस बात को कहता या करता है, उसे पूरी करने का प्राणपण से प्रयास करता है। यह अन्तर इण्डिया और भारत का है। यदि हम भारत के इस जनसाधारण की परम्परा को देश की परम्परा बना दें और लोगों को स्वभावतः वचन का पक्का होने की शिक्षा देनी आरम्भ कर दें तो न्यायालयों पर वादों का बढ़ता बोझ कम अवश्य हो सकता है।

हमें स्मरण रखना चाहिए कि भ्रष्ट व्यवस्था से भ्रष्ट समाज का और भ्रष्ट समाज से भ्रष्ट व्यवस्था का निर्माण होता है। भारत में व्यवस्था तो अंग्रेजों और उनसे भी पूर्व मुसलमानों के समय से ही भ्रष्ट थी, परन्तु तब समाज उतना भ्रष्ट नहीं था, जितना आज है। आजादी के बाद समाज अधिक भ्रष्ट हुआ, क्योंकि आजादी के बाद दिशाविहीन शिक्षा प्रणाली का प्रचलन अधिक हुआ। आज भ्रष्ट समाज से निकलकर जो लोग न्यायाधीश बन रहे हैं वे भी भ्रष्टाचार से विमुख नहीं हो पा रहे हैं। इसलिए न्यायालयों में भी 'न्याय' और 'अन्याय' का कई बार गुड़ गोबर सा हुआ लगता है। सारी संवैधानिक व्यवस्था तार तार हो गयी है।

सामाजिक संघर्षों का उद्देश्य क्या है?

हमारे समाज में जितने भी आन्दोलन होते हैं, उनका उद्देश्य निर्धन वर्ग को लाभ पहुँचाना दिखाया जाता है, जबकि वास्तव में ऐसा होता नहीं है। आन्दोलन चाहे राजनीतिक हों, चाहे सामाजिक सभी का उद्देश्य किन्हीं विशिष्ट लोगों या विशिष्ट वर्ग को

लाभ पहुंचाना होता है। यदि ये लोग प्रसन्न हैं तो जनसाधारण के हितों की चिन्ता फिर किसी को नहीं होती? वास्तव में सामाजिक आंदोलन छद्म संघर्ष हैं। जिनकी अनुमति संविधान नहीं देता परंतु शांतिपूर्ण धरना प्रदर्शन करने की अनुमति संविधान अवश्य देता है। विकृत मानसिकता के लोग इसी का लाभ उठाकर समाज में संघर्ष की भावना को बलवती करते हैं। हमारी प्राचीन राजनीतिक व्यवस्था में इस प्रकार के सामाजिक आंदोलन को अर्थात् छद्म संघर्ष को किसी भी स्थिति में स्थान न देने की व्यवस्था रही है। स्वामी दयानंद जी महाराज इस प्रकार के सामाजिक आंदोलन को राष्ट्र के लिए घातक मानते थे। उनकी स्पष्ट मान्यता थी कि छोटी-छोटी बातों पर जब तनाव बढ़ता है तो वह पारस्परिक फूट में बदल जाता है, जिसका लाभ दूसरे लोग उठाते हैं।

गैस सिलेंडर के लिए मारामारी

बात आप रसोई गैस की ही लें। एक छोटे से कस्बे में भी लगभग पच्चीस तीस हजार गैस कनेक्शन होते हैं। इसका अभिप्राय है कि गैस की संबंधित एजेन्सी पर प्रतिदिन लगभग एक हजार उपभोक्ताओं का दबाव गैस के लिए रहता है। परन्तु उसका समाधान नहीं हो पाता है। (सन 2010 तक यही स्थिति बनी हुई थी) कारण होता है जनसाधारण के लिए झूठी लड़ाई लड़ने वाले नेताओं और कथित सामाजिक कार्यकत्ताओं का कार्य व्यवहार। एक ही गैस एजेन्सी पर ऐसे बहुत से उपभोक्ता (ऊँची पकड़ वाले लोग) पर्याप्त होते हैं, जिन्होंने बीसियों झूठे गैस 'कनैक्शन बनवा रखे होते हैं। उनसे वह अपना 'व्यापार' करते हैं। गैस की चोरी करके उसकी ब्रिकी करते हैं। कितने ही नेता अपने कार्यकर्ताओं को उपकृत करने के लिए उन्हें गैस दिलवाते हैं, नगरपालिका के चेयरमैन, वार्ड-सदस्य, क्षेत्र के विधायक मंत्री, सांसद, पाटियों के जिलाध्यक्ष, नगराध्यक्ष, प्रतिष्ठित लोग कथित सामाजिक कार्यकर्ता कितने ही विभागों के अधिकारी, कितने ही ग्राम प्रधान गली मौहल्लों के नेता और किसी भी भावी चुनाव में खड़े होने वाले संभावित प्रत्याशी सभी किसी न किसी रूप में गैस डीलर पर अपना रौब झाड़ते हैं और अपने लोगों के लिए गैस उपलब्ध कराने की प्रत्याशा उससे रखते हैं।

जब भी कभी लड़ाई होती है या धरना प्रदर्शन किसी गैस डीलर के विरूद्ध कहीं होते हैं तो उनका सीधा सा अर्थ होता है कि उपरोक्त प्रभावी लोगों में से किसी की 'उपेक्षा' कहीं हो रही है। यदि उसकी उपेक्षा होनी बन्द हो जाये तो वह आंदोलन शान्त हो जाता है। जनता की लड़ाई लड़ने की सुध हमारे समाज में लोगों को तभी आती है जब कहीं अपने स्वार्थ पूरे नहीं हो पाते हैं। तब जनता का दुरुपयोग करने के लिए आन्दोलन की रूप रेखा बनायी जाती है। यदि हमारे ये कथित प्रभावी लोग अपने पास अधिक गैस कनैक्शन रखना छोड़

दें, अपने लोगों को कमर्शियल गैस के स्थान पर घरेलू गैस का प्रयोग करने के लिए प्रेरित करें साथ ही ऐसे किसी प्रयोग को प्रोत्साहित करना बन्द कर दें, और गरीब से गरीब व्यक्ति को गैस उपलब्ध कराने हेतु, एक निगरानी समिति का गठन कर दें तो सारी समस्या का समाधान हो सकता है। हम राजनीतिक पूर्वाग्रहों से ऊपर उठें और जनहित के लिए समर्पित हो जायें तो किसी भी गैस डीलर का साहस नही हो सकता कि वह गैस को 'ब्लैक' करे और जन साधारण तक उसे न पहुँचने दे।

लड़ाई भ्रष्टाचार की है

लड़ाई 'टुकड़ों' की है। जितने अनुपात में एक गैस डीलर लोगों को 'टुकड़े' डालता चला जाता है, उतने ही लोगों का मुँह बन्द हो जाता है। मुंह बंद होते ही जनता के हितों के कथित रक्षकों का जनसेवा का भाव पता नहीं कहाँ चला जाता है। यदि ऐसी सोच लोगों की बन गई है तो हमें मानना पड़ेगा कि हमने अपने संविधान की उस मूल भावना का सम्मान नहीं किया, जिसके अंतर्गत हम भारत के समाज को सद्भाव और समभाव से भर देना चाहते थे।

हमारे अधिकांश सामाजिक या राजनीतिक संघर्षों या आन्दोलनों का उद्देश्य केवल इतना होकर रह गया है कि जो भ्रष्टाचार हो रहा है, उसमें हमें भी सम्मिलित करो। यदि नहीं करोगे तो हम तुम्हें खाने नहीं देंगे। इस सोच के कारण ही राजनीति से सेवाभाव समाप्त होता जा रहा है। हमने जिस राजनीतिक अपसंस्कृति का विकास किया है, उसने स्वार्थपूर्ण मनोवृत्ति व निर्मम सामाजिक संरचना को बलवती किया है।

हमारा संविधान इस अपसंस्कृति की स्थापना नही करता। हमारा संविधान प्रत्येक प्रकार के न्याय को प्राप्त करना प्रत्येक नागरिक का मौलिक अधिकार मानता है। संविधान के सम्बन्ध में यह भी सत्य है कि यह एक उत्कृष्ट मानवीय समाज की स्थापना की कल्पना तो प्रस्तुत कर सकता है पर उसे बनायेगा तो मानव ही। इस मानव के विषय में यह सत्य है कि ये मानव से पहले 'दानव' है। दूसरे के अधिकारों का हनन करना वह अपना मौलिक अधिकार मानता है। इसीलिए समाज में अपराध, अत्याचार, शोषण और अनाचार बढ़ता है। इस दानव से मानव बनाने के लिए 'हमें वैदिक व्यवस्था की ओर चलना पड़ेगा। कानून प्रत्येक व्यक्ति को एक मानव मानकर उसके साथ व्यवहार करता है, जबकि वेद प्रतिपादित विधि व्यक्ति को 'जन्मना जायते शूद्रः' की बात को ध्यान में रखकर मानव को मानव और दानव दोनों मानती है, इसलिए वह मानव की दानवता का सर्वप्रथम उपचार करती है। विधि और कानून में यही अन्तर है कि विधि एक सुसंस्कारित मानव समाज की स्थापना करती है जबकि कानून ऐसा नहीं कर पाता।

यदि हम अपने राजनीतिक और सामाजिक आन्दोलनों की रूपरेखा सुसंस्कृत मानवीय समाज की स्थापना के लिए निर्धारित करें तो आन्दोलन स्वार्थ प्रेरित न होकर परमार्थ प्रेरित हो जायेंगे। तब हम दखेंगे कि इनके जो परिणाम आयेंगे वो निश्चित रूप से हमारी अपेक्षाओं के अनुरूप होंगे।

महर्षि दयानंद मानव निर्माण के लिए विधि की अनिवार्यता मानते थे। वह नैतिक शिक्षा के माध्यम से मानव के पशुपन को समाप्त कर उसे समाज के लिए एक उपयोगी अंग बना देना चाहते थे।

❐

अध्याय-15

जनप्रतिनिधियों के विधानमण्डलों में बोलने का अधिकार

भारतीय संविधान का अनुच्छेद 105 संसद के सदस्यों को कुछ विशेष अधिकार प्रदान करता है। इन अधिकारों में सांसदों को सदन में भाषण की पूर्ण स्वतन्त्रता, सदन में दिये गये किसी भाषण या मत के लिए किसी सांसद पर किसी भी न्यायालय में कार्यवाही न चलने, संसद के अधिवेशन के काल में दीवानी मामले चलने, संसद के अधिवेशन के काल में दीवानी मामलों के सम्बन्ध में किसी भी सदस्य को बन्दी नहीं बनाया जाना, संसद के दोनों सदनों की अपनी कार्यवाही का क्रम निर्धारित करने की पूर्ण स्वतन्त्रता, सदन की मानहानि के लिए प्रत्येक सदन किसी भी व्यक्ति को दण्डित कर सकता है, बाहरी लोगों के सदन में प्रवेश करने और सदन की कार्यवाही को देखने व सुनने में प्रवेश करने और सदन की कार्यवाही को देखने व सुनने के ऊपर पाबन्दी का लगाया जाना इत्यादि सम्मिलित हैं।

महर्षि मनु ने मनुस्मृति में राज्य कर्मचारियों के लिए चार प्रकार के दंडों का विधान किया है। महर्षि मनु की मान्यता रही है कि राज्य कर्मचारियों के लिए दंड का निर्धारण उनके ज्ञान और पद के आधार पर होना चाहिए। जैसी जिसकी योग्यता है, वैसा ही उसका दंड होना चाहिए। दंड का निर्धारण अपराध की प्रकृति के अनुसार भी किया जाना आवश्यक है। यदि अपराध राष्ट्र के विरुद्ध है अर्थात् राष्ट्रद्रोह की श्रेणी का है तो निश्चय ही दंड भी अधिक ही होगा।

मनुस्मृति में वर्णित चार प्रकार के दंड निर्धारित करते हुए महर्षि मनु कहते हैं कि राज्य कर्मचारियों के लिए पहले दंड वाक- दंड होता है। जिसमें मौखिक आलोचना की जाती है या चेतावनी दी जाती है। दूसरा दंड धिक्दंड है। जिसमें निंदा या फटकार लगाई जाती है। तीसरा दंड धनदंड है। जिसमें आर्थिक दंड दिया जाता है और चौथा दंड बद्धदंड है। जिसमें शारीरिक दंड या कारावास भी दिया जाता है। महर्षि मनु की मान्यता रही है कि यदि कोई अपराध राष्ट्र का कोई सामान्य नागरिक करता है तो उसे कम दंड दिया जाना चाहिए, परंतु यदि इस अपराध

को कोई राजा या उच्च पदस्थ कर्मचारियों करता है तो उसे उस साधारण नागरिक की अपेक्षा कई गुणा अधिक दंड दिया जाना चाहिए।

स्वामी दयानंद जी महाराज जी भी इसी प्रकार की व्यवस्था के समर्थक थे। इस व्यवस्था को हमारे संविधान ने नहीं अपनाया। उसने कई प्रकार के ऐसे चोर दरवाजे हमारे जनप्रतिनिधियों के लिए छोड़े हैं, जिनका लाभ लेकर वे दोषी होकर भी दोषी नहीं माने जाते।

संविधान के अनुच्छेद 105 की विशेषता

संविधान का अनुच्छेद 105 हमारे सांसदों को अपरिमित अधिकार देता हुआ सा लगता है। परन्तु यह हमारी भ्रान्ति है। लोकतन्त्र में भाषण और अभिव्यक्ति की स्वतन्त्रता अनिवार्य है। क्योंकि सत्य के अनुसन्धान के लिए और महिमामण्डन के लिए विचारों के प्रवाह को रोकना एक अपराध होता है। इसलिए विचारों को निर्बाध रूप से प्रवाहित किया जाना चाहिए। विपरीत मत रखने वाले की बात को भी उतने ही धैर्य और संयम से सुनना चाहिए जितना कि किसी बात के समर्थन में आने वाले विचार को सुना जाता है। हमें अपने मत के प्रति आग्रही नही होना है अपितु विचारों का स्वस्थ आदान-प्रदान होना है और होने देना है। एतस्मिन पश्चात् स्वस्थ चर्चा से जो राष्ट्रहित में निष्कर्ष निकले उसे बिना किसी हार जीत के भाव के स्वीकार करना चाहिए। क्योंकि दलगत आधार पर चुने जाने के उपरान्त भी हमारे सांसद हमारे जनप्रतिनिधि हैं और राष्ट्र का कल्याण करना ही उनका सर्वप्रथम कर्तव्य और दायित्व है।

यदि इस दृष्टिकोण से अनुच्छेद 105 को, पढ़ा जाये तो ज्ञात होता है कि यह अनुच्छेद हमारे सांसदों को बोलने का अपरिमित अधिकार केवल इसलिए देता है कि वे राष्ट्रहित में दलगत भावना से ऊपर उठकर अपने विचार रखें। जब बोलें तो राष्ट्रहित में बोलें और स्वस्थ चर्चा में भाग लेकर राष्ट्रीय चरित्र को प्रबल बनाने में अपनी सहभागिता सुनिश्चित करें। भाषण और अभिव्यक्ति की स्वतन्त्रता का उस समय दुरूपयोग होता है जब दलीय भावना के वशीभूत होकर हमारे जनप्रतिनिधि एक दूसरे को 'अपशब्द' बोलते हैं, एक दूसरे पर व्यंग्य करते हैं, दलीय भावना से एक दूसरे पर छींटाकशी करते हैं, राष्ट्र और राष्ट्रवाद की भावना के विरूद्ध विषवमन करते हैं या कुछ अनुचित बोलते हैं। इस प्रकार की भाषण और अभिव्यक्ति की स्वतंत्रता संसदीय परंपरा लोकतंत्र और लोकतांत्रिक भावना के विरुद्ध होती है, जिसकी कल्पना हमारे संविधान ने नहीं की है। संविधान की भावना का सम्मान करते हुए यदि सदस्य अपने विचार प्रस्तुत करें तो पता चलता है कि सदन में हमारे माननीय सांसदों के बोलने की शक्ति अपरिमित न होकर परिमित हैं।

सांसदों को क्यों दिए गए ऐसे अधिकार?

जब हमारे सांसद या विधायक राष्ट्रहित में अपने विचार रखते हैं, तो ऐसे पके हुए और सुलझे हुए विचारों को किसी भी न्यायालय में चुनौती नहीं दी जा सकती। इस विशेषाधिकार

को हमारे जन प्रतिनिधियों को इसलिए दिया गया जिससे कि तानाशाही ढंग से शासन करने वाले क्रूर शासकों के वे दिन पुनः न लौट आयें, जब कोई शासक अपने से विपरीत मत रखने वाले लोगों को मृत्युदण्ड दे दिया करता था। ऐसे उदाहरणों से इतिहास भरा पड़ा है जब शासकों ने अपने से विपरीत मत रखने वाले को मृत्यु दण्ड दिया और कालान्तर में लोगों को ज्ञात हुआ कि वह 'विपरीत मत' ही जनापेक्षाओं के सर्वथा निकट और अनुकूल था। इसलिए किसी भी व्यक्ति को अथवा किसी भी जनप्रतिनिधि को आज इस प्रकार की अमानवीय क्रूरता या राजनीतिक प्रतिशोध की भावना का शिकार न बनना पड़ जाये, इसलिए संविधान ने अनुच्छेद 105 में हमारे माननीय सांसदों के विशेषाधिकारों का उल्लेख किया है।

हमें अपने स्वस्थ लोकतन्त्र के चिरायुष्य के लिए ऐसी व्यवस्था करनी चाहिए कि संसदीय लोकतन्त्र में सरकारें राष्ट्रीय स्वरूप की बनायी जायें। संसद के बाहर दलीय राजनीति रहे। संसद के भीतर दलों का अस्तित्व समाप्त कर दिया जाये। इस व्यवस्था के कई लाभ होंगे। उदाहरणतः संसद की गरिमा बढ़ेगी, उसमें होने वाली चर्चाओं का स्तर ऊँचा उठेगा। लोग क्षेत्रीय स्तर से हटकर राष्ट्रीय स्तर पर सोचेंगे। दलों के मध्य परस्पर का विद्वेष भाव इस प्रकार की व्यवस्था से समाप्त किया जा सकेगा। राजनीतिक दलों का अपने सांसदों पर अंकुश ढ़ीला होगा और 'पार्टी व्हिप' से नित्य प्रति दुःखी रहने वाले सांसदों को अपनी बात को खुलकर कहने का अवसर मिलेगा।

संविधान में ऐसी व्यवस्था यथाशीघ्र की जानी चाहिए।

भारतीय लोकतंत्र की प्राचीन परंपरा भी इसी प्रकार की रही है। जिसमें प्रत्येक सदस्य को केवल राष्ट्रहित में बोलने के लिए ही अवसर दिया जाता था। उस समय कोई दलगत राजनीति नहीं होती थी। केवल राष्ट्रगत नीतियों पर विचार रखने के लिए ही सदस्यों का चुनाव होता था। आज इस व्यवस्था को फिर से स्थापित करने की आवश्यकता है। स्वामी दयानंद जी महाराज यदि संविधान निर्मात्री सभा के सदस्य होते तो निश्चित रूप से इस प्रकार की व्यवस्था वह संविधान में ही करा देते।

संसद की परिभाषा क्या है?

वेद ने संसद उसे माना है जो राष्ट्रीय समस्याओं पर विचार करने वाले लोगों की ध्यानशाला हो। जब बात ध्यान की आती है तो ऐसा लगता है कि जैसे हम बड़े ही तेजस्वी, तपःपूत, तपस्वी और मनस्वी लोगों की बात कर रहे हों। जी हां, हम ऐसे लोगों की ही बात कर रहे हैं। वास्तव में ध्यान पूर्वक मननशील होकर समस्याओं का समाधान देना और सदा ही राष्ट्रहित में सोचना हमारे सांसदों का आचरण और व्यवहार इसी प्रकार का होना चाहिए। हमने अपनी संसद को व्यवहार में ध्यानशाला के स्थान पर 'शोर शाला' बनाकर रख दिया है। हम पाप कर्म करके पुण्य रूपी फलों की माँग कर रहे हैं। बस, गलती यहीं पर हो रही है।

हमारा संविधान भी ऐसी ही संसद की अपेक्षा करता हैं जो कि राष्ट्र की समस्याओं के समाधान के प्रति गम्भीर हो। इसलिए सांसदों को हमारा संविधान मुखर वक्ता बनने का एक मंच संसद के रूप में उपलब्ध कराता है। उसकी अपेक्षा है कि संसद हमारे देश के राष्ट्रचिन्तक, मनीषी, विद्वानों और राष्ट्रोपासकों की चिन्तन स्थली बन जाये। यहाँ से निकला हुआ शुद्ध चिन्तन उस बादल की भाँति निकले जो गरमी से तपते जलते लोगों की और धरती की प्यास बुझाता है। इसी प्रकार का शुद्ध चिंतन देशवासियों के हृदय को सुख दिलाने वाला हो, तभी संसद की गरिमा सुरिक्षत रह पायेगी। हमारे सांसदों को हमारे संविधान के द्वारा जो विशेषाधिकार प्रदान किये गये हैं, उनका औचित्य तभी सार्थक सिद्ध होगा।

झूठी वाहवाही से सांसदों को बचाना चाहिए

जो सांसद क्षेत्रीय भावनाओं को उकसाकर वाहवाही लेने और तालियां बजवाने के लिए संसद में भाषण झाड़ते हैं वे अपने बोलने के अधिकार का दुरूपयोग करते हैं। इस प्रकार के बोलने से जहाँ हमारे सांसद के राष्ट्रीय चरित्र के न होने का पता चलता है, वहीं जनसामान्य पर उसके इस प्रकार के बोलने का घातक प्रभाव पड़ता है। लोग राष्ट्रीय चरित्र को खोकर संकीर्णताओं में फंस जाते हैं। एक सांसद के ऐसा बोलने पर दूसरे सांसद के क्षेत्रवाले भी उससे अपेक्षा करते हैं कि हमारा प्रतिनिधि भी कुछ 'दमदार' बोले तो मजा आये। जब दूसरा, तीसरा, चौथा इसी प्रकार की असंसदीय भाषा बोलता है तो संसद की गरिमा का तो हनन होता ही है साथ ही राष्ट्रीय चरित्र में भारी गिरावट भी आती है। वर्तमान समय में हमारे भीतर राष्ट्रीय चरित्र का भारी अभाव है। उसका कारण यही है कि हमारे सांसदों का संसद में व्यवहार उतना अच्छा नही रहा है जितने की उनसे अपेक्षा की जाती है। इसलिए सांसदों के बोलने के अधिकार को अपेक्षाओं की मर्यादा से मर्यादित किया जाना समय की आवश्यकता है।

महाभारत के शांति पर्व सहित अन्य वैदिक ग्रंथों के अध्ययन से हमें पता चलता है कि प्राचीन काल में भारत में लोकतांत्रिक व्यवस्था के अंतर्गत प्रत्येक सभासद के लिए यह अनिवार्य था कि वह सभा में सत्य बोलेगा। इसके अतिरिक्त और कुछ नहीं बोलेगा। मान्यता थी कि वह सभा सभा नहीं होती जहां अनुभवी वृद्धजन सदस्य के रूप में उपस्थित न हों और वह वृद्धजन अनुभवी नहीं माने जा सकते जो धर्म के अनुसार अपनी बात को न रखने के अभ्यासी हों। वह धर्म नहीं जहां सत्य न हो और वह सत्य नहीं जो छल या अन्याय की ओर ले जाए। सभा के प्रत्येक सदस्य के लिए यह अनिवार्य था कि वह सम्मानित और अनुभवी व्यक्तियों का सम्मान अवश्य करेगा। हमारे प्राचीन हमारी प्राचीन राज्य की व्यवस्था में सारे निर्णय चर्चा और आम सहमति के बाद लिए जाते थे। राजा भी मंत्रियों और सभा के परामर्श को सुनकर उसके अनुसार ही सहमति से शासन चलाता था।

आज इसी प्रकार की व्यवस्था को ईमानदारी से लागू करने की आवश्यकता है। ❐

अध्याय-16

संसद व लोकसभा का अध्यक्ष

प्राचीन भारतीय राजनीति में संसद (राजनीतिज्ञों की ध्यानशाला) का निर्माण सभा और समिति से मिलकर होता था। ऋग्वेद में सभा का 4 बार और अथर्ववेद में 16 बार उल्लेख आया है। ये सभा आजकल की लोकसभा और राज्यसभा के समान थीं।

शब्दों के अस्तित्व के विषय में हमें यह मानना चाहिए कि जितना पुराना शब्द है, उससे सम्बन्धित व्यवस्था भी उतनी ही पुरानी होती है यदि एक आर्यावर्त्त (वर्तमान में भारत वर्ष) शब्द हमें मिलता है तो समझिये कि जितना पुरातन यह शब्द होगा उतनी ही पुरातन भारतीय सामाजिक और राजनीतिक व्यवस्था होगी। इसी प्रकार भारत वर्ष में सभा-समितियों का इतिहास है। यदि ऋग्वेद (संसार की सर्वाधिक प्राचीन पुस्तक) सभा शब्द की 8 बार आवृत्ति करता है, तो समझना चाहिए कि सभा का अस्तित्व ऋग्वेद प्रदत्त सामाजिक और राजनीतिक व्यवस्था के प्रारम्भ में ही था। ब्रिटेन में राज परिवार से संबंद्ध लोगों के सदन के लिए जिस प्रकार 'हाउस ऑफ लॉर्डस' की व्यवस्था की गयी है और इस सदन के सदस्य को वहाँ 'लॉर्ड' कहा जाता है, उसी प्रकार भारत में प्राचीन काल में समिति के ऐसे सदस्यों को जो राजपरिवार से संबद्ध हैं, उन्हें "राजन्यः" कहा जाता था। ये साक्ष्य हमें बताते हैं कि भारत में लोकतन्त्र की जड़ें ब्रिटेन के लोकतंत्र की अपेक्षा कितनी गहरी और प्राचीन हैं।

महाभारत में 'संसद' शब्द का उल्लेख

संसद का उल्लेख महाभारत में भी मिलता है। धर्मराज युधिष्ठिर भीष्म पितामह से प्रश्न करते हैं:- "संसद में जब विद्वान, मूढ़ और प्रगल्भ व्यक्ति मृदु और तीक्ष्ण भाषणों द्वारा अपना आक्रोश प्रकट कर रहे हों, तो क्या करना चाहिए?"

भीष्म पितामह ने इस प्रश्न का उत्तर इस प्रकार दिया- "जब संसद में जो कोई आक्रोश द्वारा दोषारोपण (जैसा कि आजकल हमारी संसद में अक्सर होता है) करता है, तब राजा उसके सुकृत स्वयं प्राप्त कर लेता है। केवल उसके दुष्कृत ही उसके पास बच रहते हैं। (इसका

अभिप्राय है कि संसद की गरिमा इसी में है कि सांसद अपनी बात को आक्रोशरहित होकर धैर्य और शान्ति के साथ विवेकपूर्ण ढंग से रखें) ऐसे व्यक्तियों की गर्हित बातों की उसी ढंग से उपेक्षा की जाय, जैसे रोगपीड़ित व्यक्तियों के वचनों की की जाती है। ऐसे व्यक्ति के प्रति जनता में विद्वेष उत्पन्न हो जाता है और उसका भाषण निष्फल हो जाता है। उसके पाप कर्म सर्वविदित हो जाते हैं, और वह लज्जित होकर मृत के समान होकर रह जाता है। स्वल्प बुद्धि वाले जो कुछ कहें, उस सबको सहन कर लेना चाहिए। ऐसे व्यक्तियों की प्रशंसा और निन्दा से किसी का क्या बनता और बिगड़ता है? जैसे जंगल में कौआ व्यर्थ बकवास करता है, ऐसे ही संसद में अल्पबुद्धि के व्यक्ति के भाषण को समझना चाहिए। जिस मनुष्य के लिए कुछ भी अवाच्य नहीं है और कुछ भी अकार्य नहीं हैं उसके कथन की परवाह करने की क्या आवश्यकता है? जो मनुष्य सामने तो गुणों का बखान करता है, पर पीठ पीछे निन्दा करता है, वह कुत्ते के समान है।"

भीष्म पितामह के द्वारा दिया गया यह आख्यान एक प्रकार से संसद की कार्यवाही की नियमावली ही हैं। 'शान्तिपर्व' में हमें बताया गया है कि सभासद (सांसद) सत्य, मुदुता, तथा लज्जा सम्पन्न और सम्यक् भाषण में समर्थ हों।" अथर्ववेद में आया है-

एषामहं समासीनानाम् वर्चो विज्ञान माद दे। अस्याः सर्वस्याः संसदो मामिन्द्र भागिनम् कृणु।। यद वो मनः परागतं यद वद्धमिह वेह वा। तदेव आवर्त्तयामसि मयि वो रमतां मनः।।

(अथर्व. 7/12/3-4)

अर्थात्- "यहाँ जो लोग उपस्थित हैं, मैं उनके तेज व ज्ञान को ग्रहण करता हूँ। हे इन्द्र! मुझे इस सम्पूर्ण संसद का नेता बनाओ। जो तुम्हारा मन किसी अन्य ओर गया हुआ है, या तुम्हारा मन जो किसी बात को पकड़कर बैठ गया है, मैं तुम्हारे मन को वहाँ से हटा दूं। तुम्हारा मन मेरे अनुकूल हो जाये।"

यहां एक सांसद अपने से विपरीत मत रखने वाले सांसद को अपने अनुकूल करने की भद्र प्रार्थना कर रहा है। इस प्रार्थना का उद्देश्य केवल शिष्टाचार निभाना नहीं है, अपितु संसद में व्यर्थ के गतिरोध को समाप्त करना और किसी एक सर्वसम्मत निष्कर्ष पर पहुँचने के लिए किया गया एक प्रयास भी है।

संसद की इन दोनों सभाओं को (सभा और समिति को राजा प्रजापति की पुत्रियाँ मानता था। अथर्व (7/1/63) में आता है- "सभा और समिति) प्रजापति की दुहिताऐं हैं। वे मेरी (राजा की) रक्षा करें। वे मुझे (जनहित में) उत्तम शिक्षा (सत्यरामर्श दें और जनहित के कार्यों के प्रति जागरूक बनाये रखने हेतु सचेत करें) दें, संसद में एकत्र हुए 'पितर' लोग समुचित भाषण करें।"

संविधान निर्माताओं का आभार

हमारे संविधान निर्मात्ताओं ने इस प्रकार देश की संसद को 'संसद' का नाम देकर एक झटके में ही हमें अपनी प्राचीन गौरवमयी राजनीतिक और सांस्कृतिक थाती से अवगत कराने का प्रयास किया। हम दिव्य संस्कृति के दिव्य उत्तराधिकारी नहीं बन पाये तो इसमें कुछ दोष हमारा भी है।

संसद के सभा नामक सदन का एक सभापति भी हुआ करता था। इसे आजकल लोकसभा का अध्यक्ष कहा जाता है। यजुर्वेद के अनुसार सभा के सभापतित्व का कार्य सभापति करता था।

(सभाभ्यः सभापतिभ्यश्च वो नमो शत. तै. सं. 4/5/3/2)

सभा धार्मिक कार्यों का भी सम्पादन करती थी। आज कल की संसद में धर्म चर्चा असम्भव है। जबकि वेद सम्पादित और प्रतिपादित संसद में धर्म चर्चा अनिवार्य थी। क्योंकि धर्म (विधि) का शासन स्थापित करने हेतु लोगों को धर्मनीति पर चलकर मानवता का पुजारी बनाना शासन का उद्देश्य था। आजकल की संसद 'कानून का राज' जिसे कहती है, उससे भी उच्चतम अवस्था थी धर्म का शासन स्थापित करना। धर्म के शासन को स्थापित कर उसे हमारी प्राचीन राजनीतिक व्यवस्था में भारत की अन्तश्चेतना बनाने का वन्दनीय कृत्य किया गया। फलस्वरूप धर्म की बात कहना और धर्म पर चलना हमारे राष्ट्रीय चरित्र का एक अटूट अंग बन गया। आज की संसद धर्म निरपेक्ष है। इसलिए धर्म पर चलने वाले समाज का निर्माण करने में यह असफल रही है। प्राचीन काल में संसद की सभा (लोकतन्त्र) का सभापति धर्मज्ञ, राष्ट्र की चुनौतियों और राष्ट्रवासियों की समस्याओं को समझने वाले अति विद्वान व्यक्ति को बनाया जाता था। उस समय आरक्षण और तुष्टिकरण की राष्ट्रघाती नीतियों को नहीं अपनाया जाता था।

लुंडविंग ने सभा व समिति के विषय में लिखा है-

"सभा एवम् समिति के सदस्यों के पास विचार-विमर्श करने हेतु राजा जाता था। वास्तव में दोनों विचार विमर्शात्मक संस्थाऐं थीं। जहाँ राष्ट्र की परिस्थितियों एवम् विभिन्न पहलुओं पर विचार विनियम पर सर्वसम्मति से निर्णय लिया जाता था।"

सभा व समिति में राजा के जाने का अभिप्राय है कि राष्ट्र की परिस्थितियों पर विचार-विनिमय के समय राजा की उपस्थिति अनिवार्य थी। राजा राष्ट्र के अति विद्वान जनप्रतिनिधियों के विद्वता पूर्ण विचारों को सुनकर ही उपस्थित परिस्थितियों से निपटने के लिए रणनीति व कार्यनीति बनाया करता था। जनप्रतिनिधि का अर्थ उस समय राष्ट्र की

जनता की मेधाशक्ति का प्रतिनिधित्व करना भी था। आजकल मेधाशक्ति का प्रतिनिधित्व संसद में नहीं है। क्योंकि सांसद की योग्यता में उसकी मेधाशक्ति का कहीं स्थान ही नहीं है।

जो कार्य प्राचीन काल में हमारे सभापति के द्वारा किये जाते थे, न्यूनाधिक वही कार्य आज का लोकसभाध्यक्ष निष्पादित करता है। संविधान ने उसकी शक्तियों का निरूपण निम्न प्रकार किया है:-

अध्यक्ष लोकसभा की बैठकों की अध्यक्षता करता है। अध्यक्ष होने के नाते वह सदन में शान्ति व्यवस्था और अनुशासन बनाये रखने का काम करता है।

ऐसे सांसद जो सदन की शान्ति व्यवस्था अथवा अनुशासन में किसी भी प्रकार से कोई व्यवधान डालने या बाधा पहुँचाने का कार्य करता है उसके विरूद्ध कार्यवाही कर सकता है।

सदन के नेता अर्थात् प्रधानमंत्री के साथ मिलकर लोकसभा का समस्त कार्यक्रम और कार्यवाही लोक सभाध्यक्ष निश्चित करता है।

अध्यक्ष ही यह निश्चित करता है कि कौन सा विधेयक धन विधेयक है अथवा नहीं है।

यदि किसी विषय पर लोकसभा के मत विभाजन की स्थिति आ जाये, और संबंधित विषय पर बराबर-बरारबर मत आ जायें तो उस अति महत्वपूर्ण स्थिति में लोक सभाध्यक्ष का मत निर्णायक होता है।

कार्य स्थगन प्रस्ताव को अध्यक्ष की अनुमति से ही प्रस्तुत किया जा सकता है।

लोकसभा में समितियों के अध्यक्षों की नियुक्ति अध्यक्ष द्वारा ही की जाती है। वह कार्यमंत्रणा समिति तथा नियम समिति का अध्यक्ष होता है, तथा लोकसभा के विशेषाधिकारों का रक्षक होता है।

लोकसभा में सदस्यों के बोलने का समय अध्यक्ष ही आवंटित करता है। सदस्यों का बोलने का क्रम भी वही निश्चित करता है।

मंत्रियों से पूछे जाने वाले प्रश्नों के सम्बन्ध में अनुमति देता है। सदस्यों से नियमों का पालन कराना, मतगणना कराना, परिणाम घोषित करना अध्यक्ष का ही कार्य है।

संसद के संयुक्त अधिवेशन की अध्यक्षता करता है।

लोकसभा और राष्ट्रपति के मध्य पत्राचार भी अध्यक्ष ही करता है। -अध्यक्ष की अनुमति के बिना किसी सांसद को सदन की सीमा में बन्दी नहीं बनाया जा सकता। अध्यक्ष ही राज्यों के विधानसभाध्यक्षों के सम्मेलन की अध्यक्षता करता है। किसी सांसद पर दलबदल कानून लागू होता है या नहीं यह भी अध्यक्ष ही निश्चित करता है।

यदि कोई सदस्य सदन में असंसदीय शब्दों या भाषा का प्रयोग करे तो उसको ऐसे

शब्दों को वापस लेने के लिए अध्यक्ष ही आदेशित करता है, अथवा उसके विरूद्ध कार्यवाही करता है।

किसी सदस्य ने सदन की मानहानि की है तो उस स्थिति की जाँच पड़ताल भी अध्यक्ष ही करता है।

दर्शकों के प्रवेश पर नियंत्रण लगाने का अधिकार भी लोकसभा के अध्यक्ष को प्राप्त है।

दोनों सदनों द्वारा पारित विधेयक पर अध्यक्ष के ही हस्ताक्षर होते हैं।

विदेशों में जाने वाले संसदीय प्रतिनिधि मण्डलों के सदस्यों के कार्यों की घोषणा भी लोक सभाध्यक्ष ही करता है।

प्राचीन काल में सभापति का प्रत्येक परिस्थिति में निष्पक्ष बना रहना अनिवार्य माना जाता था। क्योंकि अध्यक्ष की निष्पक्षता सभी सदस्यों को अपनी बात को उचित ढंग से कहने का अवसर उपलब्ध कराती है। वैसे हमारे प्राचीन लोकतन्त्र में दलीय व्यवस्था नहीं थी, इसलिए अध्यक्ष निष्पक्ष आचरण वाला बना भी रहता था? इसीलिए हमारा मानना है कि राजनैतिक दलों की व्यवस्था संसद के भीतर समाप्त की जानी चाहिए। क्योंकि जन प्रतिनिधि संसद के लिए जन प्रतिनिधि होता है, वह किसी दल का प्रतिनिधि नहीं होता। लोकसभा के अध्यक्ष रहे-मावलंकर जी का कहना है:-

"स्पीकर को चाहिए कि वह राजनैतिक विवादों में सक्रिय भागीदारी से अपने को अलग रखे। स्पीकर को एक न्यायाधीश की भाँति कार्य करना चाहिए। उसे किसी का पक्षधर नहीं होना चाहिए। किसी दल के प्रति पूर्वाग्रह से कार्य न करे। उसे तो सदन के सभी लोगों का विश्वास जीतने का प्रयास करना चाहिए।"

हमारा मानना है कि संसद का प्रत्येक सदस्य स्वयं में एक न्यायाधीश बनकर कार्य करे। वह पक्ष-विपक्ष की चख चख से ऊपर उठकर अपने विचार रखें। ऐसी परिस्थितियों में ही हम उज्ज्वल भारत के उज्ज्वल भविष्य का निर्माण कर सकते हैं। बहुदलीय व्यवस्था भारत के सन्दर्भ में लोकतन्त्र को असफल कर चुकी है। इस पर हम समय रहते कार्य करें। संसद को हम वैदिक राजनैतिक दर्शन के अनुसार गरिमामयी बनायें।

❐

अध्याय-17

भारत में 'सजातीय' कौन हैं

भारत की सांस्कृतिक परम्पराओं को समझने, जानने और मानने में हमने प्रशासनिक और राजनीतिक स्तर पर भारी चूक की है। इसी प्रकार सामाजिक क्षेत्र में भी मध्यकाल की अनेक प्रकार की रूढ़ियां आज तक भी हमारा पीछा कर रही हैं। परिणामस्वरूप देश में सामाजिक विसंगतियों ने जन्म लेकर अपनी जड़ता में हमें जकड़ लिया है। हमारे देश में बुद्धिजीवी और विधिशास्त्री भी हमारी बहुत सी प्राचीन मान्यताओं को समझने, जानने और मानने में असफल रहे हैं। इसका कारण यह है कि उन्होंने सभ्यता का केंद्र पश्चिम को माना है। भारत के सांस्कृतिक मूल्यों को उन्होंने मानवीय समाज के लिए उपयुक्त ही नहीं माना। फलस्वरूप ये लोग न्यायाधीश या विधिशास्त्री या बुद्धिजीवी के रूप में विदेशी विधिशास्त्रियों की लिखी पुस्तकों में उलझ कर रह जाते हैं। बात यदि एक ही गाँव के लड़के लड़कियों के विवाहादि की भी की जाये तो कुछ लोग इस विषय में लड़का लड़की को केवल 'लड़का-लड़की' मानकर अति उत्साह में कह रहे हैं कि वे ऐसा करने के लिए स्वतन्त्र हैं।

ऐसा कहने वाले लोग स्वयं को खुले विचारों वाला या आधुनिक सोच वाला कहकर चलते हैं। जबकि दूसरे वे लोग हैं जो इस बात पर सहमत नही हैं कि एक ही गाँव के लड़के लड़की परस्पर विवाह बन्धन में बंधें। ऐसी सोच वालों का लोग पिछड़ी सोच के रूढ़िवादी और जड़तावादी बुद्धि के धनी मानते हैं।

पारिवारिक और सामाजिक संस्कारों की नींव को भारत के समाजशास्त्रियों ने बड़ी सावधानी से तैयार किया था। दूर देश में विवाह करने के वैज्ञानिक कारण थे। इसके अतिरिक्त एक ही वंश परंपरा के लड़के लड़कियों के परस्पर विवाह न करने का भी वैज्ञानिक आधार था। जिसे हमारे आधुनिक समाजशास्त्रियों, बुद्धिजीवियों, विधिशास्त्रियों और न्यायाधीशों तक ने उपेक्षित कर दिया है। पश्चिम की अपसंस्कृति को अपनाने वाले लोग बड़े पदों

पर नियुक्त किये जाते रहे हैं। जिसका अभिप्राय है कि हम आज तक भी अपने आप को मानसिक गुलामी से बाहर नहीं निकाल पाए हैं।

सजातीय और विजातीय कौन

यद्यपि भारत में विवाहादि की भी विभिन्न पद्धतियाँ प्रचलित हैं। कहीं-कहीं किन्ही आँचलों में ऐसी प्रथा हो जाती हैं। परन्तु ऐसे अपवादों को आप मुख्यधारा को प्रभावित या परिवर्तित करने के लिए एक व्यवस्था (नजीर= Ruling) नही बता सकते। अपवाद अपवाद ही होते हैं और उन्हें अपवाद ही रहने दिया जाये तो ही अच्छा होता है।

इस प्रसंग में यह समझना आवश्यक है कि भारत में सजातीय कौन-कौन लोग माने जाते हैं? सजातीयता है तो फिर विजातीयता भी है या नही?

भारत में सजातीय लोग प्राचीन काल में वो लोग माने जाते थे जो सगोत्रीय होते थे। उस अर्थ में 'सजात' लोगों में, एक ही रक्त सम्बन्ध से जन्में लोगों में पररस्पर विवाह निषिद्ध था। इस 'सजात' शब्द से जाति या सजातीयता का उद्भव और विकास हुआ। जो आज एक जातिवादी विसंगति के रूप में हमारे बीच खड़ा है। इन सजात लोगों को अथर्ववेद (15/8/3) में'सबन्धून' शब्द से महिमा मंडित किया गया है। 'सबन्धून' शब्द से स्पष्ट है कि ये लोग परस्पर बन्धु हैं। बस, ये बन्धुता ही परस्पर विवाहादि के सम्बन्धों पर प्रतिबन्ध लगाती थी। यही कारण था कि चाचा, ताऊ, मामा, फूफा आदि में दूर के सम्बन्धी भी परस्पर विवाहादि नहीं करते थे, और न ही करते हैं। क्योंकि इनके बच्चे बचपन से ही एक दूसरे को परस्पर भाई-बहन मानते थे, और मानते हैं? उस सम्बन्ध को बनाये रखना सामाजिक मर्यादा थी और आज भी मर्यादा है। लोग झूठी शान या झूठी प्रतिष्ठा की खातिर इन सम्बन्धों में विवाह करने वाले बच्चों के विरूद्ध कठोर नहीं होते अपितु इस सामाजिक मर्यादा के टूटने से स्वयं को लज्जित अनुभव करते हैं।

हमारे संविधान को इस प्रकार की व्यवस्था को अपना संरक्षण देना चाहिए। न्यायालय में बैठे न्यायाधीशों को भी इस प्रकार की वैज्ञानिक सोच को अपनी स्वीकृति देनी चाहिए। सनातन वैसे भी वैज्ञानिक दृष्टिकोण का समर्थक है, इसलिए इसकी वैज्ञानिक चिंतनधारा राष्ट्र की चिंतनधारा घोषित की जानी चाहिए।

जन और सिटीजन

हमारे यहाँ प्राचीन काल में 'जन' नागरिक की संज्ञा थी। अंग्रेजी के 'सिटीजन' में 'जन' इसी ओर संकेत करता है। बहुत सारे जनों से मिलकर जनपद और बहुत से जनपदों से मिलकर 'महाजनपद ' (प्रान्त) का निर्माण होता था। ये महाजनपद मिलकर 'राष्ट्र' का निर्माण करते थे। इस प्रकार राष्ट्र 'जन' का विशाल स्वरूप था जबकि 'जन' राष्ट्र का लघु

स्वरूप था। जन गण परस्पर एक बन्धुता से बँधे रहते थे। इस बन्धुता को कुल, गोत्र, रक्त सम्बन्ध और अपने पूर्वजों के प्रति समान आदर का सब मिलाकर भाव अधिक बढ़ाते थे। आज भी हम देखें, यदि कोई व्यक्ति अपने गांव को छोड़कर किसी दूसरे गाँव में जा बसे या किसी अन्य शहर में जा बसे तो लोग उस दूर जाकर बसने वाले के प्रति पीढ़ियों तक परस्पर स्नेह बन्धन में बँधे रहते हैं। प्राचीन काल में तिब्बत से (उस समय 'त्रिविष्टप' कहा जाता था) उतरकर आर्य लोग इधर-उधर भारत में फैल गये। उनका यह फैलाव (आवरण) ही इस देश को 'आर्यावर्त्त' की संज्ञा दिलाने में सहायक बना। जब ये लोग फैले तो इनके मध्य परस्पर वही सद्भाव और स्नेह रहा जो आज कहीं दूर जाकर बसने वाले व्यक्ति के प्रति उसके मूल परिजनों का होता है। इसी भाव ने और अमूर्त भावना ने हममें एक राष्ट्र और राष्ट्रीयता के भाव का विकास किया। अतः यह बात निरर्थक है कि हमारे देश में प्राचीनकाल में राष्ट्र और राष्ट्रीयता से लोग परिचित नहीं थे, और इन दोनों शब्दों से उनका परिचय अंग्रेजों ने कराया।

आर्य लोगों की पांच शाखाएं

मूल रूप में आर्य लोग पुरु, यदु, तुर्वशु, अनु और द्रहयु, इन पाँच शाखाओं में विभक्त होकर इधर उधर फैले। इन शाखाओं को वेद की शैली में "पंच जना", कहा गया। कृष्ण जी का शंख 'पाँचजन्य' इसीलिए कहा जाता था कि वह सम्पूर्ण 'आर्यावर्त्त' के प्रतिनिधि पुरूष थे। कदाचित प्राचीन काल में ऐसी प्रथा भी रही होगी कि जब किसी विवाद की स्थिति में लोग इन पाँच शाखाओं के प्रमुखों को बुलाकर विवाद का निर्णय कर लिया करते होंगे। राष्ट्रीय स्तर पर ऐसी पंचायतों (पाँच शाखा पुरूषों के बैठने का स्थान) क्षेत्रीय स्तर पर पंच निर्णयों के रूप में प्रभावी हुआ। गाँवों में लोग आज भी किसी पंचायत का निर्णय पाँच शाखा प्रमुखों से ही कराते हैं।

इन पाँच शाखाओं में परस्पर विवाह सम्बन्ध थे। परन्तु 'सगोत्र' विवाह निषिद्ध थे। पाणिनि की 'अष्टाध्यायी' से हमें पता चलता है कि गोत्र, कुल या परिवार की ही संज्ञा थी। इन गोत्रों के प्रमुखों को 'गोत्रापत्य' या 'कुल मुख्य' कहा जाता था। आज इन्हें हम भारतीय समाज में 'मुखिया' के नाम से जानते हैं। ये मुखिया लोग परिवार की, समाज की और राष्ट्र की परम्पराओं को समझने वाले और तदानुसार अपने परिवार को समाज और राष्ट्र को मुख्यधारा में चलाकर व्यवस्था में अपने परिवार को सहभागी बनाने वाले होते थे। परस्पर एक ही कुल-परिवार के लोग स्वयं को वेद के 'सबन्धून' शब्द के अनुसार 'गोत्री बन्धु' (गोती भाई) मानते थे। इससे बनती थी भारत की सामाजिक समरसता से भरपूर सामासिक 'संस्कृति'।

मुसलमानों और अंग्रेजों ने मिटाई भारत की संस्कृति

मुसलमानों और अंग्रेजों ने भारत की इस सामासिक संस्कृति को विनष्ट करने का प्रयास किया। क्योंकि वह भारत को गहराई से समझने में तो असफल रहे ही थे साथ ही उन्हें भारत को 'दास' बनाकर रखना था। इसलिए वह नहीं चाहते थे कि भारत में भारत के लोग स्वसंस्कृति और स्व इतिहास को समझें। इसलिए अंग्रेजों ने यहाँ नई-नई अवधारणाऐं स्थापित करनी आरम्भ कीं अंग्रेजों ने भारत के 'जन' शब्द की तुलना जर्मन भाषा के 'थिण्ड' लैटिन के 'सिविटास' तथा ग्रीक भाषा के 'पोलिस' शब्द से की। भारत में उन्होंने जन को 'ट्राईब' कहा। जिससे 'शैड्यूल ट्राईब' जैसे शब्द की उत्पत्ति हो गयी। आज यह शब्द सब प्रकार से पिछड़े हुए व्यक्ति या व्यक्तियों के लिए प्रयुक्त हो रहा है।

कहाँ से कहाँ आ गये हम? अत्यन्त पवित्र शब्द को हमने किस प्रकार का स्वरूप दे डाला। इसे हम अपनी उन्नति कहें या अवन्नति? हमारे लिए अपेक्षित था कि हम अपने आत्मस्वरूप का, अपनी निजता का, शोध करते- उसकी खोज करते परंतु हम आत्मविनाश के मार्ग पर चल पड़े।

हमने अपने राष्ट्र की गहरी जड़ों को थोथला समझा। उनको समझने की और खोदने व खोजने की चेष्टा नहीं की।

भारत में 'जन' शब्द थिण्ड, सिविटास, और पोलिस सबसे बढ़कर था। जन शब्द जहाँ प्रेम, स्नेह, सहयोग, सम्मैत्री और सहृदयता की भावना से ओतप्रोत था वहीं थिण्ड, सिविटास और पोलिस जैसे शब्दों ने कबीलों का रूप लेकर परस्पर घृणा और शत्रुता को बढ़ावा दिया। भारत में कबीलाई संस्कृति नहीं थी, अपितु यहाँ 'जन' संस्कृति थी। पश्चिमी जगत का इतिहास 'कबीलाई संस्कृति' का इतिहास है। इसीलिए वहाँ प्राचीन काल से लोगों में वर्ग संघर्ष की भावना मिलती है। जबकि भारत में वर्ग संघर्ष के स्थान पर परस्पर करूणा, सम्मैत्री और उदारता का भाव मिलता है। इसी से भारत की 'सामासिक संस्कृति' का निर्माण हुआ।

पश्चिमी धारणाओं और मान्यताओं का शिकार होकर हम अपनी 'जन' संस्कृति' का विध्वंस कर रहे हैं। भारत के संविधान ने हमें एक शब्द भारत की 'सामासिक संस्कृति' का देकर भी भारत के समाज को अनुसूचित जाति, जनजाति, की अंग्रेजी मानसिकता में विभक्त कर दिया है। हमें इस ओर समय रहते ध्यान देना चाहिए। हम अपनी प्राचीन संस्कृति की पुनर्स्थापना के प्रति समर्पित हों तथा पुनः 'जन संस्कृति' की स्थापना करें। संविधान की मूल भावना तो यही है।

यही वेद का आदेश है और यही स्वामी दयानंद जी का उपदेश है। ❒

अध्याय-18

महर्षि दयानन्द का इतिहास विषयक ज्ञान

महर्षि दयानन्द अपने काल के पहले व्यक्ति थे, जिन्होंने इतिहास और वेद को अलग-अलग निरूपित किया। उन्होंने वेदों में इतिहास होने की धारणा को निर्मूल सिद्ध किया। महर्षि दयानन्द का इतिहास सम्बन्धी ज्ञान भी उतना ही गहन और गम्भीर था, जितना कि उनका वेद सम्बन्धी ज्ञान गहन और गम्भीर था। परन्तु महर्षि दयानन्द ने इतिहास को प्रचलित मान्यताओं से अलग हटकर नई परिभाषा दी।

भारत में इतिहास को केवल मरे हुए लोगों के विषय में लिखा पढ़ी का बहीखाता मानने वाले लोग बहुत हैं। परन्तु महर्षि दयानन्द ने इतिहास की इस संकीर्ण परिभाषा से अलग हटकर इतिहास को अतीत की मार्गदर्शिका पगडण्डी मानकर उसे वर्तमान के लिए 'आदर्श' के रूप में स्थापित किया। उन्होंने बताया कि यदि अतीत और वर्तमान का समन्वय स्थापित करके नहीं चलोगे तो मार्ग से भटक जाओगे। क्योंकि विषम परिस्थितियों में इतिहास के महापुरूष और उनका जीवन व्यवहार ही हमारा उचित मार्गदर्शन किया करता है। इतिहास पुरूष वही होता है जो आदर्शों की स्थापना करता है, जो व्यक्ति आदर्शों की हत्या करके आगे बढ़ते हैं, उन्हें आप 'इतिहास के देवता' के स्थान पर 'इतिहास के दैत्य' कहें तो अधिक उपयुक्त रहेगा। इतिहास हमें बताता है कि इन इतिहास दैत्यों के सामने इतिहास के देवताओं ने अपने समय में मानवता की किस प्रकार रक्षा की? बस, उनका यह कृत्य ही हमारे लिए मानो एक विधिक-व्यवस्था बन जाता है। हमारे जीवन व्यवहार में इतिहास की ये विधिक व्यवस्थाएँ हमारे लिए एक अलिखित 'संविधान' का निर्माण करती हैं। क्योंकि बड़ों के जीवन व्यवहार का अनुकरण करना हमारे लिए अनिवार्य माना गया है। "यथा राजा तथा प्रजाः" का मुहावरा भी हमारे लिए इसी कारण प्रसिद्ध हुआ कि राजा का अनुकरण करना प्रजा के लिए अनिवार्य था। जिस महामति चाणक्य ने हमारे लिए "यथा राजा तथा प्रजा।" की बात कही है, उसी ने हमें बताया कि राजा कैसा होना चाहिए?

इसका एक अर्थ तो यह हो सकता है कि प्रजा के अनुकूल राजा होना चाहिए और राजा के अनुकूल प्रजा होनी चाहिए, अर्थात् दोनों एक दूसरे की भावनाओं का सम्मान करने वाले हों। दूसरा अर्थ इसका यह है कि जैसा राजा होगा, वैसी ही प्रजा हो जाएगी अर्थात् राजा के आचरण का प्रभाव जनता पर पड़े बिना रह नहीं सकता, इसलिए राजा को अपने धर्म के पालन में अत्यंत सावधान होना चाहिए। स्वामी दयानंद जी की मान्यता थी कि राजा का प्रमाद राष्ट्र के स्वास्थ्य पर विपरीत प्रभाव डालता है।

महामति चाणक्य ने यह भी लिखा है कि "राजा दार्शनिक और दार्शनिक राजा होना चाहिए।" यदि यह स्थिति उत्पन्न हो जाये तो आज की सारी व्यवस्था ठीक हो जायेगी। जब राजा दार्शनिक होगा तो प्रजा भी दार्शनिक होगी। जब ये दोनों दार्शनिक होंगे तो समाज में लोक कल्याण को प्राथमिकता देने वाले लोगों का वर्चस्व स्थापित होगा।

स्वामी दयानंद जी की इतिहास संबंधी मान्यता

महर्षि दयानन्द सरस्वती जी महाराज ने इतिहास के अध्ययन की इसी शैली का आश्रय लिया और लोगों को इतिहास के अतीत को अपने लिए एक 'विधि व्यवस्था' के रूप में मानने और जानने पर बल दिया। उनके इस प्रकार के इतिहास अध्ययन का एकमेव कारण ये था कि वह इतिहास को भी संविधान की मर्यादाओं (वेद की आज्ञाओं) को स्थापित करने में सहायक ग्रन्थ के रूप में मानते थे और मानव के पतन का इतिहास वर्णन करके उसे यह बताना चाहते थे कि जब शासक 'राज-धर्म निर्वाह' से च्युत हुए तो उसका ये परिणाम निकला कि तत्कालीन समाज और राष्ट्र ही दुर्बल हो गया। इसलिए इस दुर्बलता से भी ये अनुभव लिया जाये कि हम वर्तमान सन्दर्भों में ऐसी किसी दुर्बलता की पुनरावृत्ति नही होने देंगे।

जब भारत के संविधान में लगभग दो दर्जन इतिहास संबंधी उन चित्रों को स्थापित किया गया जो हमारे अतीत के गौरव को दोहराने की क्षमता रखते हैं तो इसका अभिप्राय यही था कि हम अपने गौरवशाली इतिहास की परंपरा को विस्मृत न होने दें। स्वामी जी ने 'सत्यार्थ प्रकाश' के 11 वें 'समुल्लास' में भारत के आर्य राजाओं की 124 पीढ़ियों का उल्लेख कर 4157 वर्ष 9 महीने और 14 दिन का पूरा विवरण देकर हम सब के लिए यह भी स्पष्ट कर दिया कि इस प्रकार का अनुसंधान निरंतर जारी रहना चाहिए। इसका अर्थ था कि स्वामी जी इतिहास की गौरवपूर्ण व्याख्या को पुनर्स्थापित करने के समर्थक थे।

महर्षि दयानन्द जी महाराज ने अपने पूना में दिये गये 15 भाषणों में से दसवें भाषण में जो कुछ कहा था वह हमारे इसी मत की पुष्टि करता हैं। उन्होंने कहा था- "कौषीतकीय ब्राह्मण" में लिखा है कि सब पुत्र या पुत्रियां, पाँच वर्ष की अवस्था में पाठशाला को भेजे जाते थे। यह एक सामाजिक नियम था। (मानो एक विधिक अनिवार्यता थी क्योंकि) परन्तु

माता-पिता इस सामाजिक नियम को तोड़ते तो राज सभा से उनको दण्ड मिलता था। इस प्रकार की उन्नति का समय व्यतीत होते हुए राजा शान्तनु का समय आ पहुँचा। इस समय आर्यावर्त्त का ऐश्वर्य बहुत बढ़ गया था। इस ऐश्वर्य के नशे के कारण ही इस आर्यावर्त्त की दशा बिगड़नी आरम्भ हुई। जिसके पास द्रव्य बहुत था, वह नशे में मस्त था। इस कारण से एकाएक देश में सामाजिक नियमों में विरूद्धता उत्पन्न हो गयी।

राजा शान्तनु को ऐश्वर्य का बड़ा भारी अभिमान उत्पन्न हो गया और देश में व्यभिचार बढ़ गया। निष्कपट राज्य होने के कारण से शन्तनु और भी विशेष अभिमान संयुक्त हुआ। मनु जी ने कहा है:-

अर्थकामेष्वसक्तानां धर्म ज्ञानम् विधीयते।
धर्म जिज्ञासमानानां प्रमाणं परमं श्रुतिः॥

"जो मनुष्य सांसारिक विषयों में फँसे हुए हैं उन्हें धर्म का ज्ञान नहीं हो सकता। धर्म के जिज्ञासुओ के लिए परम प्रमाण वेद हैं।"

इसके अनन्तर शान्तनु विषयों में अत्यन्त आसक्त हो गया। सत्यवती के प्रति इसकी चालाकी का समाचार आप सब लोग जानते हैं, परन्तु शान्तनु राजा होकर भी सत्यवती के पिता पर बल प्रयोग न कर सका। सत्यवती के पिता ने उसको डाँटा था। जब तक भीष्म ने अपना कुल हक सत्यवती के पुत्रों को देने का निश्चय नहीं किया तब तक सत्यवती के दरिद्री पिता ने राजा की आज्ञा स्वीकार नहीं की। भीष्म पितामह के इस निश्चय पर कि उसने अपना कुल हक सत्यवती के पुत्रों को दे दिया, सत्यवती के दरिद्री पिता ने राजा का कहना स्वीकार किया। इससे ही प्रकट हो जाता है, कि प्राचीन आर्य मनुष्यों में कितनी स्वाधीनता थी और राजा लोग भी सामाजिक प्रबन्ध में किस प्रकार प्रबन्धकर्त्ता हुए थे।"

इस व्याख्या से पता चलता है...

इतिहास की कितनी न्यायसंगत और तर्क संगत समीक्षा महर्षि दयानंद ने की है। इस छोटे से प्रसंग से भी हमें अपने प्राचीन इतिहास और संवैधानिक मर्यादाओं का बहु-आयामी महत्व ज्ञात होता है। हमें पता चलता है कि इतिहास की परम्पराएँ किस प्रकार संविधान (सामाजिक मान मर्यादाओं का) का निर्माण करती हैं और संविधान (वेद) किस प्रकार पग-पग पर मानव समाज का मार्गदर्शन करता है।

महर्षि की इतिहास की इस व्याख्या से हमें पता चलता है कि यदि महाराज शान्तनु अपने राजधर्म से च्युत न होते तो महाभारत न होता। पुत्र पुत्रियों को पाठशाला भेजने की अनिवार्यता के भंग होने से देश में अज्ञानान्धकार फैला। इससे ज्ञात होता है कि शिक्षा स्वैच्छिक नहीं अपितु अनिवार्य होनी चाहिए। क्योंकि मानव योनि अपने व्यक्तित्व के

विकास की पराकाष्ठा को प्राप्त करने के लिए ईश्वर की ओर से प्रदान की जाती है। व्यक्तित्व के इस विकास में समाज और राष्ट्र (शासकीय नियम राज्यधर्म राजनीति) सहायक होने चाहियें न कि बाधक।

राजा यदि विलासी है, व्यभिचारी है, धर्म का ज्ञान नहीं रखता है, तो वह राष्ट्र का विकास नहीं अपितु विनाश करता है। वर्तमान संविधान का यह भारी दोष है कि वह 'राजा' के विषय में कोई भी व्यवस्था देने में पूर्णतः मौन है। वह कोई ऐसी व्यवस्था नहीं कर पाया है, जिससे शक्ति संपन्न लोग शक्तिहीन लोगों पर अत्याचार करने से पहले दस बार सोचें। सत्यवती के पिता पर शक्ति प्रयोग न करना राजा शान्तनु पर तत्कालीन समाज का एक प्रतिबन्ध था, एक नैतिक और मनोवैज्ञानिक दबाव था कि यदि ऐसा किया तो जनता विद्रोह कर सकती है।

जनता के इस नैतिक और मनोवैज्ञानिक दबाव को कम करने के लिए ही भीष्म को भीषण प्रतिज्ञा (जिसके कारण उनका नाम भीष्म हो गया था) लेनी पड़ी थी।

हमारे देश में प्राचीन काल में जनता की स्वाधीनता को राष्ट्र का एक संस्कार माना जाता था। उस संस्कार को राजा बलवती तो कर सकता था परन्तु उसे अपनी ओर से क्षीण नहीं कर सकता था। सामाजिक प्रबन्ध में सहायक होना राजा के लिए भी अनिवार्य था।

आज हम व्यक्ति की स्वाधीनता को राष्ट्र का मौलिक संस्कार बनाने में सर्वथा विफल रहे हैं। यदि महर्षि दयानन्द जी के इतिहास संबंधी इस उद्धरण को ही हम समझ लें तो हमें ज्ञात होता है कि वर्तमान शासन व्यवस्था राष्ट्र निर्माण के लिए नहीं अपितु राष्ट्र के विध्वंस के लिए कृत संकल्प है। क्योंकि यहाँ जो देखा जा रहा है, उससे स्पष्ट होता है कि आजकल शासक वर्ग स्वाधीन है और शासित वर्ग पराधीन है। फलस्वरूप शासक और शासित, शोषक और शोषित के रूप में विभाजित होते जा रहे हैं। इतिहास की गलत व्याख्या करने वाले लोगों की देन है यह व्यवस्था। आज केंद्र की मोदी सरकार जिस प्रकार आर्य राजाओं के इतिहास की तथ्यात्मक, न्यायसंगत और तर्कसंगत व्याख्या करने के लिए कृत संकल्प दिखाई देती है वह बहुत ही अभिनंदनीय कार्य है। इस कार्य में देश के नागरिकों को भी सहयोग करना चाहिए।

हमने इतिहास को संवैधानिक परम्पराओं के निर्वाह में सहायक एक विधि व्यवस्था के सम्पुंजन के रूप में स्थापित कर उसे महिमामंडित नहीं किया है अपितु उसे मृत लोगों की मृत परम्पराओं का एक कूड़ाघर बनाकर स्थापित कर दिया है। यह सोच हमारे वर्तमान इतिहास लेखकों की है। जबकि महर्षि दयानन्द इतिहास को एक कूड़ाघर नहीं अपितु एक 'हीरों की खान' मानते थे। गलत या सही कौन है, यह पाठक स्वयं निर्णीत करें।

❐

अध्याय-19

राजधर्म और भारतीय संविधान

'महाभारत' को नीति और राजनीति के दृष्टिकोण से विद्वानों ने पाँचवा वेद माना है। 'महाभारत' के आदि पर्व में कहा गया है कि :-

धर्मे चार्थे च कामे च मोक्षे च भरतर्षभ।
यदिहास्ति तदन्यत्र यन्नेहास्ति न तत् क्वचित्।।

"हे भरत श्रेष्ठ! धर्म, अर्थ, काम और मोक्ष के सम्बन्ध में जो बात इस ग्रन्थ में है, वही अन्यत्र भी है, जो इसमें नहीं है, वह कहीं भी नहीं है।"

भारतीय परम्परा के अनुसार इतिहास की परिभाषा है:-

धर्मार्थकाममोक्षाणामुपदेश समन्वितम्।
पूर्ववृत्त कथा युक्त मिह्निहासं प्रचक्षते।।

अर्थात् "जिसमें पूर्ववृत्त=प्राचीनकाल में घटित घटनाओं का वर्णन धर्म, अर्थ, काम और मोक्ष के उपदेश सहित कथन किया गया हो, उसे इतिहास कहते हैं।"

जैसा कि हमने पूर्व में स्पष्ट करने का प्रयास किया है कि महर्षि दयानन्द सरस्वती जी महाराज का इतिहास के अध्ययन और लेखन के विषय में दृष्टिकोण इसी प्रकार का था। 'महाभारत' राजनीति का एक महत्वपूर्ण दस्तावेज है। उस समय राजनीति के एक से बढ़कर एक धुरन्धर विद्यमान थे। भीष्म पितामह, योगिराज कृष्ण, आचार्य कृप, आचार्य द्रोण, महामनीषी विदुर, महाराज धृतराष्ट्र आदि के नाम विशेष उल्लेखनीय हैं। महाभारत युद्ध के समापनोपरान्त महाराज युधिष्ठिर को भीष्म पितामह ने राजधर्म का उपदेश दिया था। यह उपदेश आज भी उतना ही प्रासंगिक है, जितना कि उस समय था। भारतीय राजनीति और भारतीय राजनीतिज्ञ इस उपदेश से आज भी लाभान्वित हो सकते हैं। यद्यपि हमारे संविधान में 'राजधर्म' से सम्बन्धित कोई अध्याय या अनुच्छेद नहीं है, परन्तु यदि महर्षि

दयानन्द संविधान निर्मात्री सभा में होते तो वह राजधर्म-विहीन किसी संविधान का निर्माण कदापि न होने देते।

'शांति-पर्व' क्या कहता है?

'महाभारत' के 'शान्तिपर्व' के बीसवें अध्याय में राजा को उभयलोक में सुख-शान्ति प्राप्ति कराने वाले गुणों का वर्णन आता है। इन गुणों को आज भी भारतीय राजनीति में राजधर्म घोषित किया जाये तो आशातीत परिणाम प्राप्त हो सकते हैं।

युधिष्ठिर को समझाते हुए भीष्म पितामह कहते हैं- "राजन् जिन गुणों को आचरण में लाकर राजा उत्कर्ष लाभ करता है, वे गुण छत्तीस हैं। राजा को चाहिए कि वह इन गुणों (जो आजकल के हमारे जन प्रतिनिधियों और शासक वर्ग के लिए 'आदर्श आचार संहिता' के रूप में वर्णित किए जाने चाहिए) से युक्त होने का प्रयास करें। ये गुण निम्नवत हैं:-

1. राजा स्वधर्मों का (राजकीय कार्यों के सम्पादन हेतु नियत कर्त्तव्यों और दायित्वों का न्यायपूर्वक निर्वाह) आचरण करे, परन्तु जीवन में कटुता न आने दें।
2. आस्तिक रहते हुए दूसरे के साथ प्रेम का व्यवहार न छोड़े।
3. क्रूरता का व्यवहार न करते हुए प्रजा से अर्थ संग्रह करे।
4. मर्यादा का उल्लंघन न करते हुए प्रजा से अर्थ संग्रह करे।
5. दीनता न दिखाते हुए ही प्रिय भाषण करे।
6. शूरवीर बने परन्तु बढ़ चढ़कर बातें न करे। इसका अर्थ है कि राजा को मितभाषी और शूरवीर होना चाहिए।
7. दानशील हो, परन्तु यह ध्यान रखे कि दान अपात्रों को न मिले।
8. राजा साहसी हो, परन्तु उसका साहस निष्ठुर न होने पाये।
9. दुष्ट लोगों के साथ कभी मेलमिलाप न करे, अर्थात् राष्ट्रद्रोही व समाजद्रोही लोगों को कभी भी संरक्षण न दे।
10. बन्धु-बान्धवों के साथ कभी लड़ाई झगड़ा न करे। (यदि राजा अपने ही भाइयों से झगड़ा करेगा तो उसका परिणाम वही होगा जो रावण का अपने भाई विभीषण से झगड़ा करने पर हुआ था)
11. जो राजभक्त न हों ऐसे भ्रष्ट और निकृष्ट लोगों से कभी भी गुप्तचरी का कार्य न कराये। (कश्मीर के आतंकी संगठनों को और उनके मुखियाओं को कांग्रेस सरकार जिम्मेदारी के पद देती रही, कई प्रकार के भत्ते आतंकी नेताओं को देती रही, इसके उपरांत भी वे संतुष्ट नहीं हुए और भारत की ही जड़ें खोदने में लगे रहे।)

12. किसी को पीड़ा पहुँचाये बिना ही अपना काम करता रहे।
13. दुष्टों (आतंकी लोगों से) से अपना अभीष्ट कार्य न कहे, अर्थात् उन्हें अपनी गुप्त योजनाओं की जानकारी कभी न दें।
14. अपने गुणों का स्वयं ही बखान न करे। (आजकल देश प्रदेश की सरकारें अपने कार्यों का वर्णन समाचार पत्रों में करोड़ों के विज्ञापन देकर करती हैं, निश्चय ही यह जनहित के और राजधर्म के विपरीत आचरण है, क्योंकि जनता का धन जनता के कार्यों पर व्यय होना चाहिए। उस पर जनता का अधिकार है न कि किसी सरकार का।)
15. श्रेष्ठ पुरूषों (किसानों) से उनका धन (भूमि) न छीने।
(इसका अभिप्राय है कि किसानों से उनकी भूमि उनकी सहमति से ही ली जा सकती है। जमीन लेते समय सरकार की ओर से इस बात का भी ध्यान रखना आवश्यक है कि जो प्रतिकर किसानों को भुगतान किया जा रहा है, उससे उनका पुनर्वास सुनिश्चित होना चाहिए।)
16. नीच पुरूषों का आश्रय न ले, अर्थात् अपने मनोरथ की पूर्ति के लिए कभी नीच लोगों का सहारा न लें, (इससे स्पष्ट होता है कि 'राजनीति में सब कुछ चलता है', यह कहना गलत है।) अन्यथा देर सबेर उनके उपकार का प्रतिकार अपने सिद्धान्तों की बलि चढ़ाकर देना पड़ सकता है।
17. उचित जाँच पड़ताल किये बिना (क्षणिक आवेश में आकर) किसी व्यक्ति को कभी भी दण्डित न करे।
18. अपने लोगों से हुई अपनी गुप्त मन्त्रणा को कभी भी प्रकट न करे।
19. लोभियों को धन न दे।
20. जिन्होंने कभी अपकार किया हो, उन पर कभी विश्वास न करे। (जिन लोगों के राजनीतिक संगठन या वे स्वयं 1947 में देश के विरुद्ध काम कर रहे थे अर्थात् देश को तोड़ने वाले जिन्ना का साथ दे रहे थे, उन्हीं पर कांग्रेस की सरकारों ने स्वाधीन भारत में भी विश्वास किया। उसका परिणाम हम सबके सामने यह आया कि हमारे ही कश्मीर से लगभग 5 लाख हिंदुओं को सुनियोजित ढंग से भगा दिया गया। यह एक ऐसा हमला था जो उन लोगों के द्वारा किया गया था जिन्होंने पूर्व में हमारे साथ अपकार किया था और हमने उन पर विश्वास कर लिया था।)
21. ईर्ष्यारहित होकर अपनी स्त्री की सदा रक्षा करे।

22. राजा शुद्ध रहे, परन्तु किसी से घृणा न करे।
23. स्त्रियों का अधिक सेवक न करे। आत्मसंयमी रहे।
24. शुद्ध और स्वादिष्ट भोजन करे, परन्तु अहितकर भोजन कभी न करे।
25. उद्दण्डता छोड़कर विनीत भाव से माननीय पुरूषों का सदा सम्मान करे।
26. निष्कपट भाव से गुरूजनों की सेवा करे।
27. दम्भहीन होकर विद्वानों का सत्कार करे, अर्थात् विद्वानों को अपने राज्य का गौरव माने।
28. ईमानदारी से (उत्कोचादि भ्रष्ट साधनों से नहीं) धन पाने की इच्छा करे।
29. हठ छोड़कर सदा ही प्रीति का पालन करे।
30. कार्यकुशल हो परन्तु अवसर के ज्ञान से शून्य न हो।
31. केवल पिण्ड छुड़ाने के लिए किसी को सान्त्वना या भरोसा न दे, अपितु दिये गये विश्वास पर खरा उतरने वाला हो।
32. किसी पर कृपा करते समय उस पर कोई आक्षेप न करे।
33. बिना जाने किसी पर कोई प्रहार न करे।
34. शत्रुओं को मारकर किसी प्रकार का शोक न करे।
35. बिना सोचे समझे अकस्मात् किसी पर क्रोध न करे।
36. कोमल हो, परन्तु अपकार करने वालों के लिए नहीं।

युधिष्ठिर! तुम माली के समान बनो

आगे 21 वें अध्याय में भीष्म पितामह युधिष्ठिर को यह भी बताते हैं कि तुम लोभी और मूर्ख मनुष्यों को काम और अर्थ के साधनों में मत लगाओ। जो लोभ शून्य और बुद्धिमान हों, उन्हें ही समस्त कार्यों में नियुक्त करना चाहिए।

युधिष्ठिर! तुम माली के समान बनो, कोयला बनाने वाले के समान नहीं। (माली वृक्ष की जड़ को सींचता है, उसकी रक्षा करता है, तब उससे फल और फूल ग्रहण करता है, परन्तु कोयला बनाने वाला वृक्ष को जड़ से काट देता है। तुम भी माली के समान राज्यरूपी उद्यान को सींचकर सुरक्षित रखो और न्यायोचित कर लो, कोयला बनाने वालों की भाँति सारे राज्य को जलाकर भस्म न करो।) ऐसा करके प्रजापालन में तत्पर रहकर तुम दीर्घकाल तक राज्य का उपभोग कर सकोगे।'

भीष्म पितामह का अनुभव बोल रहा था

भीष्म पितामह ने अपने पिता शान्तनु से लेकर दुर्योधन तक के कई शासक देखे थे। कई बार उन्होंने राजधर्म की खिल्ली उड़ती देखी थी, मर्यादाहीनता और अधर्म का नंगा

नाच हस्तिनापुर की राज्यसभा में होते हुए उन्होंने देखा था। भीष्म पितामह एक लम्बे काल के पश्चात् आज हस्तिनापुर को एक राजोचित व्यवहार और धर्म में निष्णात महापुरूष धर्मराज युधिष्ठिर के हाथों में जाते देख रहे थे। इससे उनका यह सपना पूर्ण हो रहा था कि हस्तिनापुर किसी सुयोग्य शासक से शासित हो, ताकि जनहित के कार्यों का लोक में शुभारम्भ हो। वह राजधर्म से विमुख अपने ही पूर्वजों और वंशजों के क्रूर कृत्यों का कुपरिणाम विनाशकारी युद्ध के रूप में देख चुके थे। इसलिए जब वह युधिष्ठिर को राजधर्म का उपदेश कर रहे थे तो मानो वह भारत के महान भविष्य की नींव रख रहे थे। वह भविष्य आने वाले दस बीस वर्षों का नहीं था अपितु आने वाले युगों के लिए (प्रलय पर्यन्त तक का था) भीष्म उस समय के सर्वमान्य और सर्व स्वीकृत राजनेता थे, इसलिए उनके सपनों में भारत का भविष्य था। वह अतीत की कड़वाहट को वर्तमान के जलजले में भूनकर भविष्य की उज्ज्वलता में परिवर्तित करने के लिए आतुर थे। इसलिए युधिष्ठिर को राजधर्म के उपदेश के समय सचमुच उनकी अन्तरात्मा बोल रही थी कि जो महविनाश हो चुका है वह भविष्य में न हो। इसलिए भीष्म आज धर्म, अर्थ, काम के त्रिवर्ग की साक्षात् प्रतिमा बन गये थे, वह अपने उत्तराधिकारी से हर स्थिति में लोक कल्याण कराना चाहते थे। मानो यह उपदेश उनकी अन्तिम वसीयत थी, और ये क्षण जिनमें ये उपदेश चल रहा था, राष्ट्र के एक सर्वोच्च पुरुष के द्वारा अपनी सर्वोच्चता को अपने एक सुयोग्य उत्तराधिकारी के लिए हस्तान्तरण करने के क्षण थे।

इस उपदेश को युधिष्ठिर ने हृदयंगम किया और राष्ट्रपिता भीष्म के सपनों के भारत के निर्माण में जुट गये। आज के राष्ट्रपिता गाँधी ने भीष्म पितामह के विपरीत अपने उत्तराधिकारी नेहरू को 'धर्मनिरपेक्षता' का (जिसे नेहरू ने धर्मविहीन राजनीति बनाकर महिमामंडित किया) उपदेश दिया। फलस्वरूप संविधान में 'राजधर्म' कहीं स्थान ग्रहण नहीं कर सका।

आज राजधर्म क्या है?

आज राजधर्म वही है, जिसे हमारे तथाकथित धर्मनिरपेक्ष नेता कहें, मानें और करें। कोई स्पष्ट विचारधारा नहीं, कोई स्पष्ट लक्ष्य नहीं, कोई स्पष्ट योजना नहीं और कोई स्पष्ट नीति नहीं। सारी विचारधारा, सारा लक्ष्य, सारी योजनाऐं, और सारी नीतियाँ धर्मनिरपेक्षता की भेंट चढ़ गयी हैं। दलगत राजनीति ने सब कुछ अस्त व्यस्त कर दिया है। अतः आवश्यकता इस बात की है कि हम दलगत राजनीति के साथ-साथ वोटों की राजनीति, मुस्लिम तुष्टिकरण और धर्मनिरपेक्षता की खोखली विचारधारा से बाहर निकलें।

मन्थन की आवश्यकता

ऐसी परिस्थितियों में भीष्म पितामह के उपरोक्त उपदेश पर मन्थन की आवश्यकता है। इस उपेदश पर मन्थन कर राष्ट्र निर्माण के लिए एक विचारधारा, एक लक्ष्य, एक योजना, एक नीति के निर्माण की आवश्यकता है। अलग-अलग दलों की अलग-अलग नीतियों, विचारधाराओं, लक्ष्यों और योजनाओं ने राष्ट्र को एक प्रयोगशाला बनाकर रख दिया है। अब यह खेल बन्द होना चाहिए। इस प्रकार की स्थिति परिस्थितियां लोकतन्त्र की नहीं अपितु 'लूटतन्त्र' की परिचायक हैं। राष्ट्र को चाहिए कि यथाशीघ्र हम अपनी नीतियों की समीक्षा करे और संविधान में 'राजधर्म' का स्पष्ट खाका खीच दें। राजधर्म के निर्वाह में चूक होने पर राजनीतिज्ञों के विरूद्ध क्या कार्यवाही सम्भव है- यह भी स्पष्ट कर दिया जाये। देखते हैं कि ऐसा साहस कब और कौन दिखायेगा? जब तक ऐसा नहीं होता है तब तक मृत्युशैय्या पर पड़े भीष्म के चित्र को राष्ट्र देखता रहे- क्योंकि अभी उसके पास कोई युधिष्ठिर राजधर्म का उपदेश लेने हेतु गया नहीं है।

❒

अध्याय-20

'हम आदि संविधान' से दूर हो गये

यजुर्वेद के 31 वें अध्याय का 7 वां मन्त्र है-

'ओ3म् तस्माद्यज्ञात्सर्वहुतऽऋचः सामानि जज्ञिरे।
छन्दांसि जज्ञिरे तस्माद्यजुस्तस्मादजायत।।'

ऋषि दयानन्द ने इस मंत्र का शब्दार्थ करते हुए लिखा है कि "हे मनुष्यों! तुमको चाहिये कि तुम उस पूर्ण पुरुष को जानो जिस यज्ञस्वरूप व अत्यन्त पूजनीय परमात्मा को सब लोग अपने समस्त पदार्थ समर्पित करते हैं। उस परमात्मा से ऋग्वेद, सामवेद उत्पन्न होते हैं। उस परमात्मा से ही अथर्ववेद उत्पन्न होता है और उसी परमात्मा से यजुर्वेद उत्पन्न होता है।"

फ्रांस के प्रसिद्ध विद्वान वाल्टेयर का मत है:- "केवल इसी देन (यजुर्वेद) के लिये पश्चिम पूर्व का ऋणी रहेगा।"

यह सर्वमान्य सत्य है कि सृष्टि के प्रारम्भ में ही सृष्टि की प्रलय पर्यन्त जो संविधान वेद के रूप में हमें दिया गया वह आज प्रचलन से बाहर हो गया है। यह अलग बात है कि उसको मानने वाले आज भी भारत में ही नहीं अपितु विदेशों में भी पर्याप्त हैं।

अति सर्वत्र वर्जित होती है

हम भारतीय अपने मूल स्वभाव के अनुसार उदार हैं। यह उदारता हमें वेदों से शिष्टाचार को सिखाते-सिखाते मिली है। भोजन पानी लेते समय, या कहीं किसी स्थान पर बैठते समय भी हम उदारता के शिष्ट आचरण का प्रदर्शन करते हुए एक दूसरे के लिए 'पहले आप, पहले आप' की रट लगाते हैं। 'पहले आप' की यह बीमारी हमारे लिए (वेदों के सन्दर्भ में)

एक अभिशाप बन गयी। यह सिद्धान्त तो अच्छा था, परन्तु इस शिष्टता की अति हो गयी। हम भूल गये कि "अति सर्वत्र वर्जयेत"। अति सर्वत्र ही वर्जित होती है।

इस 'पहले आप' की बीमारी का परिणाम ये निकला कि जब ईश्वरकृत 'वेद' जैसी पवित्र पुस्तकों का सामना करने के लिए किन्हीं अन्य सम्प्रदाय वालों ने अपनी (मानवकृत) कुछ पुस्तकों को वेद के समान या उससे भी उच्चतर मानने की घोषणा की तो हमने 'पहले आप' का शिष्टाचार निभाते हुए उसे सहज रूप में ही वेद सम्मत मान लिया। फलस्वरूप हमारे इस 'लचीलेपन' के कारण लड़ाई 'पुस्तकों की सर्वोच्चता' की छिड़ गयी।

ईसा मत और मुस्लिम मत के लोगों ने वेदों की सर्वोच्चता को भंग करने के लिए अपनी पुस्तकों को स्थापित करना आरम्भ कर दिया। मूलोद्देश्य था वेद को पुस्तकों की सर्वोच्चता की प्रतियोगिता से बाहर कर देने का। विश्व के 56 देश आज मुस्लिम राष्ट्र कहलाते हैं। इसका अभिप्राय है कि वहाँ से वेद की सर्वोच्चता समाप्त कर दी गयी है। ईसाई देशों में यद्यपि बाईबिल का शासन प्रत्यक्षतः नहीं है परन्तु वहाँ 'बाईबिल के बादशाह' पोप के प्रति पूरी निष्ठा रखी जाती है, और पूरा ईसाई जगत आज भी 'वैटिकन सिटी' के प्रति श्रद्धा रखता है। इस प्रकार 'दृष्टि-भेद' ने वेद के प्रति इन लोगों को भी श्रद्धाहीन कर दिया। अंग्रेजों और ईसाईयों ने बड़ी चतुरता से लोकतन्त्र के नाम पर और आधुनिकता के नाम पर विश्व में बाईबिल का राज्य स्थापित किया और आज भी उसी के लिए वे प्रयासरत हैं। इसलिए भारत जैसे देशों में ईसाईकरण की प्रक्रिया बड़ी तेजी से चल रही है। इसे वह भारत की 'पहले-आप' की उदारता का लाभ उठाकर भारत में प्रस्तुत कर रहे हैं और दुर्भाग्य से भारत ऐसा होने दे रहा है।

पुस्तकों की हिंसा फैलाने वाली धारणा

विश्व में सम्प्रदायों का महिमामण्डन करते हुए उन्हें धर्म का स्वरूप दिया गया। यह एक चालाकी थी, भारत धर्म की परिभाषा जानता था, क्योंकि वह धर्म का आदि स्रोत था। परन्तु वह चूक कर गया। सम्प्रदाय को जब 'धर्म' के रूप में महिमामण्डित किया जा रहा था, तब उसने सही समय पर इस चालाकी का प्रतिरोध नही किया और 'पहले-आप' के अपने मानसिक रोग के कारण सम्प्रदाय को धर्म का प्रतिस्थानापन्न बनने दिया। भारत में ऐसे लोग पैदा हुए जिन्होंने सम्प्रदायों को 'धर्म' घोषित किया और सब धर्मों की शिक्षाओं को मानवता के लिए उपयोगी घोषित किया। इससे सम्प्रदायों की पुस्तकों की हिंसा फैलाने वाली आज्ञाओं पर भी 'औचित्यपूर्ण' होने की मुहर लग गयी।

भारत की इस निष्क्रियता का परिणाम ये निकला कि विश्व में शासक और शासित के मध्य की खाई बढ़ने लगी। फलस्वरूप नास्तिक लोगों की वृद्धि होने लगी। क्योंकि सभी

लोग या सभी सम्प्रदाय ईश्वर के नाम पर ही लोगों का शोषण कर रहे थे। इसलिए कुछ लोगों ने सोचा कि यदि वह ईश्वर ही कुछ लोगों को शोषक और कुछ को शोषित बनाकर भेजता है तो वह ईश्वर ईश्वर है ही नहीं। इसलिए ऐसे ईश्वर के विरूद्ध आवाज उठनी चाहिए और उसे नकारना चाहिए। फलतः संसार में कम्युनिस्ट लोग आये, उन्होंने सम्प्रदायों की उन्मादपूर्ण सोच को एक 'अफीम' की संज्ञा दी। लोगों ने इस धर्म को 'अफीम' की संज्ञा देना घोषित किया।

धर्मनिरपेक्ष शासन और मजहब

कालान्तर में लोगों ने धर्मनिरपेक्ष-शासन को ही वरीयता देना आरम्भ किया। क्योंकि सम्प्रदाय का उन्माद संसार के लिए घातक सिद्ध हो चुका था। भारत ने अपने वेद से पीछे हटना आरम्भ कर रखा था, वह पीछे हटता गया और लोग उसकी थाली में रखे भोजन को ही चट कर गये। उन्होंने भारत के वेद को भी साम्प्रदायिक ग्रन्थ घोषित कर दिया। जो 'वसुधैव कुटुम्बकम्' की भावना से ओत प्रोत ग्रन्थ था, वह 'कम्युनिटीज' में विभाजित करके देखा जाने लगा। हम देखते हैं उन ग्रन्थों को भारत में धर्मनिरपेक्षता के नाम पर पूजनीय माना जाने लगा जो वास्तव में साम्प्रदायिकता को बढ़ावा देने वाले रहे।

इस प्रकार भारत के वेद और वैदिक संस्कृति एक बहुत ही घातक षड़यंत्र का शिकार हो गई। वास्तव में तो 'कम्युनल' वही होता हैं जो 'कम्युनिटीज' की बात करता है। जो व्यक्ति 'वसुधैव कुटुम्बकम्' के उच्चादर्श से प्रेरित है और विश्व मानस का धनी है वह साम्प्रदायिक नहीं कहा जा सकता। परन्तु भारत में ऐसा किया गया। भारत में कई लोगों ने विदेशी लोगों की इस प्रकार की द्वेषभरी सोच का समर्थन किया। इसके पीछे एक कारण यह भी था कि भारत के लोग अपनी वैदिक विरासत के बारे में अनभिज्ञ हो गए थे। फलस्वरूप वेद के प्रति श्रद्धा भाव मिटने लगा। आज तक हम यह नहीं समझ पाये हैं कि धर्म की रक्षा शासन सत्ता के सहयोग के बिना नहीं हो सकती। धर्म का मूल वेद है। इसलिए वेद की शिक्षाओं का सम्मान कराना तथा उन्हें स्थापित कराना शासन सत्ता के सहयोग के बिना असम्भव है। 'कुरान' तब तक कायम है जब तक कि उसकी शिक्षाओं (चाहे वह साम्प्रदायिक और हिंसक ही क्यों न हों) को लागू कराने के लिए शासन सत्ता का सहयोग प्राप्त है। यही स्थिति बाईबिल की है।

आदि शंकराचार्य जी और वैदिक संस्कृति

शंकराचार्य भारत के वेद धर्म के मर्मज्ञ आचार्य थे। यदि वह न आते तो आज भारत में वेद का नाम लेने वाला एक भी व्यक्ति नहीं होता। उन्होंने 'पहले आप' की आत्मघाती नीति को नही अपनाया अपितु वेदों पर आक्षेप करने वाले लोगों को तथा राजसत्ताओं को

शास्त्रार्थ की चुनौती दी और वेदमत को बचाया। आज के विश्व पर आचार्य जी का यह बहुत बड़ा उपकार था। वेदमत के विपरीत चलने वाले या विपरीत राय रखने वाले लोगों को शंकराचार्य ने महिमामण्डित नहीं किया अपितु उन्हें शास्त्रार्थों में पराजित कर वेदमत को मानने के लिए प्रेरित और विवश किया।

महर्षि दयानन्द ने कहा है- "सुधन्वा राजा के साथ जो बौद्ध मत का अनुयायी था, शंकराचार्य का शास्त्रार्थ हुआ। इसमें प्रतिज्ञा यह हुई कि यदि शंकराचार्य पराजित हुए, तो उन्हें बौद्धमत स्वीकार करना होगा। बौद्ध पंडित वेदों की निन्दा करते हुए कहते थे कि वेदों के बनाने वाले भाण्ड, धूर्त्त, और राक्षस हैं। झूठे दोष वेदों पर लगाते हैं।... सुधन्वा शास्त्रार्थ में हार गया और उसने वेद मत को स्वीकार कर लिया। इसके पश्चात् शंकराचार्य बुद्ध गया में गये, वहाँ का राजा कट्टर बौद्ध था, वर्णाश्रम व्यवस्था को यह राजा नहीं मानता था। इस राजा को भी जीतकर शंकराचार्य ने वैदिक धर्म का अनुयायी बनाया। बौद्धमत का अब ह्रास होने लगा।"

राजशाही आज भी दिशाविहीन है

इसका अभिप्राय हुआ कि भारत में वेद विरोधी बौद्धमत को शंकराचार्य के सत्प्रयासों ने प्रसारित होने से रोका। महर्षि दयानन्द ने भी अपने समय में शंकराचार्य की इसी शास्त्रार्थ परम्परा का आश्रय लिया और उन्होंने राजाओं को विशेषतः सुधारकर सही मार्ग पर लाने का प्रयास किया। आज भी आवश्यकता इसी मार्ग का अनुकरण करने की है। 'राजशाही' आज भी दिशाविहीन है। क्योंकि हमारे संविधान ने कई स्थानों पर जिन उच्चादर्शों की बात कही है या उन्हें अपना उद्देश्य घोषित किया है, उन्हें वह (वेद से लेकर भी) प्राप्त करने में असफल रहा है।

आंशिक रूप से भी यदि हमारा संविधान वेदसंगत बातों को या आदर्शों को स्थापित करना अपना उद्देश्य बनाता है या घोषित करता है तो उन बातों को या आदर्शों को स्थापित कराने में हमारे जनप्रतिनिधि ही सहायक हैं। अधिकांश जनप्रतिनिधियों को वेद का ज्ञान नहीं है। वेद के नाम पर उन्हें नींद आने लगती है। वेद के सिद्धांत और वेद के उपदेश उनके सिर के ऊपर से निकल जाते हैं। इसका एक कारण यह भी है कि राजनीति में कुपढ लोग सक्रिय होते हैं और वही एक दिन विधायक या सांसद या मंत्री बनने में सफल हो जाते हैं। विद्वान लोगों को न तो जनता में कोई पूछता है और न ही वे स्वयं राजनीति में कोई रुचि लेते हैं। एक प्रकार से विद्वान लोगों ने राजनीति के मैदान को मूर्ख और कुपढ़ लोगों के लिए खाली छोड़ दिया है। जिसका पूरा-पूरा लाभ ये कुपढ़ लोग उठा रहे हैं।

इसलिए सुधार की आवश्यकता इन्हीं राजनीतिक लोगों की है। शंकराचार्य और

दयानन्द के पुरूषार्थपूर्ण उद्यम को पुनः क्रियान्वित करने की आवश्यकता है। पूर्वोत्तर में बाईबिल वेद को पराजित कर चुकी है तो इस्लाम बहुल क्षेत्रों में कुरान वेद को भगा रही है। यह कुछ उसी प्रकार हो रहा है जिस प्रकार मूर्ख कुपढ़ लोगों ने विद्वानों को राजनीति के मैदान से बाहर कर दिया है। मैदान लूटा जा रहा है और हम कुछ नहीं कर पा रहे हैं।

पहले 'आप' नहीं पहले 'हम'

हमारे सारे 'सुधन्वा' स्वयं को धन्य मान रहे हैं और आधुनिकता के नाम पर 'गलत' कार्य का प्रतिकार करने की क्षमता खो बैठे हैं। फलस्वरूप 'सांप्रदायिक' शक्तियाँ 'संप्रदाय' की बात कहकर बलवती होती जा रही हैं। संविधान का सामासिक संस्कृति के विकास का सपना धूमिल होता जा रहा है। आदर्श ओझल और जीवन बोझिल होता जा रहा है। ऐसे में आत्मचिंतन करने की आवश्यकता है और यह देखने की आवश्यकता है कि हम अपने गौरवपूर्ण अतीत की पुनर्स्थापना कब और कैसे कर पाएंगे?

हम 'पहले आप' की रट को भूल जायें। राष्ट्र धर्म और संस्कृति के सन्दर्भ में यह सिद्धान्त नहीं चलता। वहाँ 'पहले हम' का सिद्धान्त चलता है। वहाँ शास्त्रार्थ होते हैं कि मानव जीवन के लिए ही नहीं अपितु प्राणिमात्र के जीवन के लिए कौन से सिद्धान्त उचित हैं? इस शास्त्रार्थ से जो औचित्यपूर्ण सिद्धान्त सिद्ध हों उन्हें स्वीकार करना अनिवार्य होता है। वहाँ यह नहीं चलता है कि आप अपनी जगह उचित हैं और मैं गोरक्षा करता हूं तो अपनी जगह मैं भी उचित हूँ। वहां पर वही उचित है जो न्यायसंगत, तर्कसंगत, सृष्टि-नियमों के अनुकूल और धर्मसंगत कार्य कर रहा हो। जो व्यक्ति विपरीत दिशा में जोर लगा रहे होते हैं उन्हें भी यदि आप उचित मानेंगे अथवा उनके प्रयास को सराहने का काम करेंगे तो फिर यह कैसे सिद्ध हो पाएगा कि कौन गलत है और कौन सही है?

यह सोच ही गलत व्यक्ति को आगे बढ़ने का अवसर उपलब्ध कराती है। गलत विचार की कोंपल को यदि व्यक्ति फूटते फूटते ही मसल दे तो वह एक 'विकार' नहीं बन पाता है। स्वस्थ रहने के लिए 'पथ्यापथ्य' का ध्यान रखना पड़ता है। इसी प्रकार स्वस्थ समाज की संरचना के लिए भी हमें किसी विचार के 'ग्राह्य' या 'अग्राह्य' होने पर पहले ही सावधानी बरतनी चाहिए। यदि ऐसा नहीं किया जाता है तो समाज की विसंगतियाँ बढ़ती जायेंगी और हम अपने सर्वनाश की ओर यूं ही बढ़ते जायेंगे। समय रहते हमें अपने आदि संविधान वेद से अपनी दूरियों को समेट लेना चाहिए। स्वस्थ्य चिन्तन से स्वस्थ समाज का निर्माण होता है, जबकि संकीर्ण चिन्तन संकीर्ण समाज का सृजन करता है।

❐

अध्याय-21

लोकतन्त्र की प्राणशक्ति : गोपनीयता और मंत्रीपद

लोकतंत्र में शासन तन्त्र की प्राणशक्ति गोपनीयता और मंत्रीपद को माना जा सकता है। राजा की योजनाएँ और अति महत्वपूर्ण नीतिगत निर्णयों की जानकारी जनसाधारण हो या विशिष्ट व्यक्ति हों, किसी को भी समय पूर्व नही होनी चाहिए। महाराज युधिष्ठिर को समझाते हुए महाभारत के शान्तिपर्व (69/14-15) में भीष्मपितामह ने गोपनीय विषयों पर अपनी सम्मति प्रदान करने वाले लोगों का उल्लेख किया है। उन्होंने कहा है कि ब्राह्मणों के अतिरिक्त क्षत्रिय एवम् वैश्य को भी मन्त्री बनने एवं मंत्रणा देने का अधिकार है। भीष्म पितामह के मतानुसार मन्त्री का कुलीन एवं धर्मज्ञ होना भी उसकी एक अनिवार्य योग्यता है। मन्त्रणा के योग्य मंत्री के भीतर भीष्म जी ने जिन गुणों की चर्चा 'शान्ति पर्व' में की है, उनमें एक मंत्री का परममित्र, स्वरूपवान, मृदुभाषी, क्षमाशील, शिष्टाचारी, बुद्धिमान, स्मृतिवान, कुशल, दयालु, यशस्वी एवम् सामर्थ्यवान पुरूष से द्वेष नही रखने वाला तथा किसी भी परिस्थिति में धर्म को न छोड़ने वाला, जैसे गुणों को वर्णित किया है। भीष्म कहते हैं कि जो मंत्री उक्त गुणों से सुशोभित होते हैं, वही अपने राजा से सम्मानित होते हैं। क्योंकि ऐसे महान् विचारक और धर्मशील मंत्री ही राजा की गोपनीयता को बनाये रखने में कुशल हो सकते हैं।"

'महाभारत' के 'शांति पर्व' की यह व्यवस्था वेदों की राजनीति संबंधी व्यवस्था के साथ मेल खाती है। इसी प्रकार की व्यवस्था के समर्थक स्वामी दयानंद जी थे। आज के संविधान में मंत्री के बारे में यह स्पष्ट नहीं किया गया है कि उसके भीतर कौन-कौन से गुण होने चाहिए? आज की राजनीति में 'शांति पर्व' में मंत्री या हमारे जनप्रतिनिधियों के भीतर मिलने वाले इस प्रकार के गुणों को बहुत दूर की कौड़ी माना जाता है।

मंत्री के कर्तव्य

युधिष्ठिर के साथ हुए अपने संवाद के समय मंत्री के कर्तव्यों पर भी पितामह भीष्म ने 'शांति पर्व' में प्रकाश डाला है। राजा को पहले तीन मंत्रियों से अलग-अलग कर उस पर विचार करना चाहिए। तत्पश्चात् कुलपुरोहित से सलाह लेनी चाहिए। उनकी स्वीकृति मिलने पर ही उस मन्त्रणा को कार्यान्वित करना चाहिए। यहां पर यह बात देखने वाली है कि पहले तो वे तीनों मंत्री ही अपने आप में विषय के पारंगत होते थे जिनके साथ राजा अकेले में मंत्रणा करता था, उनके साथ मंत्रणा करना ही इसलिए पर्याप्त है कि वह जिस निष्कर्ष पर पहुंचेंगे, वह अपने आप में धर्म संगत ही होगा। इसके पश्चात भी उस पर कुलपुरोहित की सलाह लेना उसे और भी अधिक परिष्कृत कर देने के समान है। कुल पुरोहित वही व्यक्ति होता था जो वेदों का विद्वान होता था संयमी और जितेंद्रिय होता था।

मन्त्रणा के समय वहाँ से विकलांग, एवम् विकृतांग स्त्री, हिजड़ों को अलग कर देना चाहिए। राजा एवम् मंत्री की मन्त्रणा एकान्त समतल कुशरहित मैदान या राजभवन के ऊपरी तल पर करनी चाहिए। मंत्रिमण्डल में विद्वान, प्रगल्भ, स्नातक, चार ब्राह्मण, बलशाली शस्त्रधारी, आठ क्षत्रिय, धनसम्पन्न 21 वैश्य एवम् विनीत, पवित्र कर्म करने वाले तीन शूद्रों को भी रखना चाहिए, किन्तु उन्हें इनकी गोपनीयता की रक्षा करनी चाहिए।

जो लोग यह कहते हैं कि शूद्रों की कोई विशेष सम्मानपूर्ण स्थिति प्राचीन भारत में नहीं थी, उन्हें यहां पर यह विशेष रूप से ध्यान देना चाहिए कि ऐसी विशेष मंत्रणा में तीन शूद्रों की उपस्थिति भी बताई गई है। इसका अभिप्राय है कि अनुभव वृद्ध शूद्र भी राज कार्य में अपना सहयोग देने का अधिकार रखते थे।

आचार्य शुक्र ने मंत्री के लिए नीतिशास्त्र का ज्ञानी होना आवश्यक माना है। आचार्य शुक्र ने मंत्री पदासीन व्यक्ति में आत्म स्वाभिमान की भावना को भी आवश्यक माना है। अनुचित आज्ञा को टाल देना चाहिए, एवम् राजा के साथ अनीतिपूर्ण आचरण नहीं करना चाहिए। महाविद्वान विदुर ने गोपनीयता को मंत्री का सबसे बड़ा गुण माना है।

'राजा निरंकुश नहीं होता'

राजा के लिए मंत्रिपरिषद का होना, उसको सलाह के लिए परामर्शदाता लोगों की उपस्थिति और ऐसे परामर्शदाता लोगों का कुलीन और धर्मज्ञ होना यह स्पष्ट करता है कि राजा निरंकुश नहीं हो सकता। उस पर नीति और धर्म की नकेल डालने के लिए विद्वान लोगों की उपस्थिति उसके साथ प्रत्येक पल बनी रहती थी। जो उसे उचित अनुचित का विवेक कराते थे। जो उचित और न्याय संगत होता था अथवा धर्म के अनुकूल होता

था, उसी पर वे विद्वान लोग अपनी सहमति देते थे। इस सहमति को राजाज्ञा या विधि में परिवर्तित करना राजा का कार्य होता था।

राजा के स्वेच्छाचारी और निरंकुश स्वरूप की अत्याचार पूर्ण छवि मध्यकाल की देन हैं। उस समय 'राजा' के स्वरूप में गिरावट आ चुकी थी। राजा की ओर से होने वाली विजय यात्राएं लोककल्याण के लिए नहीं, अपितु 'स्वकल्याण' के लिए होने लगीं। इससे राजा के भीतर अहंकार और दम्भ में वृद्धि होने लगी। ऐसी स्थिति का कारण ये था कि राजा ने चाटुकार लोगों को अपना मंत्री बनाना आरम्भ कर दिया। ऐसे चाटुकार लोगों ने मंत्री पद पाकर स्वयं को उपकृत माना और वो राजा के इस उपकार के कारण राजा के मंत्रिमण्डल के नहीं, अपितु कीर्तिमण्डल के सदस्य बन गये। जहाँ राजा की पूजा करना और मानो आरती उतारना भी उनका जीवनोद्देश्य बन गया।

मंत्रणा के सम्बन्ध में हमें स्मरण रखना चाहिए कि ये सदा ही विद्वानों के साथ हुआ करती है। सामान्य बुद्धि के व्यक्ति के साथ कभी भी मन्त्रणा नहीं हुआ करती। इसलिए सर्वप्रथम आवश्यक है कि बनने वाले मंत्री की स्वयं की प्रतिभा बोलनी चाहिए। क्षेत्रीय, भाषाई और साम्प्रदायिक सन्तुलन को बनाकर रखने के लिए यदि 'राजा' अपने मंत्रियों का चयन करेगा (जैसा कि आज होता है) तो वे लोग राजा को उचित परामर्श नहीं दे पायेंगे। उनके परामर्श में भी संकीर्णता का विखण्डनवाद होगा और राष्ट्र वितण्डावाद का शिकार हो जायेगा।

गोपनीयता को विद्वान ही बनाये रख सकता है

गोपनीयता के सम्बन्ध में हमें सदा स्मरण रखना चाहिए कि संकीर्ण मानसिकता का व्यक्ति कभी भी गोपनीयता को भंग कर सकता है। उसका धैर्य थोड़ी सी विषमताओं का सामना करते ही समाप्त हो सकता है। जबकि एक विद्वान अपने धैर्य को अधिक समय तक बनाये रख सकता है। अच्छे मंत्री को 'राजा' से किसी समय मतभेद हो जाने पर भी अपने द्वारा गोपनीयता बनाये रखने के सिद्धान्त को कभी विस्मृत भी नहीं करना चाहिए। ऐसी परिपक्व मानसिक अवस्था लोकतन्त्र के लिए आवश्यक होती है। हमारे संविधान ने भी गोपनीयता को लोकतन्त्र की प्राणशक्ति के रूप में ही मान्यता प्रदान की है। संसार के सभी लोकतांत्रिक देशों में जहां-जहां पर गोपनीयता को मंत्रियों के लिए अनिवार्य माना गया है, वहां यह संस्कार भारत की ओर से ही गया है।

यह दुःख का विषय है कि हमने गोपनीयता के सिद्धान्त को वेद सम्मत राजनीति से लिया, परन्तु संविधान में कहीं पर भी प्रधानमंत्री और मंत्रियों की योग्यता एवम् बौद्धिक क्षमताओं का राष्ट्र की अपेक्षाओं के रूप में निरूपण नहीं किया। प्रधानमंत्री की सबसे

बड़ी योग्यता यह मान ली गई कि वह सिरों की गिनती के खेल में अपने आपको कुशल खिलाड़ी साबित कर दे। यदि उसके पास लोकसभा में आधे से एक अधिक का बहुमत का आंकड़ा उपलब्ध है तो वह देश का प्रधानमंत्री हो सकता है। इसके बाद की अन्य चारित्रिक विशेषताएं हमारे देश के आज के प्रधानमंत्री के संदर्भ में गौण हो जाती हैं। इस प्रकार की व्यवस्था से कई बार हमारे देश का लोकतंत्र मजाक का कारण बन गया।

यह भी एक विडम्बना है...

यह अत्यन्त दुर्भाग्यपूर्ण परिस्थिति है कि देश के प्रधानमंत्री को हमने विभिन्न दबाव गुटों, औद्योगिक घरानों, शक्ति सम्पन्न लोगों आदि के ऊपर छोड़ दिया है। निःस्वार्थ भाव से राष्ट्र की सेवा करने वाले परम विद्वत्मण्डल की कृपा दृष्टि से नहीं अपितु निहित स्वार्थों के लिए शक्ति संचय कर सत्ता प्रतिष्ठानों को हड़पकर अपनी मुट्ठी में रखने वाले कुछ स्वार्थी लोगों के द्वारा प्रधानमंत्री की नियुक्ति होने लगी है। भारतीय राजनीति में सन 2014 से पहले तो यह स्थिति बहुत ही भयंकर रूप में देखी जा रही थी।

'उपकार' का यह खेल किसी प्रधानमंत्री को स्वतन्त्र और स्वस्थ निर्णय लेने से रोकता है। वह स्वयं बन्धनों में जकड़ा हुआ और संकीर्ण गलियों से निकलकर चलने वाला एक असहाय व्यक्ति बना दिया गया है। हमारे अब तक के अधिकांश प्रधानमंत्रियों की स्थिति ऐसी ही रही है। ऐसी स्थिति परिस्थितियों में कुछ प्रधानमंत्री कभी भी अपने विवेक से विद्वान लोगों को अपने मंत्रिमण्डल में स्थान नहीं दे पाये। इसका एक कारण ये भी होता है कि मंत्री यदि योग्य हो और प्रधानमंत्री 'अयोग्य' हो तो मंत्री सत्ता पलट कभी भी कर सकता है। इसलिए अपनी 'कुर्सी' को बचाये रखने के लिए भी दुर्बल मंत्रियों की नियुक्ति की जाती है।

'गोपनीयता टूट जाती है'

ऐसी परिस्थितियों में गोपनीयता का भंग हो जाना स्वाभाविक है। यदि लक्ष्य दूर तक जाना नहीं है, तो कहीं निकट ही 'साध्य' टोहना मानव की प्रकृति में सम्मिलित है। जिसे साध्य मिल गया (अर्थात् ऐश्वर्य का साधन मंत्री पद मिल गया।) वह बहुत दूर तक (राष्ट्र के कल्याण के लिए) अथक परिश्रम कर राष्ट्रोत्थान के लिए नई नई नीतियाँ लाने और स्थापित करने के प्रति समर्पित नहीं हो सकता। स्वार्थ पूर्ति के लिए या तो वे स्वयं साथ छोड़ जाते हैं या उन्हें छोड़ दिया जाता है। छूटने या छोड़ने की कोई सी भी अवस्था के उपस्थित होते ही, 'गोपनीयता की शपथ' तार-तार हो जाती है। तब सत्ता और सत्ता में बैठे लोग, राजनीति और राजनीति कर रहे लोग उपहास का पात्र बनते देखे जाते हैं। भारत में ऐसा स्वतन्त्रता के पश्चात् बार-बार होता रहा है।

अन्धता की अनन्त गलियाँ

"फलस्वरूप हम अन्धता की अनन्त गलियों में घुस चुके हैं। संविधान मूल रूप में जिन व्यवस्थाओं पर मौन है, अथवा जिन बिन्दुओं पर उसे स्पष्ट होना ही चाहिए, उसके मौन रहने या अस्पष्ट रहने का ही यह दुष्परिणाम है। ऋग्वेद (7/18/4) में आया है कि जिसको मंत्री ब्रह्मस्पति-ज्ञानी, सेनापति इन्द्र जैसा शक्तिशाली एवम् कोषाध्यक्ष कुबेर जैसे सम्पन्न व्यक्ति की सहायता मिलती है। वह निःसन्देह बढ़ता जाता है।" यजुर्वेद (27/8) में वाक एवम् मेधा के देवता बृहस्पति से प्रार्थना की गयी है, जो वैदिक मंत्रिमण्डल में शिक्षामंत्री है, कि इस यजमान (राजा) को तीव्र बुद्धि करके चेतनायुक्त करो, और सम्यक् रूप से उपदेश दो, इसको महान् ऐश्वर्य के लिए बढ़ाओ तथा सभी दिव्य गुण वाले इसके अनुकूल होकर आनन्दित हों।"

वेद के इसी प्रकार के आदेशों को महर्षि दयानन्द वर्तमान भारतीय राजनीति का मूल आधार बनाना चाहते थे। इसलिए उन्होंने वेदों की राजनीतिक व्याख्या ही नहीं की अपितु राजनीति की भी उन्होंने वेद संगत परिभाषा की और उन दोनों को अन्योन्याश्रित बनाकर 'राजधर्म' का प्रतिपादन किया। आज स्वार्थी लोगों की स्वार्थपूर्ति के लिए तथा अपने विरोधियों को राजनीति में परास्त करने के लिए, अथवा किन्हीं तात्कालिक लाभ देने वाली योजनाओं को लागू करके उनसे चुनावी लाभ उठा लेने के लिए लोगों में मंत्रणाऐं होती हैं, गुप्त योजनाओं बनती हैं। जिनका परिणाम सुखद नहीं आ रहा है।

लोककल्याण से अभिभूत राजनीतिक चिन्तन और लोक कल्याण के लिए समर्पित राजनीति को यदि हम एक राष्ट्रीय संस्कार बना दें, तो लोकतन्त्र की प्राणशक्ति के इन दोनों स्तम्भों (गोपनीयता और मंत्री पद) की गरिमा की रक्षा होना सम्भव है।

❐

अध्याय-22

भारत की राजभाषा-हिन्दी

डॉ. डी.डी. बसु लिखते है- "संविधान के निर्माताओं को शासकीय पत्राचार के माध्यम के रूप में (भारत में तत्समय प्रचलित 1652 से अधिक भाषाओं में) इनमें से कुछ भाषाओं को चुनना था, जिससे कि देश में अनावश्यक भ्रम न रहे। यह सौभाग्य की बात है कि इन 1652 भाषाओं को बोलने वाले समान अनुपात में नहीं थे और 18 भाषाऐं भारत की प्रमुख भाषाओं के रूप में सरलता से चुनी जा सकीं। ये भाषाऐं देश की जनसंख्या के 91 प्रतिशत लोग प्रयोग करते हैं। इनमें से हिन्दी यह दावा कर सकती है कि 46 प्रतिशत लोग उसका प्रयोग करते हैं।...अतः हिंदी को संघ की राजभाषा के रूप में विहित किया गया और यह सिफारिश की गयी कि हिन्दी का विकास इस प्रकार किया जाये कि वह भारत की 'सामासिक संस्कृति' के सभी तत्वों की अभिव्यक्ति का माध्यम बन सके।"

ऐसी व्यवस्था भारत के संविधान का अनुच्छेद 351 करता है। 'जयहिन्द' स्वतन्त्रता संघर्ष के दिनों में हमारा एक पवित्र और उत्कृष्ट भावना को प्रदर्शित करने वाला नारा था। मौ. इकबाल ने जो "सारे जहाँ से अच्छा हिन्दुस्तां हमारा" का जो गीत बनाया था, उसी की एक पंक्ति-हिन्दी (अर्थात् हम हिन्द के रहने वाले लोग) हैं हम वतन हैं हिन्दोस्ताँ हमारा" ये है। इसमें 'हिन्दी' हमारी राष्ट्रीयता का प्रतीक शब्द है। संविधान के अनुच्छेद 351 में इस प्रकार हिन्दी को राजभाषा घोषित करना बहुत ही उचित था। परन्तु यह समझ नहीं आता कि जब देश का विभाजन भाषा और सम्प्रदाय के नाम पर 1957 में हो ही गया था तो हिन्दी को उसी समय राष्ट्रभाषा क्यों नहीं बना दिया गया था? तुष्टिकरण और छद्म धर्मनिरपेक्षता की भेंट हिन्दी का गौरव चढ़ा दिया गया। (ऋग्वेद 10/191/2) में 'सं वद ध्वम्' आया है। उस सूक्ति की व्याख्या करते हुए स्वामी वेदानन्द तीर्थ जी महाराज लिखते हैं- "तुम एक सा बोलो। चाल की समानता के लिए बोल की समानता अत्यन्त आवश्यक है। बोली-भाषा के भेद के कारण बहुधा विचित्र किन्तु निरर्थक झगड़े हुए हैं। एकता स्थापित करने के लिए एक भाषा का होना अत्यन्त आवश्यक है। एक भाषाभाषी एक गुट बना

लेते हैं। प्रायः उनका दूसरी भाषा बोलने वालों से सम्पर्क न्यून ही रहता है। फलतः उनसे उचित सम्बन्ध स्थापित नहीं हो पाता, अतः मनुष्यों की बोली, भाषा, उक्ति, उच्चार एक सा होना चाहिए।"

भाषा भावप्रकाशन का वह माध्यम

भाषा शब्द में 'भा' का अभिप्राय ज्ञान की दीप्ति-तेजोमयी-ज्ञान-विज्ञान, है तो दूसरा इसका अभिप्राय जो यहाँ अधिक सटीक माना जाता है वो भाव प्रकाशन भी है। अतः भाषा भावप्रकाशन का वह माध्यम है जो तेजोमयी ज्ञान-विज्ञान की गूढ़ता और सूक्ष्मताओं को हमें समझाने बताने में सहायता करती है। इस दृष्टिकोण से और इस परिभाषा से राष्ट्र के भीतर एक भाषा का प्रचलन होना बहुत ही आवश्यक है। विभिन्न भाषाऐं विभिन्न गुटों को जन्म देती हैं। जिससे समाज में बिखराव उत्पन्न होता है। भाषा के विषय में यह माना जाना कि वह साम्प्रदायिक होती है, नितान्त भ्रामक है। भाषा को साम्प्रदायिक वो लोग बनाते हैं जो साम्प्रदायिक सोच रखते हैं और उसके गुट या समुदाय के लिंए किसी अपनी भाषा के प्रति पूर्वाग्रह रखते हैं। उस भाषा को वह अपनी निजता और अस्मिता से जोड़कर देखते हैं।

हाँ, भाषाऐं जितनी नई होती हैं, अथवा जितनी कम प्राचीन होती हैं, वे उतने ही अनुपात में हमें ज्ञान विज्ञान की गूढ़ता और सूक्ष्मताओं से परिचित कराने में अक्षम होती हैं। बस यही कारण है कि विश्व की सबसे प्राचीन भाषा संस्कृत जितना अधिक हमें ज्ञान विज्ञान की गूढ़ता और सूक्ष्मताओं से परीचित करा सकती है, उतना कोई अन्य भाषा नहीं करा सकती है। उस संस्कृत की आज यदि कोई उत्तराधिकारिणी भाषा है तो वह 'हिन्दी' है। इसीलिए हिन्दी को भारत की राजभाषा का सम्मान दिया गया। हिन्दी इस सम्मान की पात्र थी, इसलिए उसे यह सम्मान मिलना भी चाहिए था।

मनु महाराज कहते हैं:-

सर्वेषां तु स नामानि कर्माणि च पृथक्पृथक।
वेद शब्देभ्य एवादौ पृथक संस्थाश्च निर्ममे।।

वेदानन्द तीर्थ जी लिखते है- "सबके नाम और कर्म और सारी रचनाऐं वेद शब्दों के अनुसार ही आरम्भ में निर्माण कीं। अथवा उनकी रचना वह पूर्वया निविदा' पुरानी रीति से करता है- जगद्विधाता ने सूर्य और चन्द्रमा को यथापूर्व-पूर्वकल्प की भाँति बनाया। 'पूर्वया निविदा' और यथापूर्व ने एक और सूचना भी दी कि यह सृष्टि थी, और इस सृष्टि के पश्चात् भी सृष्टि होगी। सृष्टि का चक्र चलता रहता है। सृष्टि के पीछे प्रलय, प्रलय के पीछे सृष्टि इस प्रकार यह प्रवाह चलता है।"

ज्ञान की गूढ़ता और संस्कृत

ज्ञान की यह गूढ़ता और सूक्ष्मता हमें केवल संस्कृत से ही मिलती है। अन्य भाषाओं में जाकर, गूढ़ ज्ञान के निर्विवाद विषय भी विवादित बन जाते है? जैसे सृष्टि उत्पत्ति प्रकरण, जीवोत्पत्ति प्रकरण, आदि-आदि। ऐसे बहुत से विषयों पर बाद की भाषाओं ने और भाषाविदों ने अपनी-अपनी मान्यता आरोपित कर दी हैं। जिससे संसार में मतभेद उत्पन्न हुए और लोगों में विभाजनवाद की प्रक्रिया बढ़ी। क्योंकि सबने अपनी-अपनी भाषा और अपने-अपने भाषाविदों के विचारों को या मान्यताओं को ही अन्तिम सत्य माना। लोग अपनी मान्यता को ही अन्तिम सत्य सिद्ध कराने के लिए अपने-अपने समुदाय में अपनी-अपनी भाषा में अपने-अपने विचारों को अधिक प्रचारित करते हैं। जिससे भाषा साम्प्रदायिक बन जाती हैं।

महर्षि दयानन्द संस्कृत को आर्यभाषा मानते थे। उन्होंने अमर ग्रन्थ सत्यार्थ प्रकाश की रचना स्वयं गुजराती होकर भी हिन्दी में की थी। हिन्दी के प्रति महर्षि दयानन्द का यह प्रयास और सम्मान भाव मानो उसे राजभाषा ही नहीं अपितु राष्ट्रभाषा के प्रतिष्ठित पद पर आसीन करा देना था। उज्ज्वल भारत के उज्ज्वल भविष्य के लिए महर्षि का यह उज्ज्वल सपना था। जिसे उन्होंने 'सत्यार्थ प्रकाश' की रचना हिन्दी में करके साकार कर दिखाया था। कालान्तर में हमारे संविधान निर्माताओं ने महर्षि के 'जीवन लक्ष्य' को एक जीवन्त स्वरूप देने का प्रयास किया और राष्ट्र की सांस्कृतिक एकता को बलवती करने के लिए हिन्दी को देश की राजभाषा घोषित किया।

पं. युधिष्ठिर मीमांसक जी लिखते हैं कि 'आर्य भाषा (हिन्दी) के प्रचार प्रसार में ऋषि दयानन्द ने कितना प्रयत्न किया था, इसे आर्य समाज के सभासद और अधिकारी भी भले प्रकार नहीं जानते। वे केवल इतना ही जानते हैं कि ऋषि दयानन्द ने मातृभाषा गुजराती और संस्कृत के पण्डित होते हुए भी अपने प्रायः सभी ग्रन्थ आर्यभाषा में लिखे, और उसी में उपदेश करते थे।

सन् 1882 में अंग्रेज सरकार ने डा. हंटर की अध्यक्षता में एक कमीशन नियुक्त किया था। इस का उद्देश्य राजकार्य में, जो उस समय प्रधानतया उर्दू फारसी तथा अंग्रेजी भाषा में चल रहा था, के साथ आर्यभाषा (हिन्दी) को प्रवृत्त करना था। ऋषि दयानन्द इस उपयुक्त अवसर को हाथ से जाने देना नहीं चाहते थे। इस लिये उन्होंने राजकार्य में आर्यभाषा (हिन्दी) की प्रवृत्ति के लिये जो महान् प्रयत्न किया, उस पर ऋषि दयानन्द के इस पत्र-व्यवहार से ही प्रकाश पड़ता है, अन्य किसी स्रोत से प्रकाश नहीं पड़ता।

क–ऋषि दयानन्द 14 अगस्त 1882 को कालीचरण रामचरण को लिखे गये पत्र में लिखते हैं–

इस समय (आर्यभाषा के) राजकार्य में प्रवृत्त होने के अर्थ जो मेमोरियल (स्मृति-पत्र वा ज्ञापन) छपे हैं, सो शीघ्र भेजना। आप लोग जहां तक हो सके... आर्यभाषा के राजकार्य में प्रवृत होने के अर्थ प्रयत्न कीजिये।"

हिन्दी को पीड़ा दी उस सोच ने जिसमें हिन्दी को 'हिन्दुस्तानी' के रूप में प्रचारित प्रसारित करने का कुप्रयास किया गया। 'हिन्दुस्तानी' नाम की खिचड़ी भाषा इसे वैयाकरणिक दृष्टि से ही नहीं अपितु ज्ञान-विज्ञान की प्राप्ति के दृष्टिकोण से भी कमतर ही सिद्ध कर रही है। इस पर हमारे लोगों को शीघ्रातिशीघ्र चिन्तन करना चाहिए। संविधान की मूल भावना है कि भाषाई भिन्नता देश में समाप्त की जाये और देश में 'एक भाषा' का प्रचलन किया जाये। कई भाषाओं को मान्यता देने का अर्थ है कि अपनी मातृभाषा में शिक्षा प्राप्त कोई युवा या युवती भी विकास के समान अवसरों से वंचित न रह जाये। उसे सम्मान मिले, उसकी भाषा को सम्मान मिले। पर धीरे-धीरे राजभाषा हिन्दी का वर्चस्व हो जाये और हम सब एक भाषा के माध्यम से सांस्कृतिक एकता के सूत्र में बँध जायें।

❐

उपसंहार

यह बात भारत के विषय में ही लागू होती है कि यहाँ जिस संविधान के प्राविधानों के अन्तर्गत कोई जनप्रतिनिधि चुनकर विधायक या सांसद बनता है, उसे स्वयं को यह पता नहीं होता कि वह जिस संविधान की व्यवस्था के अन्तर्गत जनप्रतिनिधि बना है उसकी विशेषता या मूल भावना क्या है? उसके प्राविधान क्या हैं? और उसे बनाने के पीछे हमारे संविधान निर्माताओं का क्या उद्देश्य था? हमारे अधिकांश 'जनप्रतिनिधि' संयोग वियोग से जनप्रतिनिधि बनते हैं। इसलिए संविधान को पढ़ने, समझने और जानने की वह आवश्यकता अनुभव नहीं करते।

हमारे संविधान ने भी कहीं पर भी यह अनिवार्य नहीं किया है कि संविधान के नाम पर सौगन्ध अथवा शपथ लेने वाले जनप्रतिनिधियों को संविधान की जानकारी रखना अनिवार्य होगा। संविधान की यह चूक रही या उदारता, कुछ नहीं कहा जा सकता। परन्तु जो कुछ भी है, वही भारत के दुर्भाग्य का कारण बन गया है।

मर्यादाहीन राजनीतिज्ञ और मर्यादाहीन राजनीति आज देश पर शासन कर रही है। जो स्वयं अनुशासित नहीं हैं वे ही अनुशासन का पाठ पढ़ा रहे हैं। यह स्थिति कुछ वैसी ही है जैसे कोई बच्चा स्कूल में प्रवेश ले और वह जब तक उस स्कूल में पढ़े तब तक भी उसे विद्यालय के अध्यापक उस स्कूल का नाम तक न बतायें, वह अपनी मर्जी से जो चाहे पढ़े,जो चाहे लिखे,परन्तु इसके उपरान्त भी उसे विशेषांक देकर उत्तीर्ण कर दिया जाये। भारत में राजनीति इतनी ही सस्ती हो गयी है।

यही कारण है कि भारत में यह माना जाता है कि जो व्यक्ति सब क्षेत्रों में असफल हो चुका हो वह राजनीति में सफल हो सकता है। क्योंकि वहाँ 'योग्यता' को देखने वाले नही मिलेंगे। वहाँ आपकी अयोग्यता (लूट, हत्या, डकैती, बलात्कार, भ्रष्टाचार आदि) को योग्यता माना जायेगा। इतना ही नहीं, ये अयोग्य व्यक्ति जो कानून की तनिक सी भी जानकारी नहीं रखते देश पर शासन करने के लिए कानून बनायेंगे। अयोग्य के द्वारा

निर्मित कानून की व्याख्या उच्च डिग्री प्राप्त जज और अधिवक्ता करेंगे। जनता लोकतन्त्र जिन्दाबाद के नारे लगायेगी और हम गर्व से कहेंगे कि हम विश्व के सबसे बड़े लोकतन्त्र में रहते हैं। हमारा मानना है कि वर्तमान संविधान की मूल भावना जिस सीमा तक वेद संगत है, उस सीमा तक भी यदि इस संविधान की मूल भावना के अनुरूप कार्य किया जाये और सत्यनिष्ठा से उसे लागू किया जाये तो भी, देश की बहुत सी समस्याओं का समाधान हो सकता है।

उदाहरण के रूप में हमारा संविधान सर्वसम्प्रदाय समभाव की नीति का समर्थक है। साम्प्रदायिक आधार पर संविधान किसी सम्प्रदाय का तुष्टिकरण करने का समर्थक नहीं है। सर्व सम्प्रदाय समभाव का एक सीधा सा अर्थ ये भी है। इसी को उसने 'कानून के समक्ष समानता' कहकर महिमामंडित किया है और इसे नागरिकों का मौलिक अधिकार घोषित किया है। संविधान की इस मूल भावना से अनभिज्ञ स्वार्थी राजनीतिज्ञों ने इस भावना का दीवाला निकाल दिया। यहाँ साम्प्रदायिक तुष्टिकरण के माध्यम से लोगों का शोषण किया जाता है। किसी के अधिकार कम करके दूसरे को दिये जाते हैं। इससे साम्प्रदायिक भावना का विनाश नहीं अपितु और भी भयंकर रूप से विकास होता है।

हमें जिन चीजों को अब तक अपने समाज का शत्रु मानकर समाप्त कर देना चाहिए था, दुर्भाग्य से हमने उन्हें और भी विकराल कर लिया है और हम उनके भँवरजाल में अटके भटके पड़े हैं।

धर्म का बाह्य स्वरूप भौतिकवाद है, सभ्यता है, अपने अधिकारों के लिए होने वाले संघर्ष हैं, जबकि धर्म का भीतरी स्वरूप अध्यात्मवाद है, संस्कृति है, और अपने कर्तव्यों की पहचान है। हमारा संविधान कर्तव्य और अधिकार दोनों पर बल देता है। मानो ऐसी व्यवस्था करके संविधान मानव को उसके धर्म पर चलने के लिए प्रेरित और निर्देशित करता है। इसी बात को वेद ने अपना आधार बनाया कि-

"धर्मम् चर।" अर्थात् हे मानव तू धर्म का ही सेवन (चर) कर और उसी पर चल। और भी स्पष्ट करें तो वेद भी हमसे यही कह रहा है कि "हे, मानव तू अपने कर्तव्य और अधिकारों को पहचान। क्योंकि धर्म का अभिप्राय कर्तव्य और अधिकारों के मध्य उचित समन्वय स्थापित कर देना है। कर्त्तव्य और अधिकारों के मध्या उचित समन्वय स्थापित करके चलना ही धार्मिक जीवन का अनुकरण करना होता है।"

कर्त्तव्य मार्ग को अपनाते ही सारे झगड़ों का निदान हो जायेगा। आज के समाज के झगड़ों का मूल कारण कर्तव्य पथ से भटके जनसाधारण की मानसिकता है। लड़ाई का स्वरूप परिवर्तित हो गया है। सारी लड़ाई अधिकारों की है। कर्तव्य पथ पर चलने का कहीं

संकल्प नहीं है, कहीं कोई संगठन ऐसा नही है जो व्यक्ति को उसके कर्तव्यों का स्मरण कराके संसार में लगी झगड़ों की आग को बुझाने में सहयोग कर रहा हो। आवश्यकता व्यवस्था के चरित्र और स्वरूप की समीक्षा करने की है। हम योग्यता को पहचानना, समझना और उसे सम्मानित करना सीख लें, उसे आरक्षण के द्वारा या जाति, सम्प्रदाय, लिंग के आधार पर उपेक्षित करना छोड़ दें। क्योंकि इस प्रकार की मानसिकता ने सामाजिक विसंगतियों को जन्म दिया है और कुंठित समाज का निर्माण किया है।

अन्त में अपने इस प्रयास को अपने सुबुद्ध पाठकों के कर कमलों में सौंपता हूँ। क्योंकि मेरा प्रयास कितना सार्थक है, सफल है, और मानवीय समाज को सकारात्मक सोच देने में कितना सक्षम और समर्थ सिद्ध हो सकता है, इसका निर्णय अन्ततः पाठकों को ही करना है। हम समृद्ध और समर्थ भारत का निर्माण करना चाहते हैं, इसलिए कहीं कोई पूर्वाग्रह नहीं होना चाहिए, कहीं कोई दुराग्रह नहीं होना चाहिए।

आशा है पाठकवृन्द मेरे परिश्रम पर अपने आर्शीवाद के पुष्प चढ़ाकर मुझ साधक की साधना को अपना परितोषिक अवश्य देंगे।

डॉ. राकेश कुमार आर्य